KB192578

사회복지
실천론

김형모 저

Social Work Practice

학지사

이 도서는 2023학년도 경기대학교 연구년 수혜로 연구되었음.

머리말

연세대학교 사회사업학과 3학년 1학기 故 김종옥 교수님의 개별사회사업 과목에서 사회복지실천을 처음 공부하게 되었다. 학부를 마치고 대학원에 진학하여 성규탁 교수님 지도로 사회복지조직의 효과성에 관한 석사학위논문을 쓰고, 미국 University of Minnesota, School of Social Work의 Human Service Management Concentration에 입학하였다. 미국의 석사과정에서 공부하면서 아동학대(child maltreatment)에 대해 알게 되었고, 박사과정에 입학하여 사회복지실천에 관한 공부와 연구를 하고 아동학대에 관한 박사학위논문을 쓰고 한국에 돌아왔다.

2001년 3월 경기대학교 사회복지학과에 임용되어 맡게 된 과목들이 학부의 사회복지실천론, 행정대학원의 사회복지실천론, 일반대학원 박사과정의 사회복지실천세미나였다. 지난 24년 동안 양옥경 교수님과 여러 교수님이 집필하신 사회복지실천론 교재를 사용하면서 많은 도움을 받았다.

그동안 수많은 사회복지실천론 수업에서 강조했던 것은 '사회복지실천은 모든 사람의 삶의 질 향상을 위해 개인, 가족, 집단, 지역사회의 문제 해결과 욕구 충족을 위해 임파워먼트적인 접근방법으로 개입하는 종합 활동'이라는 것이다.

이 책은 총 3부로 구성되었다. 제1부는 사회복지실천의 기초로, 제1장 사회복지실천의 개념과 목적, 제2장 사회복지실천의 가치와 윤리, 제3장 사회복지실천의 역사, 제4장 사회복지실천현장으로 구성되었다. 제2부는 사회복지실천의 접근방법으로, 제5장 생태학적 관점, 제6장 임파워먼트 모델, 제7장 사례관리, 제8장 관계론과

상담론으로 구성되었다. 제3부는 사회복지실천의 과정으로, 제9장 접수, 자료수집 및 사정 단계, 제10장 목표 설정 및 계약 단계, 제11장 개입 단계, 제12장 평가 및 종결 단계로 구성되었다.

사회복지실천론을 집필하면서 그동안 함께 일하였던 많은 사회복지실천현장의 사회복지사와 이용자를 생각하게 되었다. 대한민국의 다양한 사회복지실천현장에서 사회복지사에 의해 수행되는 사회복지실천을 통해 사회복지서비스 대상자의 삶이 향상되어 우리 모두가 함께 사는 세상을 만들어 나가기를 기원한다.

2025년 3월
김형모

차례

제1부

사회복지실천의 기초

제1장

사회복지실천의 개념과 목적

학습목표

◆ 사회복지와 사회복지실천의 개념을 구분할 수 있다.

◆ 사회복지실천의 정의를 설명할 수 있다.

◆ 사회복지실천의 목적을 설명할 수 있다.

01 사회복지와 사회복지실천

1) 사회사업과 사회복지

우리나라에서 사회사업이라는 용어가 사회복지라는 용어보다 먼저 사용되었다. 우리나라에서는 1980년대까지만 하더라도 사회사업이라는 용어가 사용되었다. 사회사업(social work)은 미국에서 사용되는 용어로서, 1945년 해방 이후 미국이나 캐나다 등 해외원조기관을 통해 시설 중심의 프로그램을 제공하면서 시작된 용어이다. 사회사업이라는 용어는 실제 우리나라 대학교의 학과 명칭에서도 사회사업학과라는 명칭이 사용되었다. 실제 미국에서는 사회복지현장의 전문가를 양성하는 대학원의 명칭도 현재까지 사회사업대학원(School of social work)의 명칭을 사용하고 있다.

1970년 제정된 「사회복지사업법」에서는 사회복지사업종사자라는 명칭이 사용되었다. 1983년 개정된 「사회복지사업법」에서 사회복지사의 자격과 관련하여 "보건사회부장관은 사회복지에 관한 전문 지식과 기술을 가진 자에게 사회복지사 자격증을 교부할 수 있다."라고 명시하면서, 사회복지사업종사자의 명칭이 사회복지사로 변경되어 사용되기 시작하였다. 그 결과, 사회복지현장에서 사회사업이라는 용어보다는 사회복지라는 용어를 사용하게 되었고, 각 대학교에서 사회사업학과의 명칭을 사회복지학과로 개정하기에 이르렀다.

우리나라에서 사회복지에 관한 기본법은 「사회복지사업법」이다. 2025년 1월 시행되는 「사회복지사업법」 제1조에 「사회복지사업법」의 목적은 사회복지사업에 관한 기본적 사항을 규정하여 사회복지를 필요로 하는 사람에 대하여 인간의 존엄성과 인간다운 생활을 할 권리를 보장하고 사회복지의 전문성을 높이며, 사회복지사업의 공정 · 투명 · 적정을 도모하고, 지역사회복지의 체계를 구축하고 사회복지서비스의 질을 높여 사회복지의 증진에 이바지함을 목적으로 한다로 제시되어 있다.

「사회보장기본법」 제3조(정의)는 사회복지와 관련된 용어들의 정의를 제시하고 있다. 첫째, 사회보장이란 출산, 양육, 실업, 노령, 장애, 질병, 빈곤 및 사망 등의 사회적 위험으로부터 모든 국민을 보호하고 국민 삶의 질을 향상시키는 데 필요한 소득·서비스를 보장하는 사회보험, 공공부조, 사회서비스를 말한다. 둘째, 사회보험이란 국민에게 발생하는 사회적 위험을 보험의 방식으로 대처함으로써 국민의 건강과 소득을 보장하는 제도를 말한다. 셋째, 공공부조(公共扶助)란 국가와 지방자치단체의 책임하에 생활 유지 능력이 없거나 생활이 어려운 국민의 최저생활을 보장하고 자립을 지원하는 제도를 말한다. 넷째, 사회서비스란 국가, 지방자치단체 및 민간부문의 도움이 필요한 모든 국민에게 복지, 보건의료, 교육, 고용, 주거, 문화, 환경 등의 분야에서 인간다운 생활을 보장하고 상담, 재활, 돌봄, 정보의 제공, 관련 시설의 이용, 역량 개발, 사회참여 지원 등을 통하여 국민의 삶의 질이 향상되도록 지원하는 제도를 말한다.

사회복지는 도움을 필요로 하는 사람이 가지고 있는 문제를 해결하고 욕구를 충족하는 것이고, 사회복지는 사회문제를 해결하고 예방하는 것이다. 인간의 욕구와 관련하여, 매슬로우(Maslow)는 1943년 욕구 위계(hierarchy of needs)를 제시하였다(Maslow, 1943).

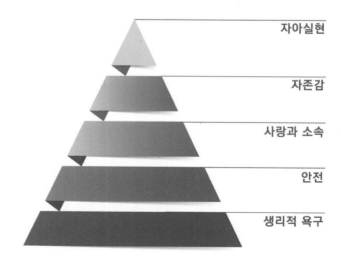

[그림 1-1] 매슬로우의 욕구 위계

매슬로우의 욕구 위계 이론은 인간의 욕구가 그 중요도별로 일련의 위계를 형성한다는 동기 이론 중 하나이다. 인간의 욕구는 타고난 것이며 욕구를 강도와 중요성에 따라 하위 욕구로부터 상위 욕구로 위계적으로 5단계로 분류하였다. 첫 번째 단계는 생리적 욕구(physiological needs)이고, 호흡, 음식, 물, 주거, 의복, 잠 등 생명을 유지하려는 욕구이다. 두 번째 단계는 안전(safety & security)이고, 건강, 고용, 재산, 가족, 사회적 능력 등 자신을 보호하고 불안을 회피하려는 욕구이다. 세 번째 단계는 사랑과 소속(love & belonging)이고, 친구, 가족, 친척, 연결감 등 친교를 맺고 원하는 집단에 귀속되고 싶어 하는 욕구이다. 네 번째 단계는 자존감(self-esteem)이고, 자신감, 성취, 다른 사람의 존경, 개인으로 인정받는 욕구 등 사람들과 친하게 지내고 싶은 욕구이다. 다섯째 단계는 자아실현(self-actualization)이고, 도덕, 창의성, 자발성, 수용, 경험 목적, 의미와 내적 잠재력 등 자신의 잠재력을 최대한 발휘하려는 욕구이다.

사회문제(social problem)란 문제의 원인이 개인에게 있는 것이 아니라, 사회 제도의 결함이나 모순으로 발생하는 문제로, 실업, 교통, 공해, 주택, 노령화 문제 등이다. 이와 관련하여 「사회보장기본법」 제3조(정의) 2호에서 여덟가지 사회적 위험을 제시하고 있는데, 출산, 양육, 실업, 노령, 장애, 질병, 빈곤, 사망이다. 사회문제는 사회 내의 많은 사람에게 영향을 미치는 문제이다. 따라서 사회복지는 이와 같은 사회문제를 해결하고 궁극적으로 사회문제를 예방하는 것이다.

(1) 사회사업과 사회복지의 구분

프리들랜더(Friedlander)와 앱트(Apte)는 사회사업을 "개인, 집단, 지역사회가 사회적 또는 개인적 만족이나 독립을 얻을 수 있도록 도와주는 인간관계에서의 과학적 지식과 기술에 바탕을 둔 전문적 서비스이다."라고 정의하였다. 사회복지는 "생활과 건강상태가 만족스러운 수준에 미칠 수 있도록 개인과 집단을 돕는 것을 목적으로 하는 사회적 서비스와 제도의 조직적인 체계이다."라고 정의하였다 (Friedlander & Apte, 1980).

미국사회복지사협회(National Association of Social Workers: NASW)는 사회사업을

"개인, 집단, 지역사회가 사회적 기능을 수행할 수 있도록 능력의 증진과 회복을 돕고, 이러한 목표를 달성할 수 있는 사회여건을 조성하는 전문적 활동"으로 정의 하였다. 사회복지는 "사회의 유지에 기본적인 사회·경제·교육 및 건강적 욕구를 충족하도록 돕는 프로그램, 급부 및 서비스에 관한 국가의 체계이고, 지역사회나 사회의 집합적 행복의 상태"로 정의하였다(NASW, 1987).

재스트로(Zastrow)는 사회복지를 "모든 사회구성원의 사회적·재정적·건강과 여가에 대한 요구를 충족하고, 그들의 사회적 기능을 향상하기 위한 노력"으로 정의하였다(Zastrow, 2000).

김용일 외(2003)는 사회복지와 사회사업의 개념 비교를 〈표 1-1〉과 같이 요약 하였다.

〈표 1-1〉 사회복지와 사회사업의 개념 비교

구분	사회복지	사회사업
의미	이상, 이념적 측면 강조	실천적 측면 강조
목적	바람직한 사회환경	바람직한 인간
대상	보편적, 전체적	선별적, 개별적
방법	제도와 정책(거시적 방법)	지식과 기술(미시적 방법)
특성	사전 예방적, 적극적, 총체적, 원칙적, 정적	사후 치료적, 소극적, 구체적, 유연적, 역동적

출처: 김용일 외(2003).

이상의 정의를 종합하면, 사회사업은 개인, 가족, 집단, 지역사회의 문제를 해결하기 위한 미시적 차원(micro level)의 전문적 실천 서비스이고, 사회복지는 개인, 가족, 집단, 지역사회의 문제를 해결하고 욕구를 충족하기 위한 거시적 차원(macro level)의 전문적 법률·정책·행정 및 사회제도로 정의될 수 있다.

(2) 사회복지 개념의 변화

사회복지의 개념은 국가의 사회적·경제적·정치적 발전에 따라 변화한다. 로마니신(Romanyshyn)은 사회복지는 잔여적 복지에서 제도적 복지로, 자선에서 시민의 권리로, 최저 수준에서 적정 수준의 급여나 서비스로, 개인의 변화에서 사회개혁으로, 민간지원에서 공공지원으로, 빈민을 위한 복지에서 복지사회의 구현으로 변화한다고 지적하였다(Romanyshyn, 1971).

미드글레이(Midgley)는 개발적 사회복지(developmental social work)라는 통합적 관점을 제시하였으며, 개발적 사회복지는 경제개발과 연계하여 모든 국민의 복지 증진을 위한 계획적 사회 변화의 과정이다. 개발적 사회복지는 사회복지제도와 경제제도의 조화를 강조하며 근로연계복지 개념에 잘 나타난다(Midgley, 1995).

1980년대 이후 신자유주의가 확대되며 노동시장 유연화를 중요한 노동시장정책으로 활용하였으며, 복지급여를 축소하고 국가의 책임보다 개인의 책임을 강조하며 복지에 대한 국가 개입을 최소화하기 위한 시도를 진행해 왔다. 이러한 흐름 속에서 나타난 사회복지 개념이 근로연계복지이다. 근로연계복지는 근로복지(workfare) 또는 근로를 통한 복지(welfare-to-work)로 표현된다. 미국에서 기원한 근로복지는 복지수급자에게 근로를 의무화시키는 복지라는 개념을 바탕으로 하고 있다면, 유럽 국가들이 사용하고 있는 '근로를 통한 복지'는 복지수급자가 노동시장에 복귀할 수 있는, 즉 자립할 수 있도록 지원하는 복지라는 개념을 바탕으로 하고 있다.

예를 들어, 우리나라의 국민기초생활보장제도에 포함된 조건부 수급제도는 자활사업 참여를 조건으로 급여를 제공한다. 이는 기존의 복지수급자뿐만 아니라 청년과 노인 등 노동시장으로의 접근성이 제약되어 있는 대상이 노동시장에 복귀할 수 있는, 즉 자립을 지원하기 위한 정책을 포함하는 의미로 사용된다.

근로연계복지는 복지수급과 노동을 연계시키는 것을 핵심으로 하며 근로유인을 강화하는 것을 목적으로 한다. 근로연계복지의 예는 근로능력이 있는 공공부조 수급자에게 근로 관련 활동에 참여를 의무화시키는 정책이 될 수 있다.

2) 사회복지의 개념

사회복지(social welfare)는 사회(social)와 복지(welfare)의 합성어이다. 사회는 개인, 가족, 집단, 지역사회 등을 의미하고, 복지(welfare)는 좋다(well)와 지내다(fare)

의 합성어로 잘 지낸다는 의미이다. 따라서 사회복지의 어원적 의미는 인간이 가족, 집단, 지역사회 등에서 잘 지내는 것을 의미한다.

사회복지의 개념과 관련하여 다양한 학자들이 다양한 정의를 제시하였다. 로마니신에 의하면, 사회복지는 적극적인 의미와 한정적인 의미를 내포하고 있다(Romanyshyn, 1971). 사회복지는 사회문제에 대한 조치와 예방, 인적 자원의 개발, 생활의 질적 향상 등에 직접적으로 관심을 갖는 서비스와 과정을 포함하여, 사회제도의 강화 및 수정에 대한 노력과 개인이나 가족에 대한 서비스까지 포괄한다.

프리들랜더와 앱트에 의하면, 사회복지는 법령, 프로그램, 급여 및 서비스의 제도이고, 사회복지는 인간의 복지와 사회질서의 기능을 위한 기본적인 것으로 인정된 사회적 욕구를 해결하고 강화시키거나 보증하는 것이다(Friedlander & Apte, 1980).

(1) 잔여적 개념과 제도적 개념

테렐(Terrell)과 길버트(Gilbert)는 사회복지의 개념으로 잔여적 개념(residual concept)과 제도적 개념(institutional concept)을 제시하였다(Terrell & Gilbert, 2012). 잔여적 개념에서 사회복지는 개인의 욕구가 가족이나 시장 등 사회제도에서 적절히 충족되지 않을 때에만 공급되어야 한다는 것이다. 사회서비스와 경제적 원조는 개인과 가족의 자원을 포함하여 다른 모든 수단과 노력이 모두 사용될 때까지 공급되어서는 안 된다. 잔여적 개념에서 사회복지는 임시조치 또는 최후수단의 역할을 강조한다.

제도적 개념은 잔여적 개념과 대립되는 개념으로, 제도적 개념에서 사회복지는 개인의 욕구 충족을 위해 사회제도로 마련한 현대사회의 필수적 기능이다. 개인의 어려움은 자기 통제의 범위를 넘어서 사회구조적인 원인에 기인하고, 개인의 어려움은 개인보다는 사회환경에 기인하는 것으로 본다. 따라서 개인이 기능하는 사회제도의 범위를 확대하는 것에 초점을 둔다.

(2) 보충적 개념과 제도적 개념

윌렌스키(Wilensky)와 르보(Lebeaux)는 사회복지의 개념으로 보충적 개념과 제도적 개념을 제시하였다(Wilensky & Lebeaux, 1965). 보충적 개념에서 사회복지는 개인의 욕구 충족을 위해 가족이나 시장 등이 적절히 기능하지 못할 때 시작되는 것이고, 이후 가족이나 시장 등이 적절히 기능하게 되었을 때 끝나는 것이다. 보충적 개념에서 사회복지는 응급구호적인 것이고, 빈곤의 책임을 개인에게 있는 것으로 보고 사회복지는 최소한으로 보장해 주는 것을 의미하다.

제도적 개념에서 사회복지는 개인의 욕구 충족을 위해 정상적인 제일선의 기능을 수행하는 것이다. 사회복지는 개인의 어려움을 개인의 노력이나 가족이나 시장 등을 통해 충분히 해결할 수 없으며, 따라서 사회복지의 제도적 개념은 국가의 기능을 보편적으로 보며, 사회를 구성하는 모든 구성원이 사회복지로부터 누구나 혜택을 받을 수 있다고 본다.

사회복지실천의 개념

1) 사회복지실천의 개념

리치먼드(Richmond)는 사회복지실천을 개인에 대해 그리고 개인과 사회환경 사이의 관계에 대해 의식적인 조정을 통해 개개인의 인격 발달을 이루어 가는 과정으로 정의했다. 아울러 사회복지실천은 개인의 욕구 충족과 인격 발달을 목적으로 하는 미시적이고 치료적인 과정임을 강조하였다(Richmond, 1922).

핀커스와 미나한(Pincus & Minahan)은 사회복지실천을 사람과 사회환경에 존재하는 체계들 사이의 연결과 상호관계로 정의하였다. 아울러 사회복지실천은 개인의 생활상 필요한 제반 서비스를 받기 위해 체계에 의존하고 있는 개인을 돕는 일임을 강조하였다(Pincus & Minahan, 1973).

미국사회복지사협회(NASW)는 사회복지실천을 개인, 집단, 지역사회가 개인의 사회적 기능과 관련된 자신의 능력을 향상시키거나 회복하도록 돕고, 자신의 목표 달성에 적합한 사회적 조건을 만들도록 돕는 전문적인 활동으로 정의하였다. 아울러 사회복지실천은 전문적이라는 것을 강조하고, 개인의 능력과 역량에 초점을 두고 사회환경에 대한 개인의 통제력을 강조하였다. 또한 사회복지실천은 개인의 복지 향상, 빈곤과 억압의 경감, 최상의 삶의 향상을 위해 업무를 수행하는 전문직임을 강조하였다(NASW, 1979).

국제사회복지사연맹(International Federation of Social Workers: IFSW)은 사회복지실천을 사회 변화와 개발, 사회 응집력 향상, 개인의 역량 강화, 차별과 억압으로부터의 해방 등을 위한 노력으로 정의하였다. 아울러 사회복지실천의 핵심내용으로 사회정의, 인권, 집합적 책임, 다양성에 대한 존중 등을 강조하였다(IFSW, 2016).

2) 사회복지실천의 정의

사회복지실천은 영어로 'social work practice'이다. 즉, 사회복지를 실천하는 것이다. 우리나라에서 사회복지실천이라는 용어는 1998년 「사회복지사업법 시행령」 [별표 2] 사회복지사국가시험과목에서 사회복지실천(사회복지실천론·사회복지실천기술론 및 지역사회복지론을 말한다)을 개정하여, 사회복지사 1급 국가자격증 취득을 위한 2교시 사회복지실천을 명시하며 공식적으로 사용하게 되었다. 사회복지실천은 그 이전의 개별사회사업, 집단사회사업, 지역사회조직을 통합하는 새로운 용어로 사용되기 시작하였다.

미국사회복지사협회(NASW)에 의하면, 사회복지실천은 다음의 목적을 위해 사회복지 가치, 원칙 및 기술을 전문적으로 적용하는 것으로 정의된다. 사회복지실천의 목적은, 첫째, 사람들이 실질적 서비스를 획득하도록 원조하고, 둘째, 개인, 가족, 집단과 함께 상담 및 심리치료를 제공하고, 셋째, 지역사회 또는 집단에게 사회 및 건강 서비스를 제공하거나 향상하고, 넷째, 법적 과정에 참여하는 것이다. 사회복지실천은 인간 발달과 행동, 사회적·경제적·문화적 기관, 모든 요인의 상호작용에 대한 지식을 필요로 한다(NASW 홈페이지 https://www.socialworkers.org).

양옥경 등(2023)은 사회복지실천을 사람의 삶의 질 향상을 위해 개인, 소집단, 가족 또는 지역사회의 문제 및 욕구와 도전에 임파워먼트적(empowering) 문제해결 접근방법(problem-solving method)으로 개입하는 종합적인(generic) 전문활동(professional activity)으로 정의하였다.

이상의 논의를 종합하면, 사회복지실천은 모든 사람의 삶의 질 향상을 위해 개인, 가족, 집단 또는 지역사회 수준에서 대상자의 문제와 욕구에 대해 임파워먼트 모델을 활용하여 문제해결 접근방법으로 개입하는 종합적인 전문활동으로 정의된다.

첫째, 사회복지실천의 목적은 모든 사람의 삶의 질(quality of life) 향상이다. 사회복지실천현장에서 개입의 초점은 문제를 가지고 사회복지 기관 또는 시설을 이용하는 대상자에 초점을 맞추고 있지만, 사회복지실천의 궁극적인 목적은 모든 사람이다. 이와 관련하여 사회복지의 선별주의와 보편주의에 관한 구분이 필요하다. 선별주의는 개인의 욕구 수준 또는 자산 수준에 의해 수급자격을 결정하는 것이고, 사회복지실천의 대상을 사회적 취약계층에 한정함으로써 사회복지실천의 비용을 감소시킬 수 있다. 그러나 자산조사에 의한 낙인(stigma)이 발생할 수 있고, 자격이 있는 대상자가 신청을 기피할 수 있다. 아울러 대상자나 급여 관리를 위해 행정비용이 소요된다.

이에 반해 보편주의는 일정한 계층, 범주 등 기준에 부합되는 모든 사람에게 권리로서 급여가 제공되는 것이다. 그러나 급여가 필요하지 않은 대상에게도 서비스가 제공될 수 있어 급여의 낭비가 초래될 수 있다. 보편주의 급여는 대상이 일정한 범위와 기준에 속하면 누구나 권리로 받을 수 있기 때문에, 자산조사 등으로 인한 낙인이 발생하지 않으며, 광범위한 정치적 지지기반을 형성하고 사회통합을 증진시킬 수 있다.

〈표 1-2〉는 선별주의와 보편주의를 비교한 것이다.

〈표 1-2〉 선별주의와 보편주의의 비교

구분	선별주의	보편주의
주요 내용	• 자산조사를 통해 사회적 취약계층을 대상으로 사회복지 대상자들을 사회적·신체적·교육적 기준에 따라 서비스를 제공	• 전 국민 대상자, 시민권에 입각해 하나의 권리로서 복지서비스를 제공 • 건강, 소득, 교육, 여가 등 광범위한 욕구 대응(예방적 조치) • 수혜자격 균등화
장점	• 도움이 필요한 사람에게 서비스 집중 가능 • 자원의 낭비 적음 • 복지 비용 감소	• 최저 소득 보장으로 빈곤 예방 • 수혜자에게 심리적·사회적 낙인 없음 • 행정절차 용이 • 시혜의 균일성 유지 • 경제적 안정과 성장 • 사회통합에 기여
단점	• 자산조사 과정과 일반 시민들과의 사회적 관계에서 낙인 발생, 신청 기피 • 부정수급 문제 발생	• 한정된 자원을 꼭 필요한 부분에 효과적으로 사용하는 데 한계가 있고 급여의 낭비 초래
주요 국가	미국	스웨덴, 오스트리아

둘째, 사회복지실천의 개입 단위는 개인, 가족, 집단 또는 지역사회이다. 대상자의 문제 또는 욕구에 따라 사회복지실천은 개인 수준에서 개입할 수 있고, 가족 수준에서 개입할 수 있고, 집단 수준에서 개입할 수 있고, 또는 지역사회 수준에서 개입할 수 있다. 최근 사회문제로 부각되고 있는 아동학대를 예로 들면, 아동학대 피해아동을 대상으로 개인 수준에서 상담서비스를 제공할 수 있고, 피해아동의 가족을 대상으로 가족 수준에서 가족상담을 실시할 수 있다. 아울러 아동학대 피해아동들의 일시적 보호를 위해 집단 수준에서 학대피해아동쉼터에서 생활하도록 보호조치를 할 수 있고, 아동학대의 궁극적 예방을 위해 지역사회 수준에서 아동학대 예방 캠페인을 실시할 수 있다.

셋째, 사회복지실천의 초점은 사회복지 대상자의 문제와 욕구이다. 전통적으로 사회복지서비스를 받는 대상자 또는 수혜자를 클라이언트(client: ct)로 불렀다. 외국에서 클라이언트는 변호사, 회계사, 건축가 등의 의뢰인을 부르는 용어이고, 사회복지에서도 사회복지서비스의 대상자를 클라이언트로 부르고 있다. 그러나 이는 엄밀한 의미에서 전문가로서의 사회복지사와 사회복지서비스의 수혜자로서의 클라이언트의 관계를 상정하는 용어로 볼 수 있기 때문에, 최근 우리나라에서 사회복지서비스를 받는 대상자라는 용어를 사용하고 있다.

사회복지실천의 초점은 사회복지 대상자의 문제(problem)와 욕구(needs)이다. 이는 사회복지 대상자에게 문제가 발생한 후에 문제의 해결을 위해 개입하는 사후 대처와 문제가 발생하기 이전에 대상자의 욕구에 개입하는 사전 예방을 포괄하는 것이다. 아동학대를 예로 들면, 사회복지실천의 초점은 아동학대가 발생한 후에 아동학대 피해아동과 그 가족에 개입하는 사후 대처와 아동학대의 발생을 예방하기 위하여 지역사회 수준에서 아동학대 캠페인을 실시하는 사전 예방 모두에 있는 것이다.

넷째, 사회복지실천의 핵심 모델은 임파워먼트 모델이다. 임파워먼트 모델 (empowerment model)은 외국에서 1980년대 활용되기 시작한 강점 관점(strength perspective)에 기반을 두고 있다. 강점 관점은 클라이언트의 문제에 대한 관심보다는 해결점을 발견하고 강점을 강화시키는 데 초점을 두며, 클라이언트를 독특한 존재로서 그 다양성을 존중하여 클라이언트의 역량을 실현해 나가도록 돕는 것이다. 임파워먼트 모델은 강점 관점과 생태학적 관점을 함께 사용하는 모델이다. 생태학적 관점(ecological perspective)은 사회복지실천을 할 때 개인에게만 초점을 두는 것이 아니라 개인과 상호작용을 하고 있는 환경에도 초점을 두는 관점이다.

사회복지실천의 핵심 모델인 임파워먼트 모델은 사회복지실천의 대상자가 가지고 있는 개인적 강점과 사회복지실천의 대상자를 둘러싸고 있는 부모, 가족, 친구, 학교, 친척, 지역사회, 문화 등 환경에서의 자원에 초점을 두는 것이다. 즉, 임파워먼트 모델을 활용하여 사회복지실천에서는 사회복지사와 사회복지실천 대상자의 협력적 파트너십에 기초하여 대상자의 개인적 강점과 환경에서의 자원을 발견하고 개발하고 발전시키는 것이다. 이를 통해 사회복지실천에서는 사회복지실천 대상자의 궁극적인 성장과 발달을 도모하는 것이다.

다섯째, 사회복지실천의 접근방법은 문제해결 접근방법이다. 문제해결 모델은 1957년 펄먼(Perlman)에 의해 처음 소개된 접근방법으로, 사회복지실천 대상자의 문제해결 능력(problem solving ability)과 대처 능력(coping ability)을 향상시키는 것을 목적으로 하는 사회복지실천의 접근방법이다(Perlman, 1957). 펄먼의 문제해결 모델은 사회복지실천에 대해 문제(problem)를 가지고 있는 사람(person)이 사회복지기관(place)에 와서 문제를 해결해 가는 과정(process)으로 정의하면서 4P를 강조하였다. ① 문제는 개인의 심리내적인 원인과 환경과의 상호작용에 의해서 나타나는 사회적 기능 수행상의 문제로서 과거의 경험에 의해서 발생할 뿐만 아니라 새로운 문제의 원인이 되기도 한다. ② 사람은 과거의 무의식에 의해 지배를 받는 존재가 아니라 자아의 의지(will)에 따라 항상 변화하고 발전하는 개방된 체계로서 자기에게 주어진 역할과 당면하고 있는 문제에 영향을 받는 존재이다. ③ 기관은 문제해결에 필요한 자원과 기능을 갖고 있는 공식적 조직과 사회복지사의 원조가 이루어지는 비공식적 조직을 모두 포함하며 사회복지실천은 기관의 역할 내에서 제공되어야 한다. ④ 과정은 문제해결을 위해 클라이언트의 참여와 협조를 강조하며 상황에 따라 문제를 재사정하고 수행하는 지속적인 원조과정(helping process)이다.

문제해결 접근방법을 활용하여, 사회복지실천에서는 문제를 가지고 사회복지기관에 온 사람을 대상으로 원조 제공 과정을 통해 사회복지실천 대상자의 문제해결 능력과 대처 능력을 향상시키고자 한다.

여섯째, 사회복지실천은 종합적인 활동이다. 종합적인 활동이라는 것은 아동, 청소년, 여성, 장애인, 노인 등 사회복지실천 대상자의 다양한 문제의 해결과 욕구의 충족을 위해 필요한 다양한 실천 모델과 접근방법을 활용한다는 것이다. 여기에서 일반주의 접근(generalist approach)과 특별주의 접근(specialist approach)의 구분이 필요하다. 일반주의 접근은 사회복지실천 각각의 방법의 공통성과 통합성을 지향한다. 즉, 개별사회복지, 집단사회복지, 지역사회복지와 같은 한 가지 실천방법만을 사용하거나, 아동, 청소년, 여성, 장애인, 노인 등 한 가지 실천분야만을 담당하는 특별주의 접근을 추구하기보다는 사회복지실천의 공통된 요소를 중심으로 통합적 실천을 하는 것이다. 둘째, 특별주의 접근은 일반주의 접근과는 반대로서, 개별사회복지, 집단사회복지, 지역사회복지와 같은 한 가지 실천방법만을 사용하거나, 아동, 청소년, 여성, 장애인, 노인 등 한 가지 실천분야만을 담당하는 전문화를 추구하는 실천을 하는 것이다.

　사회복지실천은 일반주의 접근에 기초를 두고, 사회복지실천 대상자의 문제와 욕구에 적합한 종합적 실천방법을 사용하여, 아동, 청소년, 여성, 장애인, 노인 등 다양한 사회복지실천의 대상자와 함께 일하는 종합적인 활동인 것이다.

　일곱째, 사회복지실천은 전문활동이다. 전문활동이라는 것은 사회복지실천을 수행하는 사회복지사가 사회복지실천에 관한 전문적인 교육을 받고 전문적인 자격증을 소지하고, 사회복지사의 전문성을 반영한 적절한 급여를 받고 사회복시실천의 가치와 윤리에 입각해서 사회복지실천 대상자에게 전문적인 활동을 제공한다는 것이다.

03
사회복지실천의 목적

1) 사회복지실천의 목적

　미국사회복지사협회(NASW)는 1979년 시카고 회의에서 사회복지실천의 목적에 관한 합의인 실질 성명을 발표하였다. 사회복지실천은 모든 사람의 삶의 질 향상을 위해 개인과 사회 간의 서로 유익한 상호작용을 촉진 또는 회복시키는 것이다 (NASW, 1979). 첫째, 사회복지실천의 목적은 모든 사람의 삶의 질을 향상시키는 것이다. 모든 사람에 대한 강조는 사회 속에 소외당하는 사람이 없이 사회구성원 모두의 삶이 향상되기 위해서는 사회적 정의가 실현되어야 함을 의미한다. 여기에서 강조되는 것이 기회의 평등인데, 기회의 평등은 자본주의 시장경제 체제에서 평등을 제도화하기 위해 필요한 최소한의 개념이다. 즉, 사회복지실천의 목적은 사회적 제약에 의해 기회의 평등을 누리지 못하는 취약계층과 소외계층에 대해 지지, 옹호, 역량 강화, 전문활동을 통해 기회의 평등을 보장하는 것이다. 둘째,

사회복지실천의 목적은 사회구성원과 사회체계 사이의 유익한 상호작용을 회복 또는 촉진시키기 위해 노력하는 것이다.

미국사회복지사협회(NASW)는 1979년 시카고 회의에서 발표한 사회복지실천 목적에 관한 합의인 실질 성명에서 사회복지실천의 구체적 목표를 제시하였다(NASW, 1979). 첫째, 사회복지실천의 목표는 개인으로 하여금 자신의 역량을 강화하고 자신의 문제해결 능력과 대처 능력을 증진할 수 있도록 돕는 것이다. 이를 위해 다음의 사회복지실천 활동을 전개한다.

① 클라이언트에게 문제 상황에 대한 새로운 시각과 관점을 제시한다.
② 적절하고 합리적인 대안을 생각하도록 돕는다.
③ 클라이언트가 가지고 있는 장점 또는 강점을 깨닫게 한다.
④ 동원 가능한 자원 또는 잠재적 대처자원의 동원 방법을 제시한다.
⑤ 문제해결 전략 또는 절차를 교육한다.
⑥ 대인관계 기술 개발을 교육한다.

둘째, 사회복지실천의 목표는 각종 자원을 확보할 수 있도록 돕는 것이다. 이를 위해 다음의 사회복지실천 활동을 전개한다.

① 유형·무형의 서비스를 클라이언트에게 직접 제공하거나 또는 클라이언트가 서비스를 받을 수 있도록 돕는다.
② 클라이언트와 서비스를 연결하는 중개자 역할을 수행한다.
③ 클라이언트의 복합적 문제해결을 위한 사례관리자의 역할을 수행한다.
④ 서비스가 존재하지 않는 경우 필요한 서비스나 제도가 개발되도록 한다.

셋째, 사회복지실천의 목표는 클라이언트의 욕구에 반응하는 사회복지조직이 될 수 있도록 감시하는 것이다. 이를 위해 다음의 사회복지실천 활동을 전개한다.

① 서비스 제공기관이 클라이언트의 인간적 존엄성을 존중하면서 적절한 절차와 기준에 따라 서비스를 제공하는지 감시하고 요구하는 활동을 한다.

② 서비스 이용자인 클라이언트의 의견을 수시로 수집하여 클라이언트의 권리
　　를 찾아 주는 역할을 한다.

넷째, 사회복지실천의 목표는 개인과 개인 주변 환경에 속한 사람들 사이의 상
호작용을 촉진하는 것이다. 이를 위해 개인과 개인 주변 사람들과의 원만한 상호
관계를 촉진하도독 돕는 역할을 한다.
　다섯째, 사회복지실천의 목표는 조직과 조직, 기관과 기관 사이의 상호작용에
영향력을 행사하는 것이다. 이를 위해 다음의 사회복지실천 활동을 전개한다.

① 클라이언트의 복지 증진을 위해 기관과 조직들이 긴밀하고 원만한 협조가
　　이루어지도록 조정과 중재 활동을 한다.
② 기관들에게 클라이언트의 복지 증진과 관련된 정보를 제공하는 역할을 한다.

여섯째, 사회복지실천의 목표는 사회 · 환경 정책에 영향력을 행사하는 것이다.
이를 위해 물리적 · 사회적 환경 개선, 서비스 확보 등을 위한 정책 형성과 법 제
정을 위한 활동을 전개한다.

2) 사회복지실천의 기능

(1) 인간의 존엄성 보장

사회복지실천의 가장 중요한 목적은 인간의 존엄성 보장이다. 「대한민국헌법」
제10조에서 모든 국민은 인간으로서의 존엄과 가치를 가지며, 행복을 추구할 권
리를 가진다고 명시되어 있다. 아울러 국가는 개인이 가지는 불가침의 기본적 인
권을 확인하고 이를 보장할 의무를 진다고 명시되어 있다.
　아울러 「사회복지사업법」 제1조(목적)에서 사회복지사업의 목적을 사회복지를
필요로 하는 사람에 대하여 인간의 존엄성과 인간다운 생활을 할 권리를 보장한
다고 명시하고 있다.
　사회복지실천은 모든 개개인이 가지고 있는 불가침의 기본적 인권, 즉 인간이

인간답게 살 권리의 보장을 위해 노력하고, 국가가 모든 개개인이 가지고 있는 인간으로서의 존엄과 가치를 존중하고 행복을 추구할 권리를 보장하도록 노력하는 목적을 가지고 있다.

(2) 인간의 건강한 성장과 발달의 보장

사회복지실천의 두 번째 목적은 인간의 건강한 성장과 발달의 보장이다. 「대한민국헌법」 제2조 1항에서 누구든지 성별·종교 또는 사회적 신분에 의하여 정치적·사회적·문화적 생활의 모든 영역에 있어서 차별을 받지 아니한다고 명시되어 있다. 아울러 「사회복지사업법」 제1조의2(기본 이념)의 1항에서 사회복지를 필요로 하는 사람은 누구든지 자신의 의사에 따라 서비스를 신청하고 제공받을 수 있다라고 명시되어 있다.

사회복지실천은 모든 인간이 건강하게 출생하여 자율적으로 성장 및 발달하고 스스로 독립적인 생활을 하도록 지원하는 데 그 목적이 있다.

(3) 사회통합

사회복지실천의 세 번째 목적은 사회통합이다. 사회통합이란 사회의 구성원 간에 또는 사회의 가족, 집단, 지역사회 간에 결속력을 갖는 것이다. 이를 위해 사회복지실천은 도움을 필요로 하는 사람을 사회로부터 제거하는 것이 아니라 경제적으로 자립시키거나 신체적·정신적으로 회복시켜 사회통합을 이루려는 데 그 목적을 두고 있다. 이를 통해 사회의 구성원 각각이 사회생활에 적극적으로 참여하고 살아갈 수 있도록 보장하는 것이다.

| 생각해 볼 문제 |

1. 사회사업과 사회복지의 구분이 필요한지 본인의 의견을 제시하시오.
2. 사회복지의 다양한 개념을 설명하시오.
3. 사회복지실천의 정의를 제시하고, 이를 설명하시오.

제2장

사회복지실천의 가치와 윤리

1. 사회복지실천의 이념과 가치
2. 사회복지실천의 윤리와 윤리강령
3. 윤리적 의사결정
4. 사회복지실천과 인권

학습목표

◆ 사회복지 가치와 윤리를 구분할 수 있다.

◆ 한국 사회복지사 윤리강령을 설명할 수 있다.

◆ 윤리적 딜레마 상황에서 윤리적 의사결정 모델을 적용할
   수 있다.

01

사회복지실천의 이념과 가치

1) 사회복지실천의 이념

이념의 사전적 정의는 이성으로부터 얻은 최고의 개념으로, 온 경험을 통제하는 주체 또는 사회적 상황에 대한 인식적·평가적 정향을 담은 관념적 신념 체계이다. 즉, 이념이란 한 개인 또는 집단이나 계층의 성원들이 공통적으로 소유하는 신념 체계이다.

사회복지실천의 이념은 사회복지실천의 역사적 발달과 함께 변화되고 있다. 사회복지실천은 인도주의와 박애사상에서 출발하였고, 사회진화론을 거쳐 민주주의 이념과 개인주의 사상으로 변화되었다. 이후 사회복지실천은 다양화와 세계화의 과정을 거쳐, 최근에는 임파워먼트를 이념적 기초로 하고 있다.

(1) 인도주의와 박애사상

인도주의는 자선조직협회의 우애방문자들의 기본 이념으로, 기독교사상을 전파하려는 중산층 이상의 부인들이 빈곤한 사람들을 대상으로 인도주의적 구호를 제공하였다. 이는 타인을 위해 봉사하는 사회복지실천의 기본 이념으로 실천되었으며, 이타주의로 불리는 사회복지실천의 기본 이념으로 실천되었다.

인도주의(人道主義)는 천도와 대비해 인간의 존엄성을 인종, 국가, 종교 등의 차이를 초월하는 최고 가치로 보고 그 가치를 실현하려는 유교 교리이다. 영어 'humanitas'는 인문주의, 인간주의, 인본주의, 인도주의, 인류주의 등으로 번역된다. 서양에서는 종교의 신 중심주의로부터 인간 자신의 기본적 인권을 강조하는 인간 중심주의가 나타났다. 동양에서는 유교와 도교에서 인간을 위한 도(道) 또는 인류를 강조했다.

인도주의는 모든 인간은 동등한 자격을 가지는 인도주의 사상, 그리고 인간 존중과 평등 사상을 기반으로 하는 인간애의 박애사상으로 나타났다. 그리고 인도주의는 「대한민국헌법」 제10조에 "모든 국민은 인간으로서의 존엄과 가치를 가지며, 행복을 추구할 권리를 가진다."라고 명시되어 있다.

(2) 사회진화론으로부터의 탈피

사회진화론(社會進化論)은 영어로 다윈주의(Social Darwinism)라고 하는데, 생물진화론의 적자생존과 자연선택을 사회에 적용하여 사회, 경제, 정치를 해석하는 다양한 이론과 견해를 말한다. 19세기 찰스 다윈(Charles Darwin)이 발표한 생물진화론에 입각하여 허버트 스펜서(Herbert Spencer)가 처음 확립하였고, 이후 19세기 말부터 유행하였다.

허버트 스펜서는 다윈의 생물진화론을 범 우주적인 법칙으로 확대될 수 있다고 보았다. 허버트 스펜서는 생물진화론과 마찬가지로, 사회는 단순한 상태에서 더욱 복잡한 형태로 된다고 보았다. 또한 이러한 변화 과정에서 생물이 진화하면서 몸의 기능이 분화하거나 통합하는 것처럼, 사회도 발전하면서 그 기능이 분화하거나 통합한다고 보았다. 그리고 생물진화론의 적자생존처럼, 사회도 적자생존의 원칙에 적용된다고 보았다.

사회진화론은 20세기 초에 영국의 거대한 사회 변화의 주요한 원인이 되었다. 데이비드 로이드 조지(David Lloyd George)와 윈스턴 처칠(Winston Churchill)은 시봄 라운트리(Seebohm Rowntree)의 빈곤조사 보고서에 근거하여 사회 개혁을 추진하게 된다. 이 보고서는 요크(York) 지방의 빈곤층을 중심으로, 왜 빈곤층은 아무리 노력해도 가난에서 벗어나는 것이 불가능한지를 설명하였다. 이러한 견해가 기존의 빈곤층이 가난한 원인을 단지 게으르고 멍청하기 때문이라는 견해는 틀렸다는 시각을 확대하였고, 나아가 영국의 정치를 빈곤층들의 복지에 중점을 두게 하였다. 이러한 사회 변화는 적자생존에 관한 사회진화론의 영향을 많이 받았다고 볼 수 있다.

즉, 사회진화론은 사회적합계층은 살아남고 사회부적합계층은 자연소멸한다고 보았다. 이를 빈곤 문제에 적용하면, 부자는 자신이 우월해서 부유하게 된 것이고, 빈민은 자신이 게으르고 비도덕적이기 때문에 빈곤하게 된 것으로 해석한다.

사회복지실천에서 자선조직협회의 우애방문자들은 사회진화론에 입각해서 빈곤의 원인을 빈민 개인에게 있는 것으로 보고, 빈곤 가정을 방문하여 빈민이 더이상 게으르지 않고 새로운 도덕성을 가지도록 상담하였다. 그러나 인보관운동의 활동가들은 빈곤의 원인이 사회구조에 있는 것으로 보고, 빈민들과 함께 사회 개혁 활동을 전개하였다. 즉, 사회복지실천의 역사적 발달은 사회진화론에서 시작하여 사회진화론으로부터 탈피하며 발달하였다.

(3) 민주주의 이념

민주주의는 모든 인간은 평등하다는 것을 인정하는 인간존중의 사상에 입각한 이념이다. 민주주의는 모든 인간은 평등하고, 사회복지실천의 대상자인 클라이언트도 사회복지실천의 과정에서 평등한 대우를 받을 권리가 있음을 강조한다. 민주주의는 인보관운동의 활동에서 두드러지게 나타났다. 인보관운동은 빈곤지역에서 살고 있는 빈민도 평등한 대우를 받을 권리가 있음을 강조하였고, 빈민의 평등한 권리의 보장을 위해 사회 개혁 활동을 전개하게 된 것이다.

민주주의는 사회복지실천에서 클라이언트의 자기결정권과도 연결된다. 사회복지사와 클라이언트의 관계는 동등한 협력관계이고, 사회복지사가 클라이언트를 대신해서 개입 방법 등에 대해 결정을 해 주는 것이 아니라 클라이언트 스스로 자신의 삶에 영향을 미치는 결정을 스스로 하도록 클라이언트의 자기결정권을 최대한 보장해 주어야 하는 것이다. 즉, 사회복지 수혜의 여부를 결정하는 데 클라이언트가 적극적으로 참여해야 한다는 민주주의 사상의 사회적 움직임이 나타났고, 이후 클라이언트의 자기결정권에 영향을 주게 되었다.

(4) 개인주의 사상

개인주의 사상은 개인의 도덕적 가치를 강조하는 도덕적 자세, 정치철학 또는 이념이고, 개인의 가치를 높게 보는 것이다. 개인주의 사상은 개인이 자신의 목표를 위해 노력하는 것을 최우선으로 하고, 개인의 독립과 자립을 중요하게 인식하며 국가나 정부기관 등의 외부 간섭을 반대한다. 개인주의 사상은 개인의 이익이 국가나 사회집단보다 우선해야 하고, 개인의 권리가 그 어떤 권리보다 우선한다고 본다.

개인주의 사상의 사회문제에 대한 시각은 성실히 일하는 사람이 물질적 성공으로 보상받는다는 낙관론에 기초하고 있고, 빈곤 등의 사회문제의 발생 원인은 개인적 결함, 개인의 선택 실패에 기인하는 것으로 본다. 개인주의 사상은 정부는 민간에 종속적이고 분권화되어야 하기 때문에 사회복지는 민간기관, 자원단체, 종교단체 등이 담당해야 한다고 본다. 또한 사회복지는 기본적으로 개인의 책임을 손상시키고 시장활동을 방해하므로 취약집단을 대상으로 사회질서 유지를 위한 최소한의 안전망 구축을 목적으로 한다.

개인주의 사상은 자선조직협회의 우애방문자들의 활동과 연결이 된다. 자선조직협회의 우애방문자들은 빈곤의 원인을 개인에게 있는 것으로 보고, 빈민 가정과 지역사회를 방문하여 개인의 게으름에서 벗어나 일을 하여 빈곤에서 벗어날 것을 강조하였고, 빈민에 대한 구호와 상담에 초점을 맞추어 활동을 하였다. 이러한 우애방문자들의 빈곤 문제에 대한 인식, 그리고 구호와 상담에 초점을 맞춘 활동은 개인주의 사상에 입각한 것이다.

2) 사회복지실천의 가치

(1) 가치

사회복지실천은 가치, 지식, 기술의 3대 중심축으로 구성되어 있다. 사회복지실천은 사회복지실천론 교과목에서 학습하는 지식과 사회복지실천기술론에서 학습하는 기술로 구성되는데, 사회복지실천의 지식과 기술을 규정하는 것은 사회복지실천의 가치인 것이다. 즉, 사회복지실천의 가치에 따라, 클라이언트와의 상호작용에서 사용되는 사회복지실천의 지식과 기술이 결정되는 것이다.

가치(value)와 윤리(ethics)의 구분은 다음과 같다. 가치는 좋고 바람직한 것에 대한 개인적 믿음인 반면, 윤리는 행동할 때의 옳고 그름에 대한 사회적 판단기준이다.

프리들랜더(Friedlander)와 앱트(Apte)는 사회복지란 인간의 복지와 사회질서유지에 기본적인 것으로 인정되는 사회적 욕구를 충족시키기 위한 제반 준비를 확보하고 그것을 강화하는 법률, 프로그램, 급여 및 서비스로 보았다. 프리들랜더는 이와 같은 사회복지의 정의에 기반하여 사회복지실천의 기본 가치 네 가지를 다음과 같이 제시하였다(Friedlander & Apte, 1980).

첫째, 인간존중의 가치로서, 모든 사람은 인간으로서의 가치, 품위, 존엄을 가지고 있고, 개인은 그 이용 가치와 별개로 존중받아야 한다는 가치이다. 모든 인간의 상이성과 유사성은 인정되어야 하며, 자신을 위해 자신의 잠재력이 성취되는 방향으로 성장할 수 있는 기회가 주어져야 한다. 개인은 성별, 사회적·경제적·정치적 지위, 국적, 인종, 종교, 육체적 조건, 성적 지향성 등의 속성으로 인해 차별 대우를 받는 일이 없어야 하며, 인간으로서의 존엄과 기회의 균등을 보장받아야 한다. 즉, 인간으로서 공평하고 동등한 대우를 받아야 한다.

둘째, 자기결정의 가치로서, 자기결정이란 사람은 스스로 선택하고 결정을 내릴 수 있는 자유로운 욕구와 권리를 가지고 있다는 가치이다. 개인이 무엇을 요구하며 그것을 어떻게 충족할 것인가를 자기 스스로 결정할 권리를 가지는 것이다. 자기결정은 개인이 자기 능력과 판단에 따라 자신의 태도와 행동을 결정할 권리가 있다는 것으로, 개인의 기본적 인권을 존중하는 가치이다.

셋째, 기회균등의 가치이다. 사회에서 사람은 재산, 교육, 지위, 종교, 인종, 직업, 거주지 등에 의해 여러 계층으로 분류되는데, 기회균등의 가치는 개인이 아무런 차별 없이 균등한 기회가 주어져야 할 도덕적 원칙이 있다는 가치이다. 따라서 사회복지실천의 과정에서 대상자에 대해 어떠한 기준에 의한 차별이 있을 수 없어야 한다. 사회복지실천의 과정에서 클라이언트가 인간적으로 존중받고 차별 없이 기회를 제공받을 때, 클라이언트는 자신의 존엄성을 존중하여 그의 사생활, 직업 생활 및 제반 인간관계에 대해 적응할 수 있게 된다.

넷째, 사회연대의 가치이다. 사회연대의 가치는 사회에서 개인이 겪는 고통과 괴로움은 한 개인의 책임으로만 돌릴 수 없으며, 사회연대적인 책임, 사회공동의 과제로 대처해야 한다는 가치이다. 따라서 사회복지실천의 과정에서 사회문제를 겪게 되는 개인을 사회구성원의 일원으로 받아들이고, 사회생활에 적극적으로 참여할 수 있도록 보장해 주어야 한다. 즉, 클라이언트를 전체 사회 속으로 통합시켜 클라이언트가 사회에서 배제되는 존재가 아니고 인간다운 생활을 할 수 있도록 해야 한다.

(2) 전문직 가치

레비(Levy)는 사회복지 전문직의 가치를 사람 우선의 가치, 결과 우선의 가치, 수단 우선의 가치로 구분하였다(Levy, 1973).

첫째, 사람 우선의 가치로서, 인간에 대해 선호하는 생각이다. 이는 사회복지 전문직 수행의 대상인 클라이언트 자체에 대해 사회복지 전문직이 갖춰야 할 기본적 가치관이다. 즉, 사회복지사는 인간의 타고난 가치와 존엄을 믿고, 모든 인간은 변화를 향한 동기와 능력을 선천적으로 가지고 있다. 모든 인간은 변화를 위한 동기와 능력을 선천적으로 가지고 있고, 자신 및 사회에 대한 책임을 가지고 있다. 모든 인간은 소속의 욕구가 있고 공통된 욕구를 갖지만, 각 개인은 독특한 존재이다.

둘째, 결과 우선의 가치로서, 인간에 대해 선호하는 결과이다. 이는 사회복지실천의 결과로 클라이언트는 개인의 잠재력을 실현할 수 있도록 성장과 개발을 위한 기회를 제공받아야 한다는 가치이다. 사회복지사는 사회적 책임에 대한 믿음을 가지고 있고, 사회는 인간이 그들의 욕구를 충족하는 데 필요한 서비스와 자원을 제공받아야 하며, 기아 문제, 부적절한 교육, 치료받지 못하는 질병, 부적절한 주거상태 등의 문제를 해결하는 데 필요한 자원과 서비스를 제공해야 한다.

셋째, 수단 우선의 가치로서, 인간을 다루는 데 선호하는 수단이다. 이는 사회복지실천의 수행 수단이나 방법이 인간의 존경과 존엄성이 인정되도록 활용되어야 한다는 것이다. 이를 위해 인간의 자율성이 보장되어야 하고, 사회복지실천의 수단과 도구가 인간이 자신의 삶의 방향을 결정할 수 있는 최대한의 기회를 갖도록 보장해야 한다. 아울러 클라이언트를 독특한 성격과 삶의 경험을 가진 존재로 다루어야 한다.

02
사회복지실천의 윤리와 윤리강령

1) 가치와 윤리

가치는 좋고 바람직한 것에 대한 개인적 믿음인 반면, 윤리는 어떤 행동을 할 때 옳고 그름에 대한 판단기준이다. 사회복지사의 윤리는 사회복지사로서 행동을 할 때 옳고 그름, 즉 해야 할 것과 하지 말아야 할 것에 대한 판단기준이다. 사회복지사의 판단기준을 만들어서 사회복지사 윤리강령을 만들어 놓고 있다.

아울러 사회복지사의 윤리는 사회복지사로서의 가치에 기반을 두고 있다. 사회복지사로서 가장 기본적인 가치는 인간의 존엄성이다. 「대한민국헌법」 제10조에 명시되어 있는 "모든 국민은 인간으로서의 존엄과 가치를 가지며, 행복을 추구할 권리를 가진다.", 즉 모든 인간은 존엄하다는 것이다.

〈표 2-1〉 기게스의 반지

항상 겸손하고 법을 잘 지키던 평범한 양치기 소년 기게스가 어느 날 우연히 길을 가다가 길에 버려진 해골에 끼어 있는 반지를 발견하였다. 오랫동안 아무도 가져가지 않았고, 누구에게도 해를 입히는 일이 아니라고 생각하여 기게스는 그 반지를 자기 손에 끼어 보게 되었다. 그런데 놀랍게도 그것이 마술반지였다. 그 사실을 알고 나서부터 변화가 일어났다.

우선, 기게스는 그 반지 낀 손가락을 동료들에게 보여 주지 않으려고 자꾸만 숨기게 되었다. 그리고 마음속에서 야심이 꿈틀거리기 시작했다. 이 반지 하나로 평범한 양치기의 생활을 청산하고, 거대한 부와 권력을 가질 수 있다는 것으로 알게 되었다.

간이 커진 기게스는 궁궐로 입성해서 왕을 죽이고 아름다운 왕비를 유혹하였다. 왕비도 지루한 왕실에 염증을 느끼던 차라 기게스의 유혹에 넘어갔다. 왕비까지 손에 넣은 기게스에게 부와 권력이 순조롭게 따라왔고, 죽는 날까지 새로운 세상을 풍성하게 맛보며 충분히 누리면서 살았다. 거대한 권력과 부가 마술처럼 왔고 아무도 제재하거나 비난하지 않았다.

출처: Plato. The Republic. https://classics.mit.edu/Plato/republic.3.ii.html.

윤리(倫理)의 한문적 의미를 살펴보면, 윤(倫)은 사람이 책을 읽고 많은 것을 생각하는 것이고, 리(理)는 사람들과의 관계에서 지켜지는 차례와 질서라는 뜻이다. 서양에서 인간은 human being이라고 하는 반면, 동양에서 인간(人間)은 사람들 사이의 관계이다. 따라서 윤리도 사람들 간의 관계를 중요하게 본다. 윤리는 절대선이 아니며 시대상을 가지고 있고, 따라서 윤리는 시대성과 사회성을 가진 사람들 사이의 관계인 것이다.

2) 사회복지실천의 윤리

(1) 클라이언트의 자기결정권

사회복지실천 윤리로서 클라이언트의 자기결정권(self-determination)은 사회복지실천의 과정에서 클라이언트가 자신의 삶에 대해 스스로 결정할 수 있는 권리와 욕구를 가지고 있다는 것을 기본 원리로 한다. 클라이언트의 자기결정권이란 사회복지실천의 과정에서 클라이언트가 의사결정 과정에 참여하여 스스로 선택하고 결정한다는 것을 의미하며, 사회복지사는 클라이언트를 위해 무엇을 해 주는 것이 아니라 클라이언트와 함께 문제를 해결해 나아가는 것을 의미한다.

클라이언트의 자기결정권의 중요성은 사회복지사가 클라이언트가 경험하는 모든 문제에 항상 도움을 줄 수 있는 것이 아니기 때문이다. 클라이언트 스스로가 의지를 가지고 문제를 해결해 나가야 한다. 사회복지사는 클라이언트의 능력과 장점을 발견하여, 클라이언트 스스로 문제해결을 위해 선택하고 결정을 할 수 있도록 도와줌으로써 클라이언트 스스로 자신의 삶을 살아갈 수 있도록 돕는 것이 중요하다.

클라이언트의 자기결정권에는 한계가 있을 수 있다. 첫째, 클라이언트 스스로 결정을 하기 어려운 어린 아동, 중증 장애인 등에 대해서는 클라이언트의 자기결정권을 일부 제한하고 사회복지사가 보호자 등과 함께 클라이언트의 문제해결을 위한 방법을 함께 찾을 수 있다. 둘째, 클라이언트의 자기결정 결과로 나타나는 행동이 다른 사람이나 사회에 불이익을 가져올 위험성이 높다고 판단되는 경우, 클라이언트의 자기결정권은 제한될 수 있다.

(2) 비밀보장

사회복지실천 윤리로서 비밀보장(confidentiality)은 사회복지사는 클라이언트와의 전문적 관계에서 알게 된 정보를 누설하거나, 그러한 정보를 획득한 목적 외의 다른 목적으로 사용하지 말아야 하는 것으로 의미한다. 「대한민국헌법」 제17조는 모든 국민은 사생활의 비밀과 자유를 침해받지 아니한다고 명시하고 있다. '세계인권선언' 제12조는 어느 누구도 그의 사생활, 가정, 주거 또는 통신에 대하여 자의적인 간섭을 받거나 또는 그의 명예와 명성에 대한 비난을 받지 아니하고, 모든 사람을 이러한 간섭이나 비난에 대하여 법의 보호를 받을 권리를 가진다고 명시하고 있다.

사회복지사는 클라이언트의 사생활을 존중하고 보호하기 위하여 비밀보장을 준수해야 한다. 최근에는 개인의 사생활을 존중하고 침해하지 않는 권리를 프라이버시권(right of privacy)이라고 한다. 따라서 사회복지사가 클라이언트에게 묻고 수집하는 정보들에 대해서는 철저하게 비밀을 유지해야 한다.

〈표 2-2〉 미국의 타라소프(Tarasoff) 판결

1976년 미국의 '타라소프 판결'은 의료인의 비밀유지 의무가 갖는 딜레마를 더욱 명백하게 보여 준다. 캘리포니아 대학병원의 한 임상병리사는 병원에서 치료 중이던 한 남학생으로부터 "변심한 애인 타라소프를 죽이겠다."라는 말을 듣고 이를 병원에 보고했다. 병원은 이 보고를 묵살하고 아무런 조치를 취하지 않은 채 남학생을 퇴원시켰고 결국 타라소프는 이 남성에 의해 살해되었다. 가족들은 병원을 상대로 손해배상소송을 제기했다. 법원은 "어떤 사람에게 사망과 같은 중대한 신체적 손상을 가져올 수 있는 경우와 같이 중요한 공익상의 이유가 있다면 의사는 환자의 비밀을 공개하고 적절한 조치를 취할 의무가 있다."라고 하며 병원에 배상을 명령했다. 이 판결은 '특정한 타인에게 위험이 발생할 합리적 예견 가능성이 명백한 경우'에 한하여 의료인의 환자에 대한 비밀유지 의무의 예외를 인정받을 수 있다는 것을 보여 주는 것이라 할 수 있다.

비밀보장에는 한계가 있을 수 있다. 첫째, 클라이언트의 문제해결을 위한 슈퍼비전이나 전문가 회의 등에 클라이언트의 익명화를 전제로 비밀보장이 제한될 수 있다. 둘째, 아동학대와 가정폭력 관련 법률 등에서 요구되는 경우, 비밀보장이 제한될 수 있다. 예를 들어, 성인 클라이언트가 사회복지사와의 상담 중 최근 본 인이 아동학대를 하였음을 알리는 경우, 사회복지사는 클라이언트에게 본인이 아 동학대신고의무자임을 알리고 비밀보장이 제한될 수 있음을 알려 주어야 한다.

(3) 알 권리

사회복지실천 윤리로서 알 권리는 클라이언트에 관한 정보에 대한 클라이언트 의 알 권리를 의미한다. 클라이언트의 알 권리의 보장을 위해 사회복지사가 클라 이언트의 문제와 욕구에 대한 알게 된 정보는 클라이언트에게 최대한 알려 주어 야 한다. 이를 위해 사회복지사는 진실성을 고수해야 하는 것이다.

(4) 공정한 분배

사회복지실천 윤리로서 공정한 분배는 사회복지사가 클라이언트 문제의 해결과 욕구의 충족을 위해 제한되어 있는 자원을 공정하게 분배해야 한다는 것을 의미 한다.

제한된 자원의 공정한 분배의 기준에는 다음의 네 가지 기준이 있다.

첫째, 평등 기준은 제한된 자원의 분배에서 가장 흔히 사용되는 방법이다. 수량 적 평등은 자격을 가진 모든 개인이나 집단에게 동일한 몫을 나누어 주는 것이다. 기회의 평등은 먼저 온 사람에게 우선적으로 배분하거나 추첨에 의해 대상자를 선정하는 것이다. 비례적 평등은 소득수준이나 기여한 비용 부담에 비례해 자원 을 배분하는 것이다.

둘째, 욕구 기준은 자원을 배분하는 책임을 지닌 자가 가장 욕구가 큰 대상이 누구인가를 결정하는 것이다. 욕구의 정보나 심각성에 따라 우선순위가 정해지며, 제한된 자원을 이 우선순위에 따라 배분하는 것이다.

셋째, 배분 기준은 제한된 자원이 수혜자가 기여한 만큼 배분되어야 한다는 것 이다. 즉, 비용을 부담한 사람에게 사회복지서비스의 우선순위를 주는 것이다.

넷째, 보상 기준은 긍정적 차별의 원칙이다. 소수집단이나 소외계층은 일반인과 비교해 사회적으로 불공정한 차별을 받아 왔으므로 이것을 보상받아야 하며, 제한된 자원의 분배에서 우선적으로 고려되어야 한다는 것이다.

〈표 2-3〉 큰 고기

어떤 노인이 강에서 물고기를 잡고 있었다. 저녁 무렵 그는 잡은 물고기 중에서 큰 물고기를 도로 강으로 풀어 주었다. 이 모습을 곁에서 지켜보던 젊은 사람이 이해가 가지 않는다는 듯 물었다. "어르신, 다들 큰 물고기를 잡으려고 야단들인데, 당신은 왜 큰 물고기를 풀어 주는 것입니까?"

젊은 사람의 질문에 어르신이 답을 했다. "우리 집 솥에는 저 큰 물고기는 들어가지 않거든요!"

3) 사회복지사 윤리강령

사회복지실천의 윤리는 사회복지사가 어떤 행동을 할 때 옳고 그름에 대한 판단기준이다. 각 국가는 사회복지사의 행동의 옳고 그름에 대한 판단기준을 윤리강령(code of ethics)으로 제정하여 활용하고 있다.

(1) 윤리강령의 기능

윤리강령은 전문직 종사자들이 자신의 업무 과정에서 윤리적 책무성을 가질 것을 선언하고 안내하는 지침이다. 사회복지사를 포함하여 변호사, 의사, 간호사 등이 윤리강령을 채택하여 제시하고 있다(최원규 외, 2021).

리머(Reamer, 2018)가 제시한 사회복지사 윤리강령의 기능은 다음과 같다. 첫째, 윤리강령은 매일의 실천현장에서 부딪히는 윤리적 딜레마에 대한 일반적인 원칙과 지침을 제공하고 윤리적 딜레마를 해결한다. 둘째, 윤리강령은 외부의 전문직 규제로부터 전문직을 보호하고 전문직 사명과 수행 방법에 관한 규범적 기준을 제공한다. 셋째, 윤리강령은 전문직의 비윤리적 행위를 처벌하는 데 도움이 되고 표준이 되는 규범적 기준을 제시한다.

최원규 등(2021)이 제시한 사회복지사 윤리강령의 기능은 다음과 같다. 첫째, 윤리강령은 사회복지사가 실천현장에서 직면하는 윤리적 딜레마와 윤리적 갈등상황을 해결할 수 있는 안내서 기능을 한다. 둘째, 윤리강령은 사회복지사가 저지를 수 있는 부적절한 행위(misconduct)와 고의적 태만(malpractice)으로부터 이용자를 보호할 수 있다. 셋째, 윤리강령은 외부로부터의 규제를 예방하고 전문적 자율성을 유지하는 기능을 갖는다. 넷째, 윤리강령은 동료 전문가들과의 집합적·자율적 규제를 포함하여 다양한 수준의 상호작용 표준으로 기능한다. 다섯째, 윤리강령은 윤리적 딜레마에 대한 부적절한 대응뿐만 아니라 부적절한 행위, 고의적 태만 등에 대한 법적·행정적 쟁의를 예방하는 기능을 갖는다.

〈표 2-4〉 경직의방(敬直義方)

> 『주역』 곤괘 문언전에 나오는 경이직내의이방외(경직의방)는 공경하는 마음가짐으로 자신의 내면을 바르게 하고, 정의로운 행동으로 자신의 행동을 반듯하게 해야 한다는 것이다.
> 우리가 항상 고민하는 문제는 바로 자신에게서 시작되어야 한다는 것이다. 결국 스스로에게는 매우 엄격하되 타인에게는 관대해야 한다는 것이다.

(2) 최초의 사회복지사 윤리강령

미국 사회복지사 윤리강령은 1947년 미국사회복지사협회(AASW)의 윤리강령이었고, 1960년 현재의 미국사회복지사협회(NASW)의 윤리강령이 채택되었다. 현재 사용되고 있는 미국 사회복지사 윤리강령은 2021년 개정된 것으로, 사회복지사의 전문적 행동을 가이드하는 기준들로 구성되어 있다. 특히 2021년 개정된 내용은 전문가의 자기 보호(professional self-care)의 중요성에 대한 용어를 포함하고 있다. 문화적 역량에 대한 기준에 관해 개정된 내용은 사회복지사에 대한 보다 명확한 가이드라인을 제공하고 있다. 미국 사회복지사 윤리강령은 사회복지사의 의사결정과 전문적 행동을 가이드하는 일련의 가치, 원칙, 기준들을 제공한다. 미국 사회복지사 윤리강령은 특정한 기능이나 기관에 상관없이 모든 사회복지사와 사회복지 전공 학생들에게 적합하다(NASW 홈페이지).

미국 사회복지사 윤리강령은 총 4개의 세션으로 구성되어 있다. 첫째, 서문은 사회복지전문직의 사명과 핵심 가치를 요약하고 있다. 둘째, 윤리강령의 목적은 윤리강령의 주요 기능에 대한 개요와 사회복지 실무에서 윤리적 문제 또는 딜레마를 다루는 데에 대한 간략한 지침을 제공하고 있다. 셋째, 윤리 원칙은 사회복지실천에 영향을 미치는 사회복지의 핵심 가치에 기초한 광범위한 윤리 원칙을 제시하고 있다. 넷째, 윤리기준에는 사회복지사의 행동을 안내하고 판결의 기초를 제공하는 구체적인 윤리기준이 포함되어 있다.

(3) 한국 사회복지사 윤리강령

우리나라 사회복지사 윤리강령은 1982년 '한국사회사업가 윤리강령'으로 제정되었고, 전문과 강령 총 10조로 구성되었다. 한국사회복지사협회에서는 2022년 윤리위원회와 함께 '사회복지사 윤리강령 개정방안 도출에 관한 연구' 수행을 통해 사회복지사 윤리강령을 개정(5차)하였다. 주요 개정 내용으로는 시대 변화와 세계적 기준에 맞춰 개정 작업이 이루어졌으며, 실효성 있는 윤리강령이 될 수 있도록 델파이 조사, 온라인 공청회 및 의견 수렴, 전문가 자문 등 다양한 방식으로 의견을 청취하여 오랜 기간 심도 있는 논의가 진행되었다.

2023년 개정된 사회복지사 윤리강령의 앞부분에서 전문, 윤리강령의 목적, 윤리강령의 가치와 원칙이 제시되어 있다. 특히 윤리강령의 가치와 원칙에서 핵심 가치로 인간 존엄성과 사회정의가 제시되어 있다. 이어서 사회복지사의 윤리기준에서 5개의 윤리기준이 제시되어 있다. 첫째, 기본적 윤리기준으로, 전문가로서의 자세(인간 존엄성 존중, 사회정의 실현), 전문성 개발을 위한 노력(직무 능력 개발, 지식 기반의 실천 증진), 전문가로서의 실천(품위와 자질 유지, 자기 관리, 이해 충돌에 대한 대처, 경제적 이득에 대한 실천)이 제시되어 있다. 둘째, 클라이언트에 대한 윤리기준으로, 클라이언트의 권익옹호, 클라이언트의 자기결정권 존중, 클라이언트의 사생활 보호 및 비밀보장, 정보에 입각한 동의, 기록 · 정보 관리, 직업적 경계 유지, 서비스의 종결이 제시되어 있다. 셋째, 사회복지사의 동료에 대한 윤리기준으로, 동료, 슈퍼바이저에 대한 윤리기준이 제시되어 있다. 넷째, 기관에 대한 윤리기준이 제시되어 있고, 다섯째, 사회에 대한 윤리기준이 제시되어 있다.

윤리강령의 마지막 부분에서 사회복지사선서문이 제시되어 있다('부록' 참고).

[◯3

윤리적 의사결정

]

1) 윤리적 딜레마

사회복지실천에서 윤리적 딜레마(ethical dilemma)는 사회복지실천과 관련된 윤리들 간의 갈등이 발생하는 상황이다. 즉, 사회복지실천에서 클라이언트와 관련된 의사결정을 할 때, 사회복지실천의 윤리기준 간에 갈등이 발생하여 의사결정이 어려운 상황이다.

윤리적 딜레마는 일곱 가지 세부 유형으로 구분될 수 있다. ① 이용자에 대한 헌신과 관련된 딜레마 유형, ② 이용자의 자기결정권 보장과 관련된 딜레마 유형, ③ 인지된 동의와 관련된 딜레마 유형, ④ 사회복지사의 유능성과 관련된 딜레마 유형, ⑤ 문화적 유능성과 관련된 딜레마 유형, ⑥ 이익갈등과 관련된 딜레마 유형, ⑦ 비밀보장과 사생활 보호와 관련된 딜레마 유형(NASW 홈페이지) 등이다.

윤리적 딜레마의 세부 유형과 그 예는 〈표 2-5〉와 같다.

〈표 2-5〉 윤리적 딜레마의 세부 유형과 그 예

유형	예
이용자에 대한 헌신	상담과정 중에 이용자가 폭력 가해자임을 알게 되었을 경우 이용자에 대한 사회복지사 헌신의 책임은 이용자의 비밀보장 책임과 갈등관계에 놓일 수 있다.
이용자의 자기결정권 보장	이용자가 질병 치료에 필요한 약물 복용 행위에 대해 전문직의 처방 및 지시에 어긋나는 자기결정을 내릴 경우, 사회복지사는 이용자의 생명 및 안전에 대한 헌신의 책임과 갈등관계에 놓일 수 있다.
인지된 동의	인지능력이 저하된 노인과 발달장애인 등의 이용자에 대한 보완 대체 소통 수단이 갖추어지지 않을 경우와 정보통신기술을 통해서만 서비스를 제공할 수 있는 경우, 사회복지사는 이용자에 대한 헌신의 책임과 갈등관계에 놓일 수 있다.

유형	예
사회복지사의 유능성	전문 교육, 훈련, 자격증, 수료증, 자문 등이 부재함에도 불구하고 이용자에게 서비스를 불가피하게 제공해야 할 경우와 실효성이 충분히 확인되지 않은 이론이나 정보통신기술을 활용하여 불가피하게 서비스를 제공해야 할 경우, 사회복지사는 유능성에 대한 책임과 갈등관계에 놓일 수 있다.
문화적 유능성	사회복지사가 사회적 다양성과 반차별 및 반억압 가치를 충분히 인지하고 동의하지 않은 사회복지사가 이러한 이용자 집단에 서비스를 불가피하게 제공해야 할 경우, 사회복지사는 문화적 유능성에 대한 책임과 갈등관계에 놓일 수 있다.
이익갈등	과거 또는 현재 사적 관련성이 있는 자에게 사회복지사가 전문적 관계에서 서비스를 불가피하게 제공해야 할 경우, 사회복지사는 이익갈등 회피에 대한 책임과 갈등관계에 놓일 수 있다.
비밀보장과 사생활 보호	사회복지사는 중대하고 예견되고 긴박한 상황 등과 같이 전문직으로서 주장할 만한 사유가 있지 않는 한, 전문직 관계에서 알게 된 이용자의 비밀과 사생활은 이용자의 동의 없이는 노출할 수 없는데, 이러한 책임은 이용자에 대한 헌신의 책임과 갈등관계에 놓일 수 있다.

출처: 오정수 외(2022).

2) 윤리적 의사결정

윤리적 의사결정(ethical decision making)이란 윤리적 딜레마 상황에서 여러 대안을 검토하는 데 윤리적 원칙을 올바르게 사용하는 의사결정이다.

(1) 로웬버그와 돌고프의 윤리적 의사결정 모델

로웬버그와 돌고프는 1982년 윤리적 의사결정에 관한 연구를 진행하고, 연구결과에 기초하여 윤리적 의사결정 모델을 제시하였다(Loewenberg & Dolgoff, 1996). 이후 돌고프, 해링턴(Harrington)과 로웬버그는 2005년 윤리적 의사결정 모델을 업데이트한 일반적(general) 의사결정 모델을 제시하였다(Dolgoff, Harrington, & Loewenberg, 2012).

일반적 의사결정 모델은 사회복지사가 윤리적 딜레마를 대처할 때, 초기 단계에 적용할 절차를 다음과 같이 제시하고 하고 있다.

① 무엇이 문제인지 규명하고 그 문제를 지속시키는 원인을 파악한다.

② 해당 문제에 관련된 모든 개인과 조직을 규명한다. 이용자뿐만 아니라 이용자의 지지 체계와 사회복지전문직 및 관련 직종 전문가 등을 모두 포함시킨다.

③ 누가 의사결정에 참여하여야 할지를 결정한다.

④ 문제 상황에 대하여 의사결정 참여자들 각자가 견지하는 가치들을 규명한다.

⑤ 문제 상황을 해결하기 위하여 필요한 목적과 목표를 규명한다.

⑥ 대안적 전략과 표적(target)을 규명한다.

⑦ 목적에 대한 각각의 대안들의 효과성과 효율성을 사정(assess)한다.

⑧ 가장 적절한 전략을 선택한다.

⑨ 선택한 대안을 실행한다.

⑩ 실행과정을 모니터링한다. 이때 예기치 않은 결과에 특별히 관심을 기울인다.

⑪ 결과를 평가(evaluate)하고 추가적 문제 상황을 규명한다.

일반적 의사결정 모델에서는 사회복지사가 활용할 수 있는 윤리적 사정, 윤리적 규정, 윤리적 원칙에 대한 선별 모형을 제시하고 있다. 첫째, 윤리적 사정에 대한 선별 모형은 이용자와 사회 모두의 권리를 최대화하고 해악을 최소화하는 대안을 선택하도록 안내한다. 둘째, 윤리적 규정에 대한 선별 모형은 사회복지사의 윤리적 자기 평가(ethical self-awareness)를 거친 후, 전문직 윤리강령이 개인적 가치에 우선함을 강조하며 윤리강령이 해당될 경우와 그렇지 않을 경우를 선별하도록 한다. 셋째, 윤리적 원칙에 대한 선별 모형은 전문직 윤리강령이 해당되지 않거나 다양한 윤리강령 간의 상충성으로 인하여 어려움을 겪을 때 활용할 수 있다.

- **윤리적 사정에 대한 선별 모형(Ethical Assessment Screen: EAS)**
① 문제 상황과 관련하여 담당 사회복지사의 개인적 가치를 규명한다.

② 의사결정이 이루어질 때 그와 관련된 사회구조적 가치들을 규명한다.

③ 관련된 전문직 가치와 윤리를 규명한다.

④ 추가적으로 취할 수 있는 윤리적 선택 사안을 규명한다.

⑤ 이용자와 관련된 자들의 권리와 복지를 최대한 보호할 수 있는 대안이 무엇인지 규명한다.

⑥ 사회 전체의 권리와 이익을 최대한 보호할 수 있는 대안이 무엇인지 규명한다.

⑦ 최소 해악(least harm)의 결과를 가져올 대안이 무엇인지 규명한다.

⑧ 선택한 대안의 효율성, 효과성, 윤리성의 수준을 규명한다.

⑨ 윤리적 파급효과에 대하여 단기적·장기적 측면을 모두 고려한다.

■ 윤리적 규정에 대한 선별 모형(Ethical Rules Screen: ERS)

① 문제 상황에 적용할 전문가 윤리강령을 확인한다.

② 해당 강령이 있을 경우 그 윤리강령에 따른다.

③ 해당 강령이 없거나 둘 이상의 상호 갈등적인 윤리강령이 관련될 경우, 우선순위에 관한 윤리적 원칙에 대한 선별 모형을 따른다.

■ 윤리적 원칙에 대한 선별 모형(Ethical Principles Screen: EPS)

윤리적 원칙에 대한 선별 모형은 다음 원칙들 간의 우선순위가 제시된 것이다.

① **생명보호의 원칙**: 클라이언트의 생명에 대한 보호가 모든 다른 것에 우선한다.

② **평등과 불평등의 원칙**: 능력이나 권력이 같은 클라이언트는 똑같이 취급받을 권리가 있고, 능력이나 권력이 다른 클라이언트는 다르게 취급받을 권리가 있다.

③ **자율성과 자유의 원칙**: 클라이언트의 자율성, 독립성 및 자유를 촉진하는 결정을 내린다.

④ **최소 해악의 원칙**: 클라이언트 및 클라이언트와 관계된 가족 등에게 해를 최소화할 수 있는 결정을 내린다.

⑤ **삶의 질의 원칙**: 클라이언트의 삶의 질을 향상시킬 수 있는 것을 선택한다.

⑥ **사생활 보호와 비밀보장의 원칙**: 클라이언트의 사생활을 보호하고 비밀보장을 준수하는 결정을 내린다.

⑦ 진실성과 정보 개방의 원칙: 클라이언트에게 정직하고 진실하며 모든 관련 정보를 온전히 개방해야 한다.

(2) 리머의 윤리적 의사결정 모델

리머(Reamer)의 윤리적 의사결정 모델은 여섯 가지 원칙과 7단계로 구성되어 있다(Reamer, 2018).

■ 윤리적 의사결정 원칙

① 인간행동의 필수 전제 요소(생명, 건강, 음식, 주거, 정신적 평정)의 위협요소 예방 규정은 다른 요소의 위협요소 예방 규정보다 우선한다.
② 기본적인 권리는 인간행동의 필수 재화와 타인의 자기결정권보다 우선한다.
③ 개인의 자기결정권은 당사자의 기본적인 권리보다 우선한다.
④ 자발적이며 자유롭게 동의한 법률, 규칙, 규정을 준수해야 하는 의무가 그 법률, 규칙, 규정과 상충하는 방식에 자발적이며 자유롭게 관여할 권리가 상충할 때 전자가 우선한다.
⑤ 개인의 기본권과 자발적 결사단체의 법률, 규칙, 규정, 협정이 상충할 때 개인의 기본원이 우선한다.
⑥ 기본적인 해악(기아)과 공공재화(주거, 교육, 공공부조)의 조성 의무는 재산통제권에 우선한다.

■ 윤리적 의사결정 과정

① 갈등상황과 관련된 윤리적 이슈(사회복지 실천 가치와 의무 등)를 규명한다.
② 윤리적 결정의 영향을 받을 개인, 집단, 조직을 규명한다.
③ 실행 가능한 모든 행동 방침을 모색한다. 이때 각 방침의 참여자를 규명하고 각 방침의 이익과 위험을 잠정적으로 규명한다.
④ 모색한 각각의 방침에 대한 찬성과 반대의 근거를 검토한다. 이때 윤리이론, 윤리강령과 법적 원칙, 사회복지실천 이론과 원칙, 개인의 종교적·문화적·

정치적 가치를 고려하여 근거를 철저히 검토한다.

⑤ 기관 내 동료, 슈퍼바이저, 상급관리자 또는 윤리학자, 변호사 등의 다른 분
   야 전문가와 상의한다.

⑥ 결정을 내린다. 그리고 결정 과정의 기록을 보관한다.

⑦ 결정에 대한 모니터링, 평가, 결정과 관련된 자료를 보관한다.

(3) 콩그레스의 윤리적 의사결정 모델

콩그레스(Congress)의 윤리적 의사결정 모델은 5단계로 구성되어 있고, 각 단계
의 영어명의 첫 머리글자를 합쳐 ETHIC 모델로 불린다(Congress, 1994).

① **검토한다**(Examine): 관련된 개인적 가치, 사회적 가치, 기관의 가치 및 전문
   직 가치를 검토한다.

② **살펴본다**(Think): 관련 상황에 적용되는 사회복지사협회의 윤리강령, 관련
   법률, 사례 결정들을 살펴본다.

③ **가정한다**(Hypothesize): 각기 다른 결정으로 나타날 수 있는 가능한 결과에
   대해 가정한다.

④ **규명한다**(Identify): 가장 취약한 대상에 대한 사회복지사 헌신의 관점에서 볼
   때, 각 대안으로 인하여 이득과 손실을 받을 사람들을 규명한다.

⑤ **자문을 구한다**(Consult): 슈퍼바이저와 동료에게 윤리적 선택 대안에 대하여
   슈퍼바이저와 동료들에게 자문을 구한다.

[04 사회복지실천과 인권]

1) 인권

'인권(human rights)'은 인간이 인간으로서 누려야 할 권리를 말한다. 이러한 인권 개념은 18세기 후반에 등장했는데, 인간 본성의 도덕 법칙은 실정법 이전의 자연법에 의해 정당화된다는 자연법 이론, 그리고 국가의 존재 이유를 자연권 보호에 두는 사회계약론에 뿌리를 두고 있다. 1789년 프랑스 혁명 시 채택된 '인간과 시민의 권리선언'은 "인간의 자연적이고 양도 불가능하고 신성불가침한 제 권리를 엄숙히 선언한다."고 말하며, "인간은 권리로서 자유롭고 평등하게 태어나며 생존한다."라고 자유, 평등, 저항의 권리를 인권으로 천명했다. 1776년 채택된 미국의 '버지니아 권리장전'도 천부인권(天賦人權)의 사상을 드러내며 신체 보존의 자유, 언론의 자유 등을 제시했다. 1919년 독일 「바이마르 헌법」은 의무교육과 사회보장 등 사회권적 권리를 포함했다(국가인권위원회 홈페이지).

1948년 6월 유엔인권위원회에 의하여 완성된 후, 몇 차례의 수정을 거쳐 1948년 12월 유엔총회에서 채택된 '세계인권선언(Universal Declaration of Human Rights)'은 보편적인 국제기구에 의하여 주창된 최초의 포괄적인 인권문서이다. 「세계인권선언」은 빠른 시일 안에 법적 구속력을 가지는 조약을 만들어 회원국의 비준을 받는 일이 어렵다는 현실적인 이유 때문에 선언이라는 형식을 취하였지만, 이 선언은 그것이 갖는 도덕성 및 법적ㆍ정치적 중요성 때문에 인류의 자유와 존엄성을 향한 투쟁의 역사적 이정표로 인정받아 왔으며, 채택된 후 50여 년이 지난 오늘날 유엔이나 국제여론, 국제 NGO 등에 의하여 사실상 선언상의 의무가 국제적으로 강제되다시피 하고 있다.

「세계인권선언」은 인권의 내용을 크게 두 가지로 분류하고 있는데, 하나는 시민ㆍ정치적 권리들이고 다른 하나는 경제적ㆍ사회적ㆍ문화적 권리들이다. 시민ㆍ

정치적 권리에는 생명, 자유 및 신체의 안전에 관한 권리(제3조), 사생활의 비밀과
자유보장(제12조), 사유재산권(제17조), 언론의 자유(제19조), 사상·양심·종교의
자유(제18조), 집회·결사의 자유(제20조)와 거주이전의 자유(제13조) 등을 선언하
고 있다. 또한 제21조는 참정권을 구체화하고 있는데, 첫째는 개인들이 직접적으
로 또는 대표자를 통해 간접적으로 자신들의 정부에 참정권을 행사할 수 있는 권
리이고, 둘째는 국민의 뜻이 국가권력의 정당성의 근거라는 선언이며, 셋째는 모
든 정부는 보편적인 참정권 행사에 의한 정기적이고 진정한 선거를 실시할 의무
를 진다는 내용이다.

(1) 인권의 특성

유엔인권위원회(United Nations Human Rights Office)는 인권의 특성(characteristic)
을 세 가지로 제시하고 있다(유엔인권위원회 홈페이지).

첫째, 인권은 가지고 태어난 것(inherency)으로, 모든 인간은 존엄하고, 인간은
태어나면서부터 존엄성을 가지고 태어난다는 것이다. 즉, 인권은 인간이 성장하면
서 습득하는 것이 아니라, 태어나면서부터 가지고 태어난다는 것이다.

둘째, 인권은 양도 불가능(inalienability)하고 나눌 수 없는 것(indivisibility)으로,
인권은 다른 사람에게 양도하거나 다른 사람과 나눌 수 없는 것이다. 예를 들어,
아동의 인권 일부분은 성장할 때까지 보호자에게 맡길 수 없는 것이고, 장애인의
인권 일부분은 거주시설에 입소할 때 시설의 종사자와 나눌 수 없는 것이다.

셋째, 인권은 보편적인 것(universality)으로, 인권은 누구에게나 동일한 잣대로
적용된다는 것이다. 즉, 인권은 개인이 처해 있는 신분이나 상황에 상관없이 모든
사람이 동일한 인권을 가지고 있다는 것이다.

(2) 인권의 유형

인권의 첫 번째 유형은 자유권(right to freedom)이다. 자유권 규약인 '시민적 및
정치적 권리에 관한 국제규약(International Covenant on Civil and Political Rights)'은
'세계인권선언'과 비교해 볼 때, 권리의 목록 면에서 수적으로 더 많은 권리가 추

가되었을 뿐만 아니라 법률적인 면에서 보다 세부적으로 규정되었다.

규약의 조항들은 앞서 제정된 '유럽인권협약'(1950)과 그 적용 경험에 많은 부분을 의지하고 있다. 제2조 제1항은 "본 규약의 각 당사국은 인종, 피부색, 성별, 언어, 종교, 정치적 또는 기타 견해, 국가적 또는 사회적 출신, 재산, 출생 또는 기타 지위 등 여하한 종류의 차별 없이 자국 관할권에 종속되는 자국 영토 내 모든 개인에게 본 규약에서 인정된 권리를 존중하고 보장하도록 한다."라고 하여 포괄적인 일반 권리 보호규정으로서 작용한다. 권리는 최대한 정확하게 정의되어야 하며, 개인의 자유와 안전, 법 앞의 평등, 공정한 재판 등의 사안들을 다룬다. '세계인권선언'에는 직접 언급되지 않았으나 '자유권규약'에 보장되어 있는 권리에는 채무불이행만을 이유로 감옥에 가지 않을 권리, 자유를 박탈당한 모든 사람은 인도적으로 처우받으며, 인간으로서의 고유한 존엄성을 존중받는 대우를 받을 권리, 모든 아동의 국적 취득 권리, 모든 아동이 미성년자로서 특별한 보호조치를 받을 권리 등이 있다.

인권의 두 번째 유형은 사회권(social rights)이다. 사회권은 사회적 기본권으로, 모든 사람이 산업사회에서 인간다운 존엄을 위협하는 요인들로부터 보호받으면서 인간다운 생활조건을 누릴 권리라 할 수 있다. 사회권은 음식 · 영양 · 건강 · 의복 · 주거 등 적절한 생활수준을 향유할 권리와 적절한 생활수준의 향유를 핵심적으로 뒷받침해 주는 노동권, 적절한 노동시간 · 안전한 노동환경 · 공정한 임금 등 정당한 노동조건에 대한 권리, 사회보장에 대한 권리, 교육권 등을 포함한다. 사회권이라는 개념과 사회보장 정책의 출현은 자본주의 산업사회의 발달에 기인한다. 산업화가 진행되면서 인간의 욕구와 노동력이 상품화되었고, 대다수 사람이 임금소득을 통해 생계를 유지하고, 식량 · 집 · 의료와 같은 인간 욕구를 상품 구매를 통해 충족하는 사회로 이전하였다. 산업사회 과정에서 나타난 빈곤, 실업, 열악한 주거와 위생환경 등 이른바 사회문제의 대두와 가족, 교회, 길드 등 기존의 전통적 연대의 쇠퇴는 개인의 복지와 안전을 보장하는 국가의 역할에 주목하게 하였다. 사회권은 이러한 배경에서 싹트게 되었다.

1990년 우리나라는 '사회권규약'과 '자유권규약'을 동시에 비준하였다. '경제적 ·

사회적 및 문화적 권리에 관한 국제규약(사회권규약)은 자결권(제1조), 노동의 권리
(제6조), 공정한 노동조건에 대한 권리(제7조), 노동조합 결성 및 파업에 대한 권리
(제8조), 사회보장에 대한 권리(제9조), 임산부·어린이 및 연소자의 보호(제10조),
식량·의복·주택 등 적합한 생활수준을 누릴 권리(제11조), 건강권(제12조), 교육
권(제13~14조), 문화와 과학 관련 권리(제15조)를 보장한다.

　각 당사국은 입법적 조치의 채택을 포함하는 모든 적절한 수단에 의하여 이 규
약에서 인정된 권리의 완전한 실현을 위해 이용 가능한 자원을 최대한 활용하여
조치하여야 한다. 규약 당사국의 사정을 고려한 이와 같은 실행조처는 '자유권규
약'에 비해 간접적이다. 왜냐하면 '사회권규약'이 인정하고 있는 권리를 실현시키
기 위해서는 장기적인 계획과 점진적인 수행을 위한 경제적·사회적 부담이 주어
지고, 따라서 국가 간의 현실적 역량의 차이, 즉 '이용 가능한 자원'의 차이를 고려
하지 않을 수 없었기 때문이다. 그러나 규약상의 권리 중 국가로부터 존중의 의무
를 요하는 권리들은 즉각적 효력을 발생시킨다.

　2008년 12월에는 '자유권규약' 등에서와 같이 개인진정제도를 가능하게 하는
'사회권규약 선택의정서'가 채택되어 2013년 5월 발효되었다. 경제적·사회적 및
문화적 권리에 관한 개인진정제도가 실행되는 과정에서 추상적 권리로 이해되던
사회권에 대해서도 권리침해 여부와 국가의 의무에 관한 판단이 쌓이면서 사회권
의 내용이 보다 구체화되고 있다.

　「대한민국헌법」은 교육을 받을 권리(제31조), 근로의 권리(제32조), 인간다운 생
활을 할 권리(제34조), 주거권(제35조 제3항), 모성보호(제36조 제2항), 보건권(제36조
제3항) 등 사회권을 명문으로 보장하고 있다. 또한 사회국가를 「헌법」의 최고 원
리로 확인하고 있다. 헌법재판소에 따르면, 「헌법」이 추구하는 사회국가란 "사회
정의의 이념을 「헌법」에 수용한 국가, 사회현상에 대하여 방관적인 국가가 아니
라 경제·사회·문화의 모든 영역에서 정의로운 사회질서의 형성을 위하여 사회
현상에 관여하고 간섭하고 분배하고 조정하는 국가이며, 궁극적으로는 국민 각자
가 실제로 자유를 행사할 수 있는 그 실질적 조건을 마련해 줄 의무가 있는 국가"
이다(헌법재판소 1997.5.29. 94헌마33). 헌법재판소는 「헌법」상 사회적 기본권의 성

격에 대해 개인이 국가를 상대로 주장할 수 있는 권리이고, 국가에 이행의 책임을 부과한다는 점을 분명히 하였다(헌법재판소 1997.5.29. 94헌마33).

인권의 세 번째 유형은 환경권(environmental rights)이다. 환경권은 건강한 환경에서 살 권리를 말한다. 유엔은 1972년 스웨덴 스톡홀름에서 유엔인간환경회의를 열고 '인간환경선언'을 채택하였다. 이 선언은 자연환경이 생명권을 포함해 기본적인 인권 향유에 핵심적이라는 점을 강조하였고, 각국에서 환경권에 관한 본격적 논의와 입법을 촉발시켰다. 1976년 포르투갈이 세계 최초로 '건강하고 생태적으로 균형적인 인간환경에 대한 권리'를 「헌법」상의 권리로 확립하였고, 현재는 환경에 대한 권리를 헌법화한 국가들이 100개국이 넘는다.

우리나라에서는 환경권이 1980년 제8차 개헌 때 「헌법」에 도입되었고, 이후 1987년 제9차 개헌에서 환경권 조항을 좀 더 구체화하였다. 「헌법」 제35조는 "건강하고 쾌적한 환경에서 생활할 권리를 가지며 국가와 국민은 환경보전을 위해 노력해야 한다."라고 규정하고 있다. 헌법재판소는 환경권을 국민이 국가에 대하여 건강하고 쾌적한 환경을 향유할 수 있는 자유를 침해당하지 않을 권리를 행사할 수 있고, 일정한 경우에는 국가에 대하여 건강하고 쾌적한 환경에서 생활할 수 있도록 요구할 수 있는 권리로 보았다(헌재 2008.07.31. 2006헌마711). 「헌법」 제35조 환경권의 보호대상인 '환경'이 무엇을 의미하는지와 관련해, 자연환경만을 의미한다는 견해와 문화적 · 사회적 환경까지도 포함한다는 견해가 존재한다.

2) 사회복지실천과 인권

사회복지실천은 인권을 실천하는 것이다. 사회복지실천의 가장 기본적인 가치는 인간 존엄성이고, 인권은 모든 인간이 존엄성을 가지고 인간답게 살 권리이다. 한국사회복지사 윤리강령의 가치와 원칙의 핵심 가치 1(인간 존엄성)에서 "사회복지사는 개인적 · 사회적 · 문화적 · 정치적 · 종교적 다양성을 고려하며 개인의 인권을 보호하고 존중한다."고 명시되어 있다. 아울러 사회복지사선서문에서 "나는 언제나 소외되고 고통받는 사람들의 편에 서서, 저들의 인권과 권익을 지키며, 사회의 불의와 부정을 거부하고, 개인이익보다 공공이익을 앞세운다."라고 명시되어 있다.

| 생각해 볼 문제 |

※ 다음 윤리적 딜레마 상황에 대해 윤리적 의사결정을 하시오(김인순, 김용석, 2006).

1. 여러분은 병원의 종양 부서에서 일하는 의료사회복지사이다. 여러분은 죽어 가는 클라이언트를 자주 접한다. 여러 달 동안 극심한 고통에 시달리고 있던 지적이고 분명한 성격의 88세 할머니가 자신이 강력한 진통제를 모아 왔는데, 오늘 밤에 먹고 자살을 할 것이라고 여러분에게 말한다. 그녀는 여러분에게 작별인사를 하고 싶고 그동안의 모든 도움에 감사한다고 말하면서, 제발 자신의 계획을 방해하지 말라고 부탁하고 있다.

2. 여러분은 부부 관계를 향상시켜 보려는 어느 기혼부부와 상담을 하고 있는 종합사회복지관의 사회복지사이다. 직접적이고, 개방적이고, 정직한 의사소통을 상담의 목표로 설정하였다. 그들 각자는 성적인 차원의 성실성 또한 자신들의 결혼생활에 중요하다고 말했다. 다섯 번째와 여섯 번째 상담 사이에서 그 부부 중 한 사람이 여러분에게 전화를 해서 다음과 같이 말했다. "당신이 알아야 할 것 같아서 말씀드리는데 저는 지금 다른 사람과 사랑에 빠져 있습니다. 제 배우자는 이 사실을 모르며, 당신이 이에 대해 이야기하지 않으리라 생각합니다. 당신도 아시다시피 그렇기 때문에 저는 당신의 전문성을 존경합니다. 당신은 멋진 직업을 가지고 있습니다."

제3장

사회복지실천의 역사

1. 근대 사회복지실천의 시작
2. 사회복지실천 전문직의 역사
3. 한국 사회복지실천의 역사

학습목표

◆ 영국과 미국의 사회복지실천의 초기 역사를 설명할 수 있다.

◆ 사회복지실천 전문직의 주요 역사를 설명할 수 있다.

◆ 한국 사회복지실천의 주요 역사를 설명할 수 있다.

근대 사회복지실천의 시작

1) 영국의 「구빈법」

근대 사회복지실천의 시작은 1601년 영국의 「엘리자베스 구빈법(The Elizabethan Poor Law of 1601)」이다. 영국의 역사에서 그 이전에는 수도원에서 지역사회의 도움이 필요한 사람들에 대한 원조를 제공하였는데, 헨리 8세(Henry VIII)는 교황청과의 갈등으로 인해 수도원을 해산하였고, 그 결과 스스로를 돌볼 수 없는 사람들을 위한 자선의 주요 자원이 사라지게 되었다. 그 이후 1601년 엘리자베스 1세는 각 교구가 일할 수 없는 사람들을 지원하기 위해 세금을 징수하도록 의무화하는 「빈곤 구호법(Poor Relief Act)」을 제정한 것이다.

[그림 3-1] 「구빈법」 관련 포스터

영국에서 교구 단위의 빈곤구제가 시작된 것은 15세부터이다. 수도원이 해체되고 사회구조가 붕괴되면서, 빈곤구제가 자발적 자선에서 교구 단위의 조세에 기반을 둔 구빈행정으로 전환되었다. 영국에서 빈곤구제를 위한 1601년 이전의 법들은 거리의 걸인이나 부랑인을 단속하기 위한 법들이었다. 1349년의 「노동자칙령(Ordinance of Labourers)」은 노동능력이 있는 걸인에게 개인의 자선을 하지 못하게 하였고, 1388년의 「케임브리지법(Statue of Cambridge)」은 노동자와 걸인의 이주를 금하였다. 「케임브리지법」은 노동능력이 없는 빈민의 구제를 지방정부의 책임으로 명시하였다. 1494년의 「부랑인 · 걸인법(Vagabonds & Beggars Act)」은 부랑인과 걸인에 관한 내용으로 구성되었고, 1949년의 「정주법(Statue of Legal Settlement)」은 노동능력이 없는 빈민을 보호하기 위한 시설의 설치를 규정하였다. 1958년의 「빈민구호법(Act for the Relief of the Poor)」은 모든 교구에 빈민감독관을 두고, 빈민감독관에게 실업자를 위한 구직활동과 자활능력이 없는 사람들을 위한 시설 설치의 책임을 부여하였다(최원규 외, 2021).

영국에서 구빈법의 역사는 「구 구빈법(Old Poor Law)」과 「신 구빈법(New Poor Law)」으로 구분된다. 「구 구빈법」은 1601년의 「구빈법(Act for the Relief of the Poor)」이고, 「신 구빈법」은 1834년의 「개정구빈법(Poor Law Amendment Act)」이다.

1601년의 「구빈법」의 특징은 구빈 활동이 교구 중심으로 지역사회에서 실행되고, 구빈원(workhouse)이 완전히 자발적으로 운영되는 것이다. 이에 반해 1834년의 「개정구빈법」은 구빈법 노동조합의 새로운 행정단위에 기반을 두고, 구빈원이 보다 엄격히 운영되고 중앙에서 통제하는 표준 체계를 도입하는 데 그 목적을 두고 있다. 사실상 1834년의 「신 구빈법」에서 도입된 표준 체계에서 실제로 새로운 것은 거의 없었다. 「신 구빈법」의 주요 요소인 교구를 노동조합으로 통합, 억압적인 구빈원, 구빈원 조사 등은 모두 「구 구빈법」에 존재하였던 것이다. 「신 구빈법」에서 변화된 것은 구빈이 실행되는 방식이 자발적 운영에서 보다 엄격한 운영으로 변경된 것이다.

그러나 두 구빈법 사이의 보다 중요한 변화는 1834년의 「신 구빈법」은 사회의 구성원들이 빈민을 보는 방식에서의 근본적인 변화이다. 전통적인 태도는 빈곤은 불가피한 것이고, 빈민은 그들의 상황의 어쩔 수 없는 희생자이고, 빈민의 구호는 기독교인의 의무로 보았다. 그러나 1834년의 「신 구빈법」은 빈민은 자신의 상황에 대한 책임이 있고, 빈민이 노력하면 변화할 수 있다고 보는 사회구성원의 인식에 기반을 두고 있다(www.workhouses.org.uk/poorlaws).

1601년의 「구빈법」의 핵심은 중앙집권식 빈민 통제이고, 빈민의 관리를 국가의 책임으로 하였다. 각 교구에서는 교구위원회의 임명을 받은 빈민감독관이 세금 징수와 구빈 행정을 담당하고 음식이나 돈을 배부하고 해당 교구의 구빈원을 지도·감독했다(최원규 외, 2021).

1601년의 「구빈법」에 의거하여, 각 교구는 노인과 도움이 필요한 사람을 구제하고, 보호가 필요한 아동에게 근면성을 키우고, 일할 능력이 있는 사람에게 일을 제공하였다.

1601년의 「구빈법」의 주요 목적은 다음과 같다.

① 각 교구가 구빈에 책임을 지는 행정 체계를 확립하고, 구빈세를 걷고 구빈을 담당한다.
② 일할 능력이 있는 사람에게 일을 제공하기 위하여 지원한다. 일할 수 있는 빈민이 일하기를 거부하는 경우, '교정원(house of correction)'이나 감옥에 보낸다.
③ 일할 수 없는 빈민(노인, 시각장애인, 지체장애인 등)을 구제한다. 구제는 작업장 (workhouse)이 아니라 거주시설(house of dwelling)이나 구빈원(almshouse or poorhouse)을 제공하는 것을 포함한다.

1601년의 「구빈법」의 가장 중요한 특징은 빈민을 노동능력의 유무에 따라 구분하고, 빈민의 유형에 따라 다른 구제방법을 사용한 것이었다. 첫째, 노동능력이 있는 빈민의 경우 교정원이나 작업장에 보내서 노동을 하게 하였고, 노동능력이 있는 빈민에 대한 구제를 금지하고, 다른 지역으로의 이주도 금지하였다. 둘째, 노동능력이 없는 빈민의 경우 구빈원에 수용 보호(indoor relief)하였고, 노동능력이 없는 빈민이 거주할 곳이 있으면 원외구제(outdoor relief)를 병행하였다. 가족책임을 원칙으로 하였기 때문에, 보호할 가족이 있으면 구제를 제공하지 않았다. 한편, 보호를 필요로 하는 아동(dependent children)의 경우 지역 주민에게 무료 위탁 또는 유료 위탁을 실시하였다.

1601년의 「빈민구호법(The 1601 Act for the Relief of the Poor)」의 가장 주요한

특징은 빈민을 노동능력 유무에 따라 구분하고, 빈민의 노동능력 유무에 따라 다른 구호방법을 사용한 것이다. 첫째, 노동능력이 없는 빈민은 일을 할 수 없는 아동, 장애인, 노인 등인데, 이들은 구호를 받을 만한 '가치 있는 빈민(worthy poor)' 또는 구호를 '받을 자격이 있는 빈민(deserving poor)'으로 불리었다. 이들 노동능력이 없는 빈민은 지역사회에서 구호를 받을 수 있도록 하였고, 중앙정부가 구호를 위한 비용을 지원하였다. 둘째, 노동능력이 있는 빈민은 일을 할 수 있는 성인 등인데, 이들은 구호를 받을 수 없는 '가치 없는 빈민(unworthy poor)' 또는 구호를 '받을 자격이 없는 빈민(undeserving poor)'으로 불리었다. 이들 노동능력이 있는 빈민에게는 노동이 강제되었다.

1601년의 「구빈법」 이후 빈민의 거주 이전을 제한하였는데, 1662년의 「구빈개선법(Act for the Better Relief of the Poor)」은 빈민의 거주 이주를 그 이전보다 엄격히 제한하였다. 1662년의 「구빈개선법」은 「정주법(Settlement Act)」으로도 불리는데, 1388년의 「케임브리지법」에 기반하고 있는 것이다. 1662년의 「정주법」은 구빈의 대상이 될 수 있다고 판단되는 새로운 전입자를 그들의 출생교구로 추방할 수 있도록 한 것이다. 교구주의를 강화한 이 법은 빈민에 대한 거주 이전 제한을 지방 차원에서 전국 차원으로 강화한 것이다.

1723년의 「빈민구호법(The Poor Relief Act)」은 빈민의 정주, 고용 및 구호에 관한 법률이다. 이 법은 「작업장 검사법(Workhouse Test Act)」으로 불리기도 했는데, 작업장은 억제적인 목적으로 사용되어야 하고, 빈민의 구호는 매우 절망적인 상황에 있는 사람에게만 제공될 수 있다는 원칙에 입각하고 있기 때문이다. 이 법의 제정 이후 작업장이 보다 광범위하게 사용되었다. 1770년대 중반에는 영국과 웨일즈에서 2,000개의 교구 작업장이 운영되었다. 그럼에도 불구하고 매우 많은 수의 교구는 작업장을 운영하지 않았고, 빈민은 원외구제만을 통해 구호가 제공되었다(www.workhouses.org.uk/poorlaws/1723intro.shtml).

1782년의 「빈민구호법」은 「빈민의 보다 나은 구호와 고용을 위한 법(An Act for the better Relief and Employment of the Poor)」으로서 「길버트법(Gilbert Act)」으로 불리기도 하였다. 이 법은 교구에서 일할 수 있는 성인을 제외한 걸인을 위한 공동 작업장을 설립하기 위한 절차를 제공하였다. 아울러 이 법은 교구로부터 임명된 후견인 위원회에 의한 운영을 포함하여 작업장 운영에 주요한 변화를 도입하였다. 이 법은 작업장이 운영되는 표준 절차를 포함하였다(www.workhouses.org.uk/poorlaws/1782intro.shtml).

1795년의 「스핀햄랜드법(Speenhamland Act)」은 가난한 저임금 노동자에게 보충적으로 임금을 제공하기 위한 목적으로 제정되었다. 가족 수에 비례해서 보충임금을 추가로 지급하였다. 이 법에 의해 실시된 보충임금제도는 세계 최초로 현금을 지급한 생계수단으로 평가된다.

이 법의 제정 배경은 18세기 말 영국에서 5년간의 지속적인 흉작, 식량부족 및 인플레이션으로 인해 빈곤층의 빈곤이 극대화되고 심화되자, 농촌 노동자의 생계 문제에 대해 국가가 해결하고자 노력하면서 시작되었다. 이 법으로 인해 빈민노동자의 저임금에 대해 보충적으로 수당을 지급했고, 노령자나 장애인에 대한 원외구호가 더욱 확대되는 계기가 되었다.

1795년의 「스핀햄랜드법」의 의의는 다음과 같다.

① 인도주의적 관점에 입각하였다. 즉, 노동을 하고도 최저생계 수준 이하의 생활을 하는 빈민에게 관심을 기울였다.
② 낙인효과가 없었다. 즉, 기존 구빈법은 구빈을 행함으로써 빈민에게 낙인감을 주었지만, 이 법에서는 노동을 하는 빈민에게 구빈 혜택이 주어짐으로써 사람들이 이상하게 생각하지 않았다.
③ 대가족을 고려한 구빈이었다. 즉, 영국 역사에서 처음으로 구빈활동에 있어서 빈민의 가족의 수를 고려하였다.

1834년의 「개정구빈법」은 「영국과 웨일즈에서의 빈민에 관한 법률의 개정과 보다 나은 행정을 위한 법(An Act for the Amendment and better Administration of the Laws relating to the Poor in England and Wales)」이다. 이 법으로 인해 새로운 구빈체계의 법적 및 행정적 기본틀이 수립되었다. 이 법의 핵심은 새로운 구빈체계의 세

부적인 정책과 행정을 책임지는 '신 구빈위원회(the new Poor Law Commission)'가 구성된 것이다. '신 구빈위원회'는 노동능력이 있는 빈민에 대한 원외구호를 폐지하기 위하여 노력하였다.

1834년의 「개정구빈법」 제정에 기초가 된 것은 '1834년 구빈법 보고서'이다(김자경, 2022). '1834년 구빈법 보고서'는 빈민구제 관행의 폐해들을 분석하였고, 이를 기반으로 「구빈법」의 개정으로 나아갈 수 있는 대안책들을 제시하였다. 이 보고서의 핵심은 노동자들의 생계부양 권리의 제거였다. 이 보고서에서는 온정주의적 빈민구제인 원외구제와 지주들의 온정주의적 빈민행정을 강하게 비판하였다. 즉, 원외구제는 노동자들의 생계부양 권리를 지속시키는 것으로, 지주들의 온정주의적 빈민행정이 노동자들의 생계부양 권리를 강화시켜 왔다고 지적하였다.

이 보고서는 노동자들의 생계부양 권리를 제거할 수 있는 구제 원칙을 제안하였다. 이는 구빈원을 통한 '열등처우 원칙(less eligibility principle)'이었다. 열등처우 원칙은 빈민을 구분하여 근로 능력이 있는 빈민은 구제받을 권리가 없다고 보았다. 즉, 근로능력이 있는 빈민은 구제받을 권리가 없기 때문에 최하층의 노동자보다 열등하게 대우받아야 한다는 논리이다.

'1834년 구빈법 보고서'는 1834년의 「개정구빈법」의 기초가 되었고, 1834년의 「개정구빈법」의 주요 원칙 중 하나는 열등처우 원칙이었다. 이는 국가의 구제를 받는 빈민의 생활이 스스로의 힘으로 벌어서 생활하는 최하위 노동자의 생활보다 나아서는 안 된다는 원칙이다. '1834년 구빈법 보고서'는 빈민에게 주어지는 각종 수당이 빈민을 타락시키고 나태에 빠뜨렸다고 보았고, 공적 빈민구제를 받는 빈민의 생활수준이 자신의 노동력으로 생활을 하는 사람보다 나은 경우도 있었다. 이에 '1834년 구빈법 보고서'는 빈민구제의 수준이 노동수입보다 열등하다면 빈민들이 빈민구제에 매달릴 것이 아니라 노동을 선택할 것으로 보고 이러한 원칙을 1834년의 「개정구빈법」에 반영하게 되었다. 그 결과, 「개정구빈법」은 빈민구제가 목적이라기보다는 빈민구제를 덜 매력적인 것으로 만들어 구제를 포기하도록 만드는 것이 목적이었다. 이러한 열등처우 원칙을 뒷받침하기 위해 원내구제의 원칙이 제시되었다. 즉, 빈민들을 작업장이나 구빈원에 입소시키고, 작업장이나 구빈원에서 생활하는 빈민들의 처우를 열악하게 함으로써 구제를 덜 매력적인 것으로 만들었다. 이러한 열등처우 원칙은 오늘날 공공부조의 암묵적인 원칙으로 활용되고 있다. 즉, 공공부조 수급자의 생활수준이 최저임금 노동자의 생활수준보다 높아지지 않게 공공부조의 수준을 설정하는 것이 형평성에 부합한다고 보고 있다. 즉, 일을 하지 않고 국가의 지원을 받는 사람의 생활수준이 노동시장에서 온전히 일을 통해 생활을 영위하는 사람의 생활수준보다는 낮아야 한다고 보는 것이다.

그러나 이러한 열등처우 원칙의 근본적인 문제점은 빈곤의 원인을 개인에게 두고 있다는 점이다. 열등처우 원칙의 핵심은 사회복지 수급자의 경제적 생활수준이 그 사회의 최저임금 근로자의 경제적 생활수준보다 낮아야 한다는 것이다. 왜냐하면 사회복지 수급자의 경제적 생활수준이 한 사회의 최저임금 근로자의 경제적 생활수준보다 높은 경우, 한 사회의 많은 사람이 일을 하기보다는 사회복지에 의존하게 된다는 입장이다. 이러한 열등처우 원칙은 빈곤의 원인이 개인에게 있고, 개인이 일을 하게 되면 빈곤에서 벗어날 수 있다고 보는 것이다. 그러나 빈곤의 원인이 개인에게 있을 수도 있지만, 빈곤의 원인의 보다 많은 부분은 사회구조에 있다. 즉, 빈민들이 개인의 문제로 인해 일을 하지 않는 것이 아니라, 많은 수의 빈민들은 사회구조적인 문제로 일을 못하고 있는 것이 현실이다.

2) 자선조직협회와 인보관운동

사회복지실천의 역사에서 19세기 말 영국에서 시작된 자선조직협회와 인보관운동은 매우 중요하다. 자선조직협회와 인보관운동은 영국을 비롯하여 미국에서 사회복지실천의 근대화와 사회복지실천 전문직의 발달에 커다란 영향을 미쳤다. 자선조직협회(Charity Organization Society: COS)는 개별적으로 이루어지던 자선활동을 협회로 조직하여 보다 체계적으로 활동을 전개하였다. 인보관운동(Settlement House Movement)은 의식 있는 젊은 대학생들이 빈민지역에 거주하며 빈곤의 실태와 원인을 파악하고 빈곤 문제의 해결을 위해 조직적인 활동을 전개하였다(최원규 외, 2021). 자선조직협회와 인보관운동의 공통점은 모두 민간에서 전개된 활동이라는 것이다.

(1) 자선조직협회

영국에서 최초의 자선조직협회는 1869년 설립되었고, 미국에서는 1872년 뉴욕주에 최초의 주(state) 단위 자선조직협회가 설립되었고 1877년 버팔로시에 시(city) 단위 자선조직협회가 설립되었다.

자선조직협회는 지역 단위로 설립되어 해당 지역의 자선단체들에게 등록하게 하여 자선활동을 조정하고자 하였다. 자선조직협회는 기존에 구빈을 받지 못하는 빈민들에 관심을 가지고, 자조와 근면의 가치관에 입각한 도덕적 판단기준에 따라 빈민을 '구제받을 자격이 있는 빈민'과 '구제받을 자격이 없는 빈민'으로 구분하였다. 구제받을 자격이 있는 빈민은 저임금노동자, 장애인, 또는 아동 등과 같이 개인의 의지와 관계없이 어쩔 수 없이 빈곤해진 사람이고, 구제받을 자격이 없는 빈민은 노동능력이 있음에도 불구하고 개인의 나태나 정신적 퇴폐 등 도덕적 결함으로 빈곤해진 사람이었다. 자선조직협회는 구제받을 자격이 있는 빈민에 대한 자선활동을 목적으로 하였고, 구제받을 자격이 없는 빈민은 억압적 구빈행정으로 관리되었다(최원규 외, 2021).

특히 자선조직협회는 실질적으로 빈민들을 통제하는 역할을 수행한 것으로 평가된다. 자선조직협회에 소속된 우애방문자(friendly visitor)들은 자원봉사자로서 빈곤한 가구를 방문하여 빈곤의 원인을 조사하고 판단하고 분류하는 활동을 하였으며, 도덕적 문제를 가진 빈민에 대한 상담을 통해 빈민을 감화하는 역할도 수행하였다.

자선조직협회의 우애방문자들의 활동은 전문 사회복지실천의 출발로 평가되고, 우애방문자들의 활동이 체계적인 교육과 훈련의 과정을 거쳐 후에 개별사회사업(casework)으로 발전한 것으로 평가된다. 아울러 지역 단위의 자선활동의 조직화와 자선사업의 조정 활동은 지역사회조직(community organization)으로 발전하였고, 우애방문자들의 빈곤가정 조사는 사회복지조사(social work research)로 발전한 것으로 평가된다(최원규 외, 2021).

19세기 영국에서 산업화와 도시화가 진행되면서 많은 인구가 도시로 유입되었고, 이에 따라 도시 빈민이 급격히 증가되었다. 이에 빈민 문제를 해결하기 위한 활동이 전개되었다. 박애사업의 일환으로 시작된 자선조직협회는 1869년 최초로 런던에서 설립되었다. 자선조직협회의 주요 구성원은 성직자와 부유층이었다. 자선조직협회에서 제공된 주요 서비스는 음식이나 주거시설 등의 물리적인 지원이었으며, 정서적인 문제에 대해서는 종교 가치에 입각한 훈계 차원에서의 개입을 통해 이루어졌다. 자선조직협회에서는 빈곤의 중복구호를 막기 위해 자선활동들을 조정하였다. 자선조직협회의 직원들은 우애방문자라 불리었다. 우애방문자는 중산층 이상의 주부들이 주를 이루었고, 우애방문자는 자원봉사자로서 빈곤 가족을 방문하여 가정생활, 아동교육, 가정경제 등에 대한 조언을 제공하였다.

자선조직협회는 자조의 윤리에 입각해서 빈민에 대한 공공정책에 대해 반대 입장을 취했으며, 자조의 미덕을 강조하였다. 자선조직협회는 대상자들을 동등한 위치가 아니라 교화시켜야 할 사람, 자신보다 지위가 낮은 사람 등으로 보고, 대상자들을 진정으로 돕는다는 의미보다는 부유한 자가 가난한 자에게 베푸는 아량 또는 친절의 수준이었다. 한편, 우애방문자들은 1990년대부터 보수를 받는 정식 직원으로 변화되기 시작하였다. 자선조직협회는 오늘날의 개별사회사업의 시초가 되었다.

(2) 인보관운동

자선조직협회가 개인 중심의 사회복지실천의 시작이었다고 한다면, 인보관운동은 빈곤문제를 해결하려는 사회운동으로 시작되었다. 인보관운동은 주로 대학생과 젊은 지식인들이 빈민이 거주하는 지역에 함께 거주하면서 시작되었다. 인보관운동의 기본적 배경에서 기독교 사회주의, 온정주의적 인도주의 등이 큰 영향을 미치게 되었다. 기독교 사회주의는 그 이전의 구빈사업을 비판하고 기독교 정신을 기초로 한 사회개혁을 주장하였고, 교육을 통한 노동자계급의 사회적 조건의 개선을 주장하는 것을 통해 인보관운동의 기본 이념을 제공하였다. 온정주의적 인도주의는 중산층 지식인들을 중심으로 하여 대학생들이 빈민지역에 들어가서 소외된 빈민들과 함께 거주함으로써 계급단절을 완화하는 데 기여했다.

18세기 말 영국은 매우 발전된 산업사회에서 자본주의제도의 대두와 함께 생산과 부의 팽창을 가져왔다. 그러나 다른 한편으로는 사회문제가 발생하고 실업자가 증가하고 노동자들이 곤경에 빠져 사회계급의 대립이 심각하였다. 특히 1870년대에 이르러 도시의 인구집중에 따른 슬럼 문제가 쟁점화 되기 시작하였다. 빈민들의 광범위한 궁핍과 비참한 생활을 접하게 된 사무엘 바네트(Samuel Barnett) 신부와 젊은 청년들을 슬럼 문제의 해결에 고뇌하던 중 인보관운동의 이념을 실천하기로 하였다. 바네트 신부는 이민자들이 열악한 환경에서 노동하는 것을 보고, 그들의 산업환경 개선과 생존문제를 위한 활동을 전개하였다. 그의 노력에 감동을 받은 옥스퍼드대학교와 케임브리지대학교의 학생들이 사회개혁운동에 동참하여 지역사회 문제를 직접 알아 가는 활동을 전개하게 되었다.

빈민들을 위한 빈민운동을 하다가 일찍 세상을 떠난 아놀드 토인비(Arnold Toynbee)를 기념하기 위해, 토인비가 죽은 후에 사무엘 바네트 신부와 토인비의 친구들이 그의 이름으로 런던에 런던 동부 빈민지역인 화이트 채플 지역에 인보관을 설립하고 인보관의 이름을 '토인비 홀(Toynbee Hall)'이라 명하였다. 토인비 홀은 영국의 바네트 신부가 설립한 세계 최초의 인보관이고, 빈민구제 활동 및 산업환경 개선을 주요 활동으로 전개하였다.

영국에서 1884년 크리스마스이브에 런던 시내의 화이트 채플 슬럼 지역에 개관된 토인비 홀은 세계 최초로 설립된 사회복지시설로 평가된다. 영국의 아놀드 토인비가 옥스퍼드대학교를 졸업하고 인보관운동에 헌신하다가 30세에 폐병으로 사망하자, 동료 교수들이 기금을 모아 인보관운동을 주도하던 사무엘 바네트 신부에게 기증하였다. 이들은 1884년 아놀드 토인비의 이름을 기리기 위해 최초의 인보관을 세우고 토인비 홀로 명명하였다.

[그림 3-2] 1902년경의 토인비홀

미국에서는 1889년 시카고 빈민가에 로라 제인 애덤스(Laura Jane Addams)가 헐 하우스(Hull House)를 설립하였다. 헐 하우스에서 일하는 모든 사람은 '인보관'이라고 불리는 기관에서 함께 숙식하며 생활하였다. 이들은 주택문제, 공공위생문제, 고용착취문제 등에 관심을 갖고 사회 개혁을 시도하였다. 인보관운동은 빈민지역의 주택 개선, 공중보건 향상, 고용주에 의한 빈민 착취의 방지 및 해결 등 사회문제에 대한 집합적인 개혁활동을 전개하였으며, 개인의 변화보다는 사회환경의 변화에 초점을 두었다.

[그림 3-3] 시카고 헐 하우스

미국에서는 필라델피아 의과대학교에 다니던 로라 제인 애덤스가 건강이 나빠 병치레를 하다가, 유럽 여행 중 영국의 토인비 홀을 방문하여 감동을 받고 여행 동료 엘런 스타(Ellan Star)와 함께 '선한 이웃이 되자'라는 가치를 가지고 1889년 시카고에서 미국 최초의 인보관인 '헐 하우스'를 설립하였다. 헐 하우스에서는 성인을 위한 야간학교를 포함하여, 청소년을 위한 클럽, 공용 주방, 아트 갤러리, 체육관, 목욕탕, 음악학교, 극장, 아파트, 도서관, 토론을 위한 회의실, 고용 안내소

등 다양한 시설들을 구비하고 있었다. 헐 하우스는 이민자들의 정착을 위한 사회
서비스와 문화 행사를 제공하였으며, 젊은 사회복지사들이 훈련을 받을 수 있는
양질의 기회를 제공하였다. 헐 하우스는 점차 13개 건물로 확장되었고, 미국 내에
서 가장 유명한 이민자의 정착촌이 되었다. 애덤스는 미국의 사회운동가이며 개
혁가, 사회학자, 공공행정가 및 작가로 활동한 전문가로, 여성의 사회적 지위 향
상과 평화를 위해 벌인 노력이 세계적으로 인정을 받아, 1931년 미국 여성으로는
최초로 노벨평화상을 수상하였다.

　　인보관운동은 집단사회사업, 사회행동 및 지역사회조직활동의 원조, 입법사항
을 마련하는 등 사회정책 형성 및 입법과정에 영향력을 행사했다. 영국에서 초기
인보관 근무자들은 젊은 대학생들이 주를 이루었고, 주로 가톨릭 신부 수업 중인
학생이거나 목회자의 자제였다. 미국의 인보관 근무자들은 이상적인 자유분방한
젊은 대학교 졸업생들이 주를 이루었다.

　　자선조직협회가 경제적 상류층에 의해 주도되었다면, 인보관운동은 급진적인
개혁을 지향하는 중류층 지식인들을 중심으로 진행되었다. 인보관운동의 활동가
들은 빈민들의 거주지역에서 들어가 함께 주거하며 활동하였고, 빈민들이 필요로
하는 서비스를 제공하고 동시에 사회 개혁을 통한 빈곤 문제의 해결을 위해 노력
하였다. 인보관운동에서는 탁아, 급식, 아동과 청소년의 클럽활동, 레크리에이션,
교양강습 등이 제공되었고, 사회 개혁 활동으로 빈민의 조직화와 의식화 활동, 빈
민보호를 위한 입법활동 등의 정치참여 활동 등이 있다. 실제로 영국에서 1960년
의 「아동교육법」, 1908년의 「무각출 노령연금법」, 1911년의 「국민보험법」 등의
제정에 인보관운동의 활동이 영향을 미치는 것으로 평가된다.

O2

사회복지실천 전문직의 역사

1) 사회복지 전문직의 정체성

미국에서 에이브러햄 플렉스너(Abraham Flexner)는 1915년의 전국 자선 및 교정 회의(National Conference of Charities and Correction)에서 발표한 논문에서 미국의 사회복지는 다섯 가지 이유로 전문직으로 인정받을 수 없다고 주장함으로써, 미국의 사회복지계의 커다란 관심을 불러있으켰다.

플렉스너가 주장한 다섯 가지 이유는 다음과 같다.

① 사회과학적 기초의 결여
② 독자적이고 명확한 지식체계 및 전수 가능한 전문기술의 결여
③ 정부의 책임 아래 실시되는 교육 및 전문적 자격제도의 부재
④ 전문적 조직체계의 부재
⑤ 전문적 실천과 관련된 강령의 부재

플렉스너의 비판 이후 미국 사회복지계 내부에서 지속적인 논의가 진행되었고, 사회복지직을 하나의 전문직으로 정립하기 위한 노력이 다양한 형태로 표출되었다. 그 결과, 전문가 조직의 설립, 사회복지 교육의 강화, 사회사업가 자격조건의 엄격화, 사회복지 지식과 기술의 정교화 등이 진행되었다.

한편, 그린우드(Greenwood)는 미국의 사회복지직이 다음과 같은 속성을 가지고 있으며, 이미 전문직이고 전문직화를 계속적으로 추구해 가는 과정에 있다고 주장하였다. 그린우드가 제시한 전문직의 속성은 다음과 같다.

① 체계적인 이론: 체계화된 지식 기반과 기술

② 전문적인 권위

③ 사회적인 승인(재가)

④ 윤리강령

⑤ 전문직 문화: 공유된 전문적 가치와 규범

　　미국에서 1907년 설립된 러셀 세이지 재단(Russell Sage Foundation)은 사회환경 연구, 사회사업적 방법 활동, 사회개량 활동 등을 전개하였다. 러셀 세이지 재단 은 자선조직부를 설치해서 전국의 자선조직협회의 사회사업가들을 대상으로 4주 단위 교육을 실시하였는데, 여기에 메리 엘런 리치먼드(Mary Ellen Richmond)가 중 심 역할을 담당하였다. 리치먼드는 1889년 볼티모어 자선조직협회에서 활동하기 시작하였고, 빈곤 문제의 이해와 전문사회사업가 교육의 필요성을 주장하였다. 영 국에서 쓰이던 용어 '케이스워크(casework)'에 대해 새로운 사회사업 접근방법을 가리키는 용어로 도입해 사용하기 시작하였다. 리치먼드는 1917년 『사회진단론 (Social Diagnosis)』, 1922년 『개별사회사업이란 무엇인가?(What is social case work?)』 등의 저서를 집필했다.

　　사회복지실천의 전문화와 관련하여, 미국에서 1920년대부터 1930년대까지 공공 복지 서비스가 확대되었고, 이후 공공 부문의 사회사업가수가 급증하였다. 1940 년대의 제2차 세계대전을 거치면서 군인과 군인 가족을 대상으로 하는 정신건강 서비스 영역에서 사회사업가의 수요가 증가하게 되어 사회복지실천이 전문직화되 었다.

　　시카고 헐 하우스의 설립자였던 애덤스는 1910년 전국 자선 및 교정 회의(National Conference of Charities and Correction)의 회장으로서 사회사업을 대규모 사회운동의 일부라고 강조하면서, 그 목표 달성을 위해 사회사업가가 사회행동에 관여해야 한다 고 주장하였다. 클라이언트에 대한 교육과 입법활동 등을 통해 정치적·경제적 상황 의 변화에 개입함으로써 클라이언트의 생활조건을 향상시킬 수 있다고 보았다 (Cohen, 1957).

그러나 자선조직협회에서 시작된 개별사회사업의 접근이 제1차 세계대전을 거치면서 더욱 강화되었다. 즉, 제1차 세계대전으로 인한 전쟁공포증 환자의 치료에 사회사업이 개입하면서 정신의학 영역의 지식을 활용하기 시작하였다. 1920년대 유럽에서 소개된 프로이트(Freud)의 정신분석이 사회사업 분야에서 적극 활용되기에 이르렀다. 특히 개별사회사업의 이론가이자 실천가인 리치먼드의 1917년『사회진단론』은 이러한 사회복지실천의 발전을 뒷받침하는 지식을 제공하는 최초의 교재였다. 특히 1917년의『사회진단론』을 통해 사회사업의 대상이 '빈민'에서 '클라이언트'로 대체되었다(Cohen, 1957).

2) 진단주의 학파와 기능주의 학파

　　개별사회사업 내에서 진단주의 학파(Diagnostic School)와 기능주의 학파(Functional School) 사이의 대립이 있었다. 진단주의 학파는 개인의 정신역동 변화에 관한 이론을 강조하면서 통찰 치료(insight therapy)를 강조하였다. 특히 진단적 조사와 생육사 파악을 중요시하였으며, 프로이트 이론을 따랐다. 진단주의 학파에 속하는 대표적인 이론가에는 해밀턴(Gordon Hamilton), 홀리스(Florence Hollis), 오스틴(Lucille Austin) 등이 있다.

　　기능주의 학파는 시간 제한적(time-limited) 상황에서 사회복지기관의 기능에 초점을 두었다. 사회복지기관이 사회복지사에게 제공하는 초점, 방향, 내용에 따라 사회복지사와 클라이언트의 관계에 의해 이루어지는 원조과정(helping process)을 중요시했다. 기능주의 학파에 속하는 대표적인 이론가에는 로빈슨(Virginia Robinson), 태프트(Jessie Taft) 등이 있다.

　　진단주의 학파와 기능주의 학파를 통합한 것은 펄먼(Perlman)의 문제해결접근(problem-solving approach)이었다(김융일 외, 1995). 펄먼과 타울(Towle)은 개인의 행동과 사회환경 간의 관계에 초점을 두는 일반주의 접근(generic approach)을 개별사회사업에 도입해야 한다고 강조하였다. 아울러 레이놀즈(Reynolds)와 영달(Youngdahl)은 클라이언트와 지역사회에 미치는 사회적·정치적·경제적 영향에 관심을 기울여야 한다고 강조하였다(최원규 외, 2021).

3) 사회복지실천의 교육 및 훈련

1897년의 전국 자선 및 교정 회의에서 사회복지실천 교육의 필요성이 제기된 이후, 1898년 뉴욕에 '뉴욕 박애 학교(New York School for Philanthropy)'가 설립되었다. 뉴욕 박애 학교는 여름 6주간의 단기 교육 프로그램이었고, 최초의 사회복지실천 교육으로 평가된다. 뉴욕 박애 학교는 1903년 동계 6주 과정이 추가되었고, 1904년 1년 과정으로 확대되었다. 뉴욕 박애 학교는 후에 컬럼비아대학교 사회복지대학원(Columbia University, School of Social Work)이 되었다. 뉴욕 박애 학교는 후에 시카고, 보스턴, 필라델피아 등으로 확산되었다.

1930년에는 사회복지실천 교육을 하는 대학원이 30여 개가 되었다. 아울러 사회복지 교육기관을 인가하는 기구로서 '미국사회복지대학원협회(American Association of Schools of Social Work)'가 설립되었다. 1920년대와 1930년대의 대공황 이후 공공복지 부문의 사회복지인력에 대한 수요를 위해 대학교 졸업자를 채용한 결과, 학부 과정의 사회복지실천 교육이 나타났다. 사회복지실천의 학부 수준의 교육기관들은 '전국사회복지행정대학교협회(National Association of Schools of Social Administration)'를 만들었고, 1952년 '미국사회복지대학원협회'와 '전국사회복지행정대학교협회'가 통합되어 '사회복지교육협의회(Council on Social Work Education: CSWE)가 설립되었다(CSWE 홈페이지).

사회복지교육협의회는 기본적으로 가르쳐야 할 교과목을 제시하고, 전문적 사회복지실천 교육기관의 요건에 관한 기준을 제시하였다. 아울러 사회복지대학원과 대학교의 사회복지학과를 심사하고 인증하는 역할을 수행하였다. 예를 들어, 1944년 미국사회복지대학원협의회는 사회복지 교육과정의 8개 기본과목으로 개별사회사업, 집단사회사업, 지역사회조직사업, 공공복지, 사회행정, 사회조사, 정신의학개론, 의학개론을 제시하였다.

4) 사회복지실천가의 전문조직

1910년대에 사회복지실천 관련 전문조직이 결성되기 시작하였다. 1911년에 '전국인보관연맹'과 '미국가족봉사협회'가 결성되었고, 1918년에 '미국지역사회조직협회'가 결성되었다. 특히 '미국지역사회조직협회'는 후에 '전국 공동모금 · 심의회'로 전환되었다.

사회복지실천가들의 전문조직으로 1918년 '미국의료사회복지사협회(American Association of Medical Social Workers: AAMSW)'가 설립되었다. 1919년에는 '전국방문교사협회(National Association of Visiting Teachers: NAVT)'가 설립되었고, 이후 협회의 명칭이 '미국방문교사협회(American Association of Visiting Teachers: AAVT)'로 변경되었다가, 1945년 '전국학교사회복지사협회(National Association of School Social Workers: NASSW)'로 발전되었다.

1926년 '미국정신의료사회복지협회(American Association of Psychiatric Social Work: AAPSW)'가 설립되었고, 1936년 '전국집단사회복지연구협회(National Association for the Study of Group Work: NASGW)'가 설립되었고 이후 '미국집단사회복지사협회(American Association of Group Workers: AAGW)'로 발전되었다. 1946년 지역사회조직연구협회(Association for the Study of Community Organization: ASCO)가 설립되었다.

아울러 1921년 '미국사회복지사협회(American Association of Social Workers: AASW)'가 설립되었다. 앞에서 설립된 협회들은 1940년대까지 각자 활동하다가, 1955년 '전국사회복지사협회(National Association of Social Workers: NASW)'를 발족하고, 미국의 사회복지실천의 질을 향상시키고 사회복지실천 전문직의 발전을 위해 노력하게 되었다(NASW 홈페이지).

5) 윤리강령

사회복지사의 윤리강령은 전문가로서 사회복지사가 가져야 할 기본적인 자세와 준수해야 할 행동상의 지침을 제공한다. 미국의 사회복지사 윤리강령은 1960년 미국사회복지사협회(NASW)에서 처음 채택되었고, 1967년, 1979년, 1991년, 1993년 등에 개정되었다. 현재 사용하고 있는 미국의 사회복지사 윤리강령은 1999년에 개정된 윤리강령이다(NASW 홈페이지).

전문에서는 전문직으로서의 사회복지의 사명을 명시하고, 사회복지의 사명으로 서비스, 사회정의, 인간의 존엄성과 가치, 인간관계의 중요성, 통합(integrity), 유능성(competence)을 제시하였다. 아울러 사회복지사는 클라이언트와 함께 그리고 클라이언트의 입장에서 사회정의와 사회 변화를 촉진하여야 한다고 명시하였다.

윤리강령의 목적으로 사회복지사는 어떤 결정을 내리거나 윤리적 문제와 관련된 행위를 할 때 지침이 되는 가치, 원칙, 기준을 제시하는 것이고, 반드시 지켜야 할 규칙을 제시하지 않는다고 명시하였다. 아울러 윤리강령에서 제시하는 가치, 원칙, 기준 등의 상호 간에는 어떠한 우선순위가 없으며, 윤리강령의 내용은 법적 구속력이 없음을 명시하였다.

윤리강령의 본문에는 윤리기준을 다음의 여섯 가지 영역으로 구분하여 제시하였다.

① 클라이언트에 대한 윤리적 책임

② 동료에 대한 윤리적 책임

③ 실천의 장에 대한 윤리적 책임

④ 전문가로서의 윤리적 책임

⑤ 사회복지 전문직에 대한 윤리적 책임

⑥ 전체사회에 대한 윤리적 책임

한국 사회복지실천의 역사

1) 1945년 해방 이전의 한국 사회복지실천

(1) 계와 향약

우리나라의 전근대사회에서는 다양한 형태의 상부상조가 존재하였다. 예를 들어, 계나 향약 등과 같은 형태의 상부상조가 존재하였다. 계는 계원들 간의 상부상조 기능을 수행했는데, 장례, 혼인, 제사, 질병, 학비, 공동납세 등 갑작스럽게 많은 비용이 필요한 일들에 대한 공동대처의 역할도 수행하였다. 향약은 주민 교화와 풍속 교화 확립의 역할을 수행했는데, 향약의 4대 덕목 중 환난상휼(患難相恤)은 상부상조의 기능을 수행하였다. 환난상휼에 의하면, 사회의 약자는 일곱 가지 힘든 일이 발생한 경우 향약으로부터 보호를 받았다. 일곱 가지 힘든 일에는 첫째, 홍수와 화재, 둘째, 도적을 만나는 일, 셋째, 질병, 넷째, 초상을 당한 일, 다섯째, 외롭거나 약한 것, 여섯째, 모함을 당하거나 억울한 일을 당한 것, 일곱째, 가난하고 궁핍한 것이 포함되었다.

(2) 시설 보호

우리나라의 전근대사회에는 고아나 무의탁 노인 등을 보호하는 시설 보호가 존재하였다. 조선시대에는 제양원이 설립되어 환과고독 등의 무의무탁한 자를 보호하였고, 친족이 없는 결식아동에 대해 관에서 임시로 수용하여 보호하였다.

18세기 말에는 선교사들에 의해 서구의 사회복지실천이 우리나라에 소개되기 시작하였다. 선교사들은 복음의 전파뿐만 아니라, 선교사들 본국의 교육, 의료 및 사회복지실천을 소개하고 실천하였다. 예를 들어, 1854년 프랑스 성영회는 영해회를 통해 아동복지사업을 실천하였다. 아울러 선교사들은 고아원, 양로원, 교육기관, 의료기관 등을 설립하였다.

선교사들이 설립한 사회복지시설은 〈표 3-1〉과 같다.

〈표 3-1〉 선교사들이 설립한 사회복지시설

명칭	소재지	설립연도	사업 종류	설립자/관리자	교파
영해회	서울	1854	육아사업 (가정위탁)	성영회 매스트르(J. A. Maistre) 신부	가톨릭
천주교고아원	서울	1885	육아사업 (고아시설 보호)	샬트르성바오로수녀원	천주교
성피터고아원	서울	1895	육아사업 (고아시설 보호)	경성부 성피터회, 영국부인회, 수녀	천주교
인천천주당 부속고아원	인천	1895	육아사업 (고아시설 보호)	샬트르성바오로수녀원	천주교
불구아동의집	서울	1897	장애인사업 (시설 보호)	호주장로교선교부	개신교
고아원	서울	1899	육아사업 (고아시설 보호)	체스베트 코프(C. J. Corfe)	개신교
고아원	서울	1900	육아사업 (고아시설 보호)	영국복음교(젠 베리, J. Perry)	개신교
맹인여학교	평양	1903	장애아사업 (특수교육)	미감리교 선교사 부인 홀(R. S. Hall)	개신교
맹인남학교	평양	1904	장애아사업 (특수교육)	장로교 선교사 모펫(M. A. F. Moffett) 부인	개신교
구제소	서울	미상	육아사업 (여아 위주)	감리교 선교사 니콜라스	개신교

출처: 최원규 외(2021).

우리나라 사람들에 의한 사회복지시설의 설립은 19세기 초에 이루어졌다.

〈표 3-2〉 우리나라 사람들이 설립한 사회복지시설

명칭	소재지	설립연도	사업 종료	설립자/관리자	유지 방법(재원)
경성고아원	서울	1905	아동사업(고아부양교육)	이필화	하사금, 설립자 출연금
고아원	서울	1906	아동사업(고양부양사업)	유세춘	하사금, 학부보조, 기부금
기아수용소	서울	1908	아동사업(기아수양부양)	취원식	기부금
자해부인회	서울	1908	고아원사업보조	조민희 부인	기부금
자선부인회	서울	1908	자선사업	차천경	기부금
구읍고아원	평안도	1908	아동사업 (고아구제와 교육)	장영화 외	기부금

출처: 최원규 외(2021).

2) 1945년 해방 이후의 한국 사회복지실천

(1) 사회복지시설

1945년 해방 이후의 우리나라는 1950~1953년의 한국전쟁을 거치면서 미국의 원조에 의존해 최소한의 구호를 제공하였다. 외국 원조기관의 지원을 통해 시설 보호 중심의 사회복지실천이 발전되었다. 한국전쟁을 거치면서 요보호자와 빈민이 급증하였고, 이들에 대해서는 시설 보호 중심의 민간 구호활동이 실천되었다. 1945년 해방 전·후에 설립되기 시작한 사회복지시설은 1950~1953년 한국전쟁을 거치면서 급증하였고, 사회복지시설 중 아동복지시설은 80% 이상을 차지하였다.

대부분의 사회복지시설은 외국 민간원조기관에 의해 직접 운영되거나 재정지원을 받는 시설이었다. 이와 관련하여 1963년 「외국 민간원조단체에 관한 법률」(2016. 2. 3., 폐지)이 제정되었고, 이 법 제2조에서는 외원기관의 그 본부가 외국에 있고, 그 본부의 지원으로 국내에서 보건사업, 교육사업, 생활보호, 재해구호 또는 지역사회개발 등의 사회복지사업을 행하는 비영리 사회사업기관으로서, 사회자원이 외국에서 마련되고 실질적으로 외국인에 의해 운영되는 기관으로 규정되어 있었

다. 이와 같은 외국 민간원조기관들은 요구호자들에 대한 서비스 활동에서 주요
역할을 수행하였다. 아울러 우리나라에서 미국의 사회복지실천을 중심으로 빈곤
등 사회문제의 원인을 사회구조에서 찾기보다는 개인에서 찾는 미시적 사회복지
실천이 중심이 되는 결과를 낳았다(김영종, 2012).

(2) 사회복지제도

우리나라에서 1961년 이후 사회복지실천에 영향을 미치는 사회복지법률들이
제정되기 시작했고, 제정된 사회복지법률에 의거하여 다양한 사회복지제도가 도
입되었다. 1961년 「생활보호법」, 「아동복리법」, 「원호법」이 제정되었고, 1963년
「군인연금법」, 「산업재해보상보험법」, 「의료보험법」, 「사회보장에 관한 법률」이
제정되었다. 이후 1973년 「국민복지연금법」, 1976년 「의료보험법」, 1977년 「의료
보호법」, 1977년 「공무원 및 사립학교 교직원 의료보험법」이 제정되었다.

특히 사회복지실천과 밀접한 관련이 있는 법률로 1981년 「노인복지법」, 「아동
복지법」(1961년 「아동복리법」의 전면개정 법률), 「심신장애자 복지법」 등이 제정 및
전면개정되어 아동복지, 장애인복지, 노인복지의 서비스가 확대되었다. 아울러
1970년 제정된 「사회복지사업법」이 1983년 개정되어 사회복지실천 영역에서 전
달체계의 개선 기반을 마련하였다.

우리나라에서 1961년 이후 도입된 주요 사회복지제도는 〈표 3-3〉과 같다.

〈표 3-3〉 주요 사회복지제도의 도입

구분	1961~1979년	1980~1987년	1988~1992년
사회보험	산재보험(1964)		
	의료보험(1977)	의료보험 확대	전국민 의료보험(1989)
	공무원연금(1960) 군인연금(1963) 사학연금(1975)		국민연금(1988)

구분	1961~1979년	1980~1987년	1988~1992년
공공부조	생활보호제도(1962) 국가보훈(1962) 의료보호제도(1977)	영세민 종합대책(1982) 사회복지전문요원(1987)	저소득층 영구임대주택 (1989)
사회서비스	가족계획사업(1962) 심신장애자종합대책 (1978)	노인복지 기반마련(1981) 재가노인복지사업(1987)	장애인등록제(1988) 장애인복지대책위원회 (1989)

(3) 사회복지법인

1970년대 이후 외국 민간원조기관은 우리나라에서 철수하거나 국내 법인에게 사업권을 이양하면서 간접적인 지원의 형태로 활동방식을 전환하였다. 그 결과, 사회복지시설의 운영 재원에서 많은 비중을 차지하던 외국 민간원조기관의 지원이 감소함에 따라 정부의 지원이 증가하게 되었다. 정부에서는 1980년대 이후 아동복지시설을 장애인복지시설 또는 노인복지시설로 전환하도록 행정적으로 유도한 결과, 전체 사회복지시설에서 아동복지시설의 비중이 감소하기에 이르렀다.

특히 1970년 「사회복지사업법」이 제정되면서, 정부에서 사회복지사업의 기본적 사항을 규정하였고, 정부의 관리·감독 활동을 위한 법적 근거가 마련되었다. 아울러 정부의 주도로 종합사회복지관 등 이용시설의 설치 및 위탁 운영이 증가하였고, 그 결과 생활시설 중심의 사회복지시설에서 이용시설 중심의 사회복지시설로 변화가 일어나기 시작하였다.

(4) 사회복지교육

우리나라의 사회복지교육은 미국의 사회복지교육을 도입하면서 시작되었다. 미국의 사회복지교육이 사회복지대학원(School of Social Work)을 중심으로 이루어진 반면, 우리나라의 사회복지교육은 4년제 대학교의 학부교육으로 도입되었다. 1947년 이화여자대학교에 사회사업학과가 신설되었고, 1953년 중앙신학대학교, 1957년 서울대학교, 1958년 한국그리스도신학교에 사회사업 관련 학과가 신설되었다. 이후 많은 수의 대학교에서 사회사업 또는 사회복지 관련 학과가 신설되기에 이르렀다.

사회복지실천가들의 협회로는 1965년 '한국개별사회사업가협회', 1967년 '한국 사회사업가협회'가 설립되었고, 이들 협회는 1969년 '사회사업가협회'라는 하나의 협회로 통합되었다. 1965년 '한국사회사업학교협의회'가 설립되어, 사회복지교육에 관한 활동을 다양하게 전개하였다.

사회복지사의 자격과 관련하여, 1970년 제정된 「사회복지사업법」에서 사회복지사업종사자 자격증에 관한 규정이 마련되었고, 1980년 개정된 「사회복지사업법」에서 '사회복지사업종사자'를 '사회복지사'로 개칭하였고, 1987년에는 '사회복지전문요원'(현재의 사회복지전담공무원) 제도가 도입되었다.

사회복지실천의 전문직화를 위한 노력으로 1982년 '한국 사회복지사 윤리강령'이 제정되었고, 이후 정신보건사회복지사, 임상사회복지사, 전문사회복지사 제도의 시행 등이 이어졌다(이익섭 외, 2004).

(5) 공공 부문 사회복지 전문직

정부에서는 1987년 대도시 저소득층 밀집지역 동사무소에서 업무를 수행할 별정직 사회복지전문요원을 선발하였고, 1992년 사회복지직렬을 신설하였다. 이후 2009년에는 위기가구통합사례관리시범사업을 실시하고, 시·군·구 단위에서 서비스연계팀을 확대 신설하고 민간 영역의 사례관리사를 민생안정전문요원으로 채용하고 이후 사회복지통합서비스 전문요원으로 전환 배치하였다. 2012년에는 시군구 단위에 희망복지지원단을 설치하여 공공 부문에서의 사례관리를 확대하였다(이현주, 유진영, 2015).

(6) 지역사회복지

지역사회보장계획은 제1기(2007~2010년) '지역사회복지계획'이라는 명칭으로 시작되었고, 제2기(2011~2014년)와 제3기(2015~2018년)를 거쳐 제4기(2019~2022년) '지역사회보장계획'으로 명칭이 변경되었다. 특히 제4기(2019~2022년) 지역사회보장계획에서부터 교육, 고용, 주거, 문화, 환경 등을 포괄적으로 지역사회보장 영역으로 규정하여 사회서비스의 영역을 확대하였다(이정은, 2016).

2005년 「사회복지사업법」 개정으로 '지역사회복지협의체'가 출발하였고, 2015년 「사회보장급여의 이용·제공 및 수급권자 발굴에 관한 법률」(약칭: 「사회보장급여법」) 개정으로 그 명칭이 '지역사회보장협의체'로 변경되었다. 아울러 2017년 읍·면·동 지역사회복지협의체가 신설되어, 읍·면·동 주민센터와 함께 촘촘한 사회안전망을 구축하고 지역사회에서 위기가구 등 지원 대상자와 복지 자원을 발굴하는 기능을 수행하게 되었다(강혜규 외, 2018).

(7) 전문사회복지사

「사회복지사업법」 제11조에 근거하여 국가자격증인 사회복지사 자격증과 관련하여, 2003년 제1회 사회복지사 국가시험을 통한 사회복지사 1급 자격증 발급을 실시하였다. 2018년 「사회복지사업법」 개정으로 전문사회복지사 제도가 확대되었다. 기존의 민간 협회에서 관리하던 '의료사회복지사'와 '학교사회복지사' 자격증을 국가자격증으로 인정하였고, 1997년 국가 자격으로 발급되는 '정신건강전문요원'의 명칭을 '정신건강사회복지사'로 변경하였다. 이와 관련하여 의료사회복지사와 학교사회복지사는 「사회복지사업법 시행령」에서 명시되어 있는 규정에 따라 수련기관에서 보건복지부령으로 정하는 수련과정을 이수하고 국가자격증을 취득할 수 있게 되었다. 그 결과, 의료사회복지사는 병원 등에서 활동하고, 학교사회복지사는 초·중·고등학교와 교육복지센터 등에서 활동하고, 정신건강사회복지사는 정신의료기관, 정신건강복지센터 등에서 활동하고 있다.

| 생각해 볼 문제 |

1. 영국의 「구빈법」의 주요 내용을 설명하시오.
2. 자선조직협회와 인보관운동을 비교 설명하시오.
3. 1945년 해방 이후 우리나라 사회복지실천의 주요 역사를 설명하시오.

제4장

사회복지실천현장

1. 사회복지실천현장
2. 사회복지 전문인력
3. 사회복지실천현장과 사회복지사의 역할

학습목표

- ◆ 사회복지시설과 관련 법률을 설명할 수 있다.
- ◆ 사회복지사 자격제도를 설명할 수 있다.
- ◆ 사회복지실천현장을 분류할 수 있다.

01
사회복지실천현장

1) 사회복지사업

「사회복지사업법」 제2조 제1호에서 "사회복지사업이란 다음 각 목의 법률에 따른 보호·선도(善導) 또는 복지에 관한 사업과 사회복지상담, 직업지원, 무료 숙박, 지역사회복지, 의료복지, 재가복지(在家福祉), 사회복지관 운영, 정신질환자 및 한센병력자의 사회복귀에 관한 사업 등 각종 복지사업과 이와 관련된 자원봉사활동 및 복지시설의 운영 또는 지원을 목적으로 하는 사업을 말한다."라고 명시되어 있다.

가. 「국민기초생활 보장법」
나. 「아동복지법」
다. 「노인복지법」
라. 「장애인복지법」
마. 「한부모가족지원법」
바. 「영유아보육법」
사. 「성매매방지 및 피해자보호 등에 관한 법률」
아. 「정신건강증진 및 정신질환자 복지서비스 지원에 관한 법률」
자. 「성폭력방지 및 피해자보호 등에 관한 법률」
차. 「국내입양에 관한 특별법」 및 「국제입양에 관한 법률」
카. 「일제하 일본군위안부 피해자에 대한 생활안정지원 및 기념사업 등에 관한 법률」
타. 「사회복지공동모금회법」
파. 「장애인·노인·임산부 등의 편의증진 보장에 관한 법률」
하. 「가정폭력방지 및 피해자보호 등에 관한 법률」

거. 「농어촌주민의 보건복지 증진을 위한 특별법」

너. 「식품등 기부 활성화에 관한 법률」

더. 「의료급여법」

러. 「기초연금법」

머. 「긴급복지지원법」

버. 「다문화가족지원법」

서. 「장애인연금법」

어. 「장애인활동 지원에 관한 법률」

저. 「노숙인 등의 복지 및 자립지원에 관한 법률」

처. 「보호관찰 등에 관한 법률」

커. 「장애아동 복지지원법」

터. 「발달장애인 권리보장 및 지원에 관한 법률」

퍼. 「청소년복지 지원법」

허. 그 밖에 대통령령으로 정하는 법률

「사회복지사업법」 제2조의 제2호는 "지역사회복지란 주민의 복지 증진과 삶의 질 향상을 위하여 지역사회 차원에서 전개하는 사회복지를 말한다."라고 명시하고 있고, 제3호는 "사회복지법인이란 사회복지사업을 할 목적으로 설립된 법인을 말한다."라고 명시하고 있다. 제4호에는 "사회복지시설이란 사회복지사업을 할 목적으로 설치된 시설을 말한다."라고 명시되어 있고, 제5호에는 "사회복지관이란 지역사회를 기반으로 일정한 시설과 전문인력을 갖추고 지역주민의 참여와 협력을 통하여 지역사회의 복지문제를 예방하고 해결하기 위하여 종합적인 복지서비스를 제공하는 시설을 말한다."라고 명시되어 있다. 제6호에는 "사회복지서비스란 국가·지방자치단체 및 민간 부문의 도움을 필요로 하는 모든 국민에게 「사회보장기본법」 제3조 제4호에 따른 사회서비스 중 사회복지사업을 통한 서비스를 제공하여 삶의 질이 향상되도록 제도적으로 지원하는 것으로 말한다."라고 명시되어 있다.

따라서 사회복지실천현장은 「사회복지사업법」 제2조 제1호에서 명시하고 있는 법률들에 따른 복지에 관한 사업, 사회복지상담, 지역사회복지, 의료복지, 재가복지, 사회복지관 사업, 정신질환자 및 한센병력자의 사회복귀에 관한 사업, 자원봉사활동을 실시하고 있는 현장으로 구성된다. 아울러 사회복지실천현장에는 사회복지법인, 사회복지시설, 사회복지서비스를 실시하는 현장이 포함된다.

사회복지 전담공무원 제도는 1987년 서울시 관악구의 최초 시범사업을 비롯하여 별정직 사회복지전문요원이 1991년부터 최일선 읍·면·동에 본격적으로 배치되기 시작하였으며, 2000년 사회복지직으로 전환되어 오늘에 이르고 있다.

사회복지 전담공무원의 복지행정 업무는 3단계로 나누어 확대되어 왔다. 1단계는 저소득계층의 복지 토대가 미약하고 황무지나 다름없던 때인 1991년 사회복지 전문요원이 다수 배치되면서 무분별하게 난립한 영세민사업에서 생활보호사업으로 전환과정에서의 개척과 정립 시기이다. 2단계는 1997년 12월 국제통화기금 관리체제 이후 급증한 실업자를 위한 실업대책과 한시생활보호자를 위한 한시생활보호사업, 취로사업 등 지원·관리의 팽창 시기이다. 3단계는 생활보호사업에서 기초생활보장제도로 전환된 2000년 10월 이후의 기초생활보장사업, 자활지원사업, 복지전산프로그램 운영 등 사회복지 전반으로 확대 시기이다. 사회복지 전담공무원의 복지행정 업무는 먼저 고유 업무인 생활보호에서 시작하여 사회복지서비스 업무를 거쳐, 실업자·한시생활보호자·기초생활보장 수급자 및 자활지원 업무에 이르기까지 폭넓고 다양하게 넓어져 왔다.

분야별 사회복지시설 및 관련 법률을 정리하면 〈표 4-1〉과 같다.

〈표 4-1〉에서 제시하고 있는 사회복지시설과 관련 법률에서 필요로 하는 것은 다음과 같다. 첫째, 사회복지시설을 담당하고 있는 중앙부처에 대한 구분이 필요하다. 각 사회복지시설을 담당하고 있는 중앙부처는 사회복지시설 관련 법률의 시행규칙을 보면 파악할 수 있다. 보건복지부가 담당하고 있는 분야는 아동복지, 노인복지, 장애인복지, 지역복지, 의료사회복지, 정신건강사회복지 분야이다. 여성가족부가 담당하고 있는 분야는 청소년복지, 여성복지 및 가족복지 분야이다. 교육부가 담당하고 있는 분야는 학교사회복지이고, 법무부가 담당하고 있는 분야는 교정사회복지이다.

〈표 4-1〉 사회복지시설 및 관련 법률

분야	사회복지시설	관련법
아동복지	아동양육시설, 아동일시보호시설, 아동보호치료시설, 공동생활가정, 자립지원시설, 아동상담소, 아동전용시설, 지역아동센터, 아동보호전문기관, 가정위탁지원센터, 아동권리보장원, 자립지원전담기관, 학대피해아동쉼터	「아동복지법」
	국공립어린이집, 사회복지법인어린이집, 법인·단체등어린이집, 직장어린이집, 가정어린이집, 협동어린이집, 민간어린이집	「영유아보육법」
	입양기관	「입양특례법」, 「국내입양에 관한 특례법」, 「국제입양에 관한 특례법」
청소년복지	청소년쉼터, 청소년자립지원관, 청소년치료재활센터, 청소년회복센터	「청소년복지 지원법」
	청소년수련시설(청소년수련관, 청소년수련원, 청소년문화의 집, 청소년특화시설, 청소년야영장, 유스호스텔), 청소년이용시설	「청소년활동 진흥법」
노인복지	노인주거복지시설(양로시설, 노인공동생활가정, 노인복지주택), 노인의료복지시설(노인요양시설, 노인요양공동생활가정), 노인여가복지시설(노인복지관, 경로당, 노인교실), 재가노인복지시설(방문요양서비스, 주·야간보호서비스, 단기보호서비스, 방문 목욕 서비스 중 어느 하나 이상의 서비스를 제공하는 시설), 노인보호전문기관, 노인일자리지원기관	「노인복지법」
장애인복지	장애인 거주시설(장애유형별 거주시설, 중증장애인 거주시설, 장애영유아 거주시설, 장애인 단기거주시설, 장애인 공동생활가정, 독립형 주거서비스 제공기관), 장애인 지역사회재활시설(장애인복지관, 장애인 주간이용시설, 장애인체육시설, 장애인 수련시설, 시각장애인 등 생활지원센터, 수어통역센터, 점자도서관, 점자도서 및 녹음서 출판시설, 장애인 재활치료시설), 장애인 자립생활지원시설, 장애인 직업재활시설(장애인 보호작업장, 장애인 근로사업장, 장애인 직업적응훈련시설), 장애인 의료재활시설, 장애인 쉼터, 피해장애아동 쉼터, 장애인생산품 판매시설	「장애인복지법」, 「장애인복지법」 시행규칙

분야	사회복지시설	관련법
여성복지 및 가족복지	건강가정지원센터	「건강가정기본법」
	다문화가족지원센터	「다문화가족지원법」
	한부모가족복지시설(출산지원시설, 양육지원시설, 생활지원시설, 일시지원시설, 한부모가족복지상담소)	「한부모가족지원법」
	성매매 피해자 등을 위한 지원시설(일반 지원시설, 청소년 지원시설, 외국인 지원시설, 자립지원 공동생활가정), 자활지원센터, 성매매피해상담소	「성매매 방지 및 피해자보호 등에 관한 법률」
	성폭력피해상담소, 성폭력피해자보호시설, 피해자를 위한 통합지원센터	「성폭력방지 및 피해자보호 등에 관한 법률」
	가정폭력 관련 상담소, 가정폭력피해자 보호시설(단기보호시설, 장기보호시설, 외국인보호시설, 장애인보호시설)	「가정폭력방지 및 피해자보호 등에 관한 법률」
지역복지	사회복지관	「사회복지사업법」
의료 사회복지	종합병원(사회복지사 자격을 가진 자 중에서 환자의 갱생·재활과 사회복귀를 위한 상담 및 지도 업무를 담당하는 요원을 1명 이상 둔다.)	「의료법 시행규칙」
정신건강 사회복지	정신건강복지센터, 정신건강증진시설(정신의료기관, 정신요양시설, 정신재활시설)	「정신건강증진 및 정실질환자 복지서비스 지원에 관한 법률」
학교 사회복지	초등학교, 중학교, 고등학교	「초·중등교육법 시행령」
교정복지	소년원, 보호관찰소	「소년법」, 「보호소년 등의 처우에 관한 법률」

출처: 양옥경 외(2023); 국가법령정보센터 홈페이지.

둘째, 생활시설과 이용시설에 대한 구분이 필요하다. 생활시설은 사회복지시설의 이용자가 24시간 이상 이용하는 시설이고, 이용시설은 사회복지시설의 이용자가 24시간 미만 이용하는 시설이다. 예를 들어, 아동복지시설 중에서 생활시설은 아동양육시설, 아동일시보호시설, 아동보호치료시설, 공동생활가정, 자립지원시설, 학대피해아동쉼터 등이다. 아동복지시설 중에서 이용시설은 지역아동센터, 아동보호전문기관, 가정위탁지원센터 등이다.

셋째, 1차 시설과 2차 시설에 대한 구분이 필요하다. 1차 시설(primary facility)은 사회복지사가 시설의 주된 역할을 수행하고 있는 시설이고, 2차 시설(secondary facility)은 사회복지사가 시설의 주된 역할을 수행하지 않고 있는 시설이다. 1차 시설은 아동복지, 노인복지, 장애인복지, 지역복지 분야 등의 시설이고, 2차 시설은 청소년복지, 여성복지 및 가족복지, 의료사회복지, 정신건강사회복지, 학교사회복지, 교정복지 분야의 시설이다.

◯2
사회복지 전문인력

1) 사회복지사 자격제도의 발전

사회복지사 자격제도의 발전과정은 4단계로 구성된다(한국사회복지사협회 홈페이지). 1단계는 자선사업가 시대(1945~1969년)이다. 이 시기에는 1945년 해방과 1950~1953년 한국전쟁 이후 고아원을 중심으로 한 사회복지시설이 급속히 생겨났으나, 1970년대까지 사회복지시설 종사자에 관한 자격제도는 없었으며, 통상적으로 자선사업가라고 불리었다.

2단계는 사회복지사업종사자 자격증 시대(1970~1983년)이다. 1970년에 제정된 「사회복지사업법」 제5조와 「사회복지사업법 시행령」 제9조에서 '사회복지사업종사자 자격증' 제도가 처음으로 도입되었다. 사회복지사업종사자 자격기준은 등급의 차이가 없었으며, 대학교에서 사회복지학 전공자가 배출되면서 자격제도의 개정 필요성이 논의되었다. 이에 1982년 사회복지사업종사자 자격을 사회복지사 자격제도로 개정하는 논의가 시작되었다.

3단계는 사회복지사 자격증 시대(1984~2002년)이다. 1983년 「사회복지사업법」 개정으로 '사회복지사 제도'가 신설되었으며, 3등급 체제로 변경되었다. '사회복지사'는 클라이언트를 상담, 대변, 옹호한다는 의미에서 '社會福祉士'로 사용하기로 하였다. 1985년 사회복지사 자격증 교부 업무를 한국사회복지협의회에서 위탁받아 시행하였고, 1999년부터 한국사회복지사협회가 자격증 교부 업무를 위탁받아 시행하고 있다.

4단계는 사회복지사 국가시험 시대(2003년~현재)이다. 사회복지사의 전문성 향상을 위해 2003년부터 사회복지사 1급 국가시험이 시행되고 있다.

2) 사회복지사 자격제도

사회복지사 자격증의 발급은 「사회복지사업법」 제11조 제1항에 의거하여, 보건복지부 장관이 사회복지에 관한 전문 지식과 기술을 가진 사람에게 사회복지사 자격증을 발급할 수 있다. 제11조 제2항에 의거하여, 사회복지사의 등급은 1급 · 2급으로 하되, 정신건강사회복지사 · 의료사회복지사 · 학교사회복지사의 자격증을 부여할 수 있다. 제11조 제3항에 의거하여, 사회복지사 1급 자격은 국가시험에 합격한 사람에게 부여하고, 정신건강사회복지사 · 의료사회복지사 · 학교사회복지사의 자격은 1급 사회복지사의 자격이 있는 사람 중에서 보건복지부령으로 정하는 수련기관에서 수련을 받은 사람에게 부여한다.

사회복지사의 등급별 · 영역별 자격기준은 「사회복지사업법 시행령」 [별표 1]에 규정되어 있다. 사회복지사 1급은 국가시험에 합격한 사람에 부여한다. 사회복지사 2급 자격은 다음과 같다. 첫째, 대학원에서 사회복지학 또는 사회사업학을 전공하고 석사학위 또는 박사학위를 취득한 사람에 부여한다. 다만, 사회복지학 또는 사회사업학이 아닌 분야의 학사학위를 취득하고 사회복지학 또는 사회사업학 석사학위를 취득한 사람은 사회복지학 전공교과목과 사회복지 관련 교과목 중 사회복지현장실습을 포함한 필수과목 6과목 이상(대학에서 이수한 교과목을 포함하되, 대학원에서 4과목 이상을 이수해야 한다), 선택과목 2과목 이상을 각각 이수한 경우에만 사회복지사 자격을 인정한다. 둘째, 대학에서 사회복지학 전공교과목과 사회복지 관련 교과목을 이수하고 학사학위를 취득한 사람, 셋째 전문대학에서 사회복지학 전공교과목과 사회복지 관련 교과목을 이수하고 졸업한 사람, 종전의 사회복지사 3급 자격증을 취득한 이후 3년 이상의 사회복지사업의 실무경험이 있는 사람에게 사회복지사 2급 자격을 부여한다.

영역별 자격기준은 다음과 같다. 첫째, 정신건강사회복지사 자격은 정신건강사회복지사의 자격을 갖춘 사람에게 부여하고, 둘째, 의료사회복지사 또는 학교사회복지사는 사회복지사 1급 자격을 취득한 후 수련기관에서 1년 이상 수련과정을 이수한 사람에게 부여한다.

「정신건강증진 및 정신질환자 복지서비스 지원에 관한 법률 시행령」 [별표 1]에 따른 정신건강사회복지사의 자격기준은 다음과 같다. 정신건강사회복지사 1급은 첫째, 사회복지학 또는 사회사업학에 대한 석사학위 이상을 소지한 사람으로서 수련기관에서 3년(2급 자격 취득을 위한 기간은 포함하지 아니한다) 이상 수련을 마친 사람, 2급 정신건강사회복지사 자격을 취득한 후 정신건강증진시설, 보건소 또는 국가나 지방자치단체로부터 정신건강증진사업 등을 위탁받은 기관이나 단체에서 5년 이상 근무한 경력(단순 행정업무 등은 제외한다)이 있는 사람에게 부여한다. 둘째, 정신건강사회복지사 2급은 사회복지사 1급 자격을 소지한 사람으로서 수련기관에서 1년(1급 자격취득을 위한 기간을 포함한다) 이상 수련을 마친 사람에게 부여한다.

영역별 사회복지사의 수련기관 및 수련과정은 「사회복지사업법 시행규칙」 제4조의2에서 명시하고 있다. 첫째, 의료사회복지사는 의료사회복지 업무를 수행하는 담당부서를 갖추고, 5년 이상의 의료사회복지사 실무경험 1명 이상이 수련지도자로 상시 근무하는 병원급 의료기관(정신병원은 제외한다)에서 수련을 받은 사람에게 부여된다. 둘째, 학교사회복지사는 학교사회복지 업무를 수행하는 담당부서를 갖추고, 5년 이상의 학교사회복지사 실무경험이 있는 사람 1명 이상이 수련지도자로 상시 근무하는 학교에서 수련을 받은 사람에게 부여된다.

각 영역별 사회복지사 수련과정은 다음과 같다. 첫째, 의료사회복지는 총 1,000시간이고, 수련과정은 이론 150시간(법과 정책, 임상 윤리, 이론과 실제, 조사 연구, 기획 및 행정), 실습 830시간(법과 정책, 임상 윤리, 이론 및 실제, 조사 연구, 기획 및 행정), 학술활동 20시간으로 구성된다. 둘째, 학교사회복지사는 총 1,000시간이고, 이론 150시간(법과 정책, 윤리와 철학, 이론과 실제, 기획 및 행정), 실습 830시간(학교환경 이해, 사정 및 평가, 체계별 개입 실천, 위기개입 실천, 행정 및 재정관리), 학술활동 20시간으로 구성된다.

사회복지사 1급 취득을 위한 국가시험과목은 「사회복지사업법 시행령」[별표 1 의2]에 규정되어 있다. 첫째, 사회복지기초 영역(인간행동과 사회환경, 사회복지조사론), 둘째, 사회복지실천 영역(사회복지실천론, 사회복지실천기술론, 지역사회복지론), 셋째, 사회복지정책과 제도 영역(사회복지정책론, 사회복지행정론, 사회복지법제론)으로 구성되어 있다.

사회복지학 전공교과목과 사회복지 관련 교과목은 「사회복지사업법 시행규칙」 [별표 1]에 규정되어 있고, 그 내용은 〈표 4-2〉와 같다.

〈표 4-2〉 사회복지학 전공교과목과 사회복지 관련 교과목

구분	교과목	이수과목(학점)	
		대학 · 전문대학	대학원
필수 과목	사회복지학개론, 사회복지법제와 실천, 사회복지실천기술론, 사회복지실천론, 사회복지정책론, 사회복지조사론, 사회복지행정론, 사회복지현장실습, 인간행동과 사회환경, 지역사회복지론	10과목 30학점 (과목당 3학점) 이상	6과목 18학점 (과목당 3학점) 이상
선택 과목	가족복지론, 가족상담 및 가족치료, 교정복지론, 국제사회복지론, 노인복지론, 복지국가론, 빈곤론, 사례관리론, 사회문제론, 사회보장론, 사회복지역사, 사회복지와 문화다양성, 사회복지와 인권, 사회복지윤리와 철학, 사회복지자료분석론, 사회복지지도감독론, 산업복지론, 아동복지론, 여성복지론, 의료사회복지론, 자원봉사론, 장애인복지론, 정신건강론, 정신건강사회복지론, 청소년복지론, 프로그램 개발과 평가, 학교사회복지론	7과목 21학점 (과목당 3학점) 이상	2과목 6학점 (과목당 3학점) 이상

출처: 「사회복지사업법 시행규칙」[별표 1].

3) 사회복지현장실습

사회복지학 전공교과목의 필수과목 중 사회복지현장실습의 기준은 다음과 같다. 첫째, 기관실습 시간은 160시간 이상으로 하고, 기관실습 실습기관은 다음의 요건을 모두 갖추어야 한다. 기관실습 지도자 1명이 동시에 지도할 수 있는 학생 수는 5명 이내로 제한되어 있다.

① 사회복지사업을 수행하는 기관, 법인, 시설 또는 단체일 것
② 보건복지부 장관으로부터 선정되었을 것
③ 다음의 요건을 모두 갖춘 기관실습 지도자가 2명 이상 상근할 것
  - 1급 사회복지사 자격증을 취득한 이후 3년 이상의 사회복지사업 실무경험이 있거나 2급 사회복지사 자격증을 취득한 이후 5년 이상의 사회복지사업 실무경험이 있을 것
  - 기관실습이 실시되는 연도의 전년도에 8시간 이상의 보수교육을 받았을 것

둘째, 실습세미나의 기준은 다음과 같다.

① 1회당 2시간 이상의 실습세미나를 총 15회 이상 실시하여야 할 것. 이 경우 정보통신망을 이용한 온라인 교육을 실시하는 교육기관의 실습세미나에는 대면 방식의 세미나가 총 3회 이상 포함되어야 한다.
② 학사, 석사 또는 박사 학위 중 2개 이상의 학위를 사회복지학 전공으로 취득한 사람으로서 3년 이상의 사회복지학 교육경험 또는 3년 이상의 사회복지사업 실무경험이 있는 교수가 지도할 것
③ 실습세미나에 참여하는 학생 수는 30명 이내일 것

사회복지현장실습의 평가점수는 기관실습 지도자가 부여한 평가점수와 실습세미나 교수가 부여한 평가점수를 합산한 최종 평가점수를 실습세미나 교수가 부여한다.

보건복지부 장관이 선정한 사회복지현장실습을 위한 기관실습 실시기관은 한국
사회복지사협회 홈페이지의 현장실습센터에 제시되어 있다.

4) 사회복지사 교육

미국의 사회복지 교육은 사회복지전문대학원(School of Social Work)을 중심으로
이루어지고 있는 반면, 우리나라의 사회복지 교육은 4년제 및 2년제 대학교를 중
심으로 이루어지고 있다.

우리나라에서 사회복지 교육을 실시하고 있는 4년제 대학교들은 사단법인 한국
사회복지교육협의회(약칭: 한사교협)에 가입되어 있다. 한국사회복지교육협의회는
한국 사회복지 교육의 발전을 지원하고 국내·외 사회복지 교육 관련 단체와의 긴
밀한 연락과 협조를 도모함으로써 한국 사회복지 발전에 기여함을 목적으로 하고
있다. 협의회의 단체정회원은 첫째, 4년제 대학 또는 대학원의 사회복지학과(전
공), 둘째, 2년 이상 대학의 사회복지학과(전공), 셋째, 사회복지 관련 학과(전공)로
하고 있다(한국사회복지교육협의회 홈페이지).

우리나라에서 사회복지 교육을 실시하고 있는 2년제 대학교들은 한국전문대학사
회복지교육협의회에 가입되어 있다. 한국전문대학사회복지교육협의회는 대학 사회
복지교육의 발전을 위하여 대학 간 상호교류, 교육정책 및 프로그램 개발, 학문적
교류 등을 목적으로 하고 있다. 협의회의 회원은 전문대학의 사회복지과(사회복지전
공)와 관련 학과로 구성하고, 다만 관련 학과는 한국사회복지사협회로부터 사회복지
사 자격증을 발급받는 학과로 하고 있다(한국전문대학사회복지교육협의회 홈페이지).

사회복지법인 또는 사회복지시설에 종사하는 사회복지사는 정기적으로 보수교
육을 받고 있다. 사회복지사 보수교육의 법적 근거는 「사회복지사업법」 제13조 제
2항이다. 제13조 제2항에서 보건복지부 장관은 사회복지사의 자질 향상을 위하여
필요하다고 인정하면 사회복지사에게 교육을 받도록 명할 수 있고, 다만 사회복지
법인 또는 사회복지시설에 종사하는 사회복지사는 정기적으로 인권에 관한 내용이
포함된 보수교육을 받아야 한다고 규정되어 있다. 제13조 제4항에서 보건복지부
장관은 보수교육을 보건복지부령으로 정하는 기관 또는 단체에 위탁할 수 있다고

규정되어 있다.

　사회복지사 보수교육의 필요성은 다양한 사회적 수요와 문제에 시의적절하게 대처하기 위해 사회복지사 직무 능력 유지 및 향상을 도모하고, 나아가 수준 높은 서비스 제공을 통한 국민의 삶의 질 개선에 있다. 한국사회복지사협회에서 제시하고 있는 보수교육의 목표는 첫째, 사회복지사 윤리관 재정립 및 사회복지 관련 최신 지식 및 기술 관련 이해를 제고하고, 둘째, 현장에서 실천 가능한 교육 실시를 통해 사회복지사의 역량 및 업무 전문성 관련 긍정적 효과를 산출하는 것이다(한국사회복지사협회 홈페이지).

　사회복지사 보수교육의 이수평점 인정 기준은 다음과 같다. 첫째, 등급별 사회복지사(사회복지법인 또는 사회복지시설에 종사하는 사회복지사)는 연간 8평점 이상 이수하여야 한다. 필수 의무영역(사회복지인권) 1평점 이상과 사회복지실천, 사회복지 정책과 법, 사회복지행정, 사회복지조사연구 중 한 과목을 1평점 이상 필수적으로 이수해야 한다. 둘째, 영역별 사회복지사(의료기관 또는 학교에서 사회복지사 업무에 종사하는 의료사회복지사 또는 학교사회복지사)는 연간 12평점 이상 이수하여야 하고, 한국학교사회복지사협회, 대한의료사회복지사협회에서 주최하는 교육을 4시간 이상 필수적으로 이수해야 한다.

사회복지실천현장과 사회복지사의 역할

1) 사회복지실천현장의 분류

　최근 다양한 사회복지실천현장에서 많은 사회복지사가 활동하고 있다. 사회복지실천현장은 기관 및 시설의 기능과 목적, 기관 및 시설의 설립주체 및 재원조달 방식, 주거서비스 제공 여부, 서비스 제공 방식 등에 따라 다양하게 분류될 수 있다(김혜영 외, 2020).

(1) 기관 및 시설의 기능과 목적에 따른 분류

기관 및 시설의 기능과 목적에 따른 사회복지실천현장의 분류는 1차 사회복지실천현장과 2차 사회복지실천현장으로 구분된다. 1차 사회복지실천현장은 기관 및 시설의 주된 기능과 목적이 사회복지서비스를 제공하는 현장으로 아동양육시설, 장애인복지관, 노인복지관, 사회복지관 등이 있다. 2차 사회복지실천현장은 기관 및 시설의 주된 기능과 목적이 사회복지서비스를 제공하지 않는 현장으로 학교사회복지서비스를 제공하고 있는 학교, 의료사회복지서비스를 제공하고 있는 병원 등이 있다.

(2) 기관 및 시설의 설립주체 및 재원조달 방식에 따른 분류

기관 및 시설의 설립주체 및 재원조달 방식에 따른 사회복지실천현장의 분류는 공공 사회복지실천현장과 민간 사회복지실천현장으로 구분된다. 공공 사회복지실천현장은 공공이 설립하여 운영하고 공공이 재원을 조달하는 현장으로 시·도청, 시·군·구청, 읍·면·동주민센터 등이 있다. 공공 사회복지실천현장에는 공공기관도 있는데, 보건복지부 산하 공공기관은 〈표 4-3〉과 같다.

〈표 4-3〉 보건복지부 산하 공공기관

보건복지부 산하 공공기관	국민건강보험공단, 국민연금공단, 건강보험심사평가원, 한국보건산업진흥원, 한국노인인력개발원, 한국사회보장정보원, 한국보건복지인재원, 국립암센터, 대한적십자사, 한국보건의료인국가시험원, 한국장애인개발원, 한국국제보건의료재단, 한국사회복지협의회, 국립중앙의료원, 한국보육진흥원, 한국건강증진개발원, 한국의료분쟁조정중재원, 한국보건의료원, 오송첨단의료산업진흥재단, 대구경북첨단의료산업진흥재단, 한국장기조직기증원, 한국한의약진흥원, 의료기관평가인증원, 국가생명윤리정책원, 한국공공조직은행, 아동권리보장원, 한국자활복지개발원, (재)한국보건의료정부원

출처: 보건복지부 홈페이지.

민간 사회복지실천현장은 다음과 같이 세 가지 종류로 나눌 수 있다. 첫째, 민간이 설립하여 운영하고 민간이 후원금 등 재원을 조달하는 현장으로 사회복지 관련 법인, 사회복지 관련 NGO(Non-Governmental Organization) 등이 있다. NGO는 비정부 비영리 결사체로서 시민의 자발적인 참여로 결성되고, 회원 가입의 배타성이 없으며, 주로 자원활동에 입각하여 공익추구를 목적으로 하는 결사체로 규정할 수 있다. 둘째, 민간이 설립하여 운영하고 공공이 보조금 등 재원을 지원하는 현장으로 여러 유형의 아동복지시설, 장애인복지시설, 노인복지시설 등이 있다. 셋째, 공공이 설치하고 기관 및 시설의 운영을 민간에게 위탁하고 공공이 재원을 지원하는 현장으로 아동보호전문기관, 장애인복지관, 노인복지관 등이 있다.

(3) 주거서비스 제공 여부에 따른 분류

주거서비스 제공 여부에 따른 사회복지실천현장의 분류는 생활시설과 이용시설로 구분된다. 생활시설은 주거서비스를 제공하는 사회복지실천현장으로, 아동양육시설, 장애인거주시설, 노인양로시설 등이 있다. 이용시설은 주거서비스를 제공하지 않는 사회복지실천현장으로 아동보호전문기관, 장애인복지관, 노인복지관 등이 있다.

사회복지실천현장에는 주간보호시설과 단기보호시설이 있다. 첫째, 주간보호시설은 보호자가 어쩔 수 없는 사유로 피부양자를 보호할 수 없을 때 낮 동안 보호하여 주는 시설로서, 장애인주간보호시설, 노인주간보호시설 등이 있다. 주간보호시설은 심신이 허약한 노인이나 장애인 등을 낮 동안 시설로 들여 각종 편의를 제공하고 심신의 기능을 유지하거나 향상하는 것으로 도모하여 그 가족의 신체적·정신적 부담을 덜어 주는 기능을 한다.

둘째, 단기보호시설은 국가가 신체상·정신상의 장애 등으로 인해 독립하여 일상생활을 할 수 없는 사람을 단기간 수용하여 보호하는 시설로서, 장애인단기보호시설 등이 있다. 주간보호시설은 이용시설이고, 단기보호시설은 생활시설에 해당한다.

(4) 서비스 제공 방식에 따른 분류

서비스 제공 방식에 따른 사회복지실천현장의 분류는 직접 서비스를 제공하는 사회복지실천현장과 간접 서비스를 제공하는 사회복지실천현장으로 구분된다. 첫째, 직접 서비스를 제공하는 사회복지실천현장은 클라이언트의 접촉을 기반으로 사회복지서비스를 제공하는 사회복지실천현장으로서, 아동복지시설, 장애인복지시설, 노인복지시설 등이 있다.

둘째, 간접 서비스를 제공하는 사회복지실천현장은 사회복지정책, 사회복지행정 등의 간접 서비스를 제공하는 사회복지실천현장으로서, 보건복지부, 한국사회복지협의회 등이 있다.

2) 사회복지사의 역할

사회복지사는 현대사회에서 발생하고 있는 아동, 청소년, 노인, 여성, 가족, 장애인 등 다양한 개인적 · 사회적 문제와 어려움을 겪는 사람들에게 사회복지학 및 사회과학의 전문 지식과 기술을 활용하여 문제를 해결하고 욕구를 충족하는 것을 돕고 지원하는 업무를 담당하는 전문가이다.

한국사회복지사협회가 제시하는 사회복지사의 주요 업무는 다음과 같다(한국사회복지사협회 홈페이지).

① 사회적 · 개인적 문제로 어려움에 처한 의뢰인을 만나 그들이 처한 상황과 문제를 파악하고 그들이 필요로 하는 서비스의 유형을 판단한다.
② 문제를 처리, 해결하는 데 필요한 방안을 찾기 위해 관련 자료를 수집하고 분석하여 대안을 제시한다.
③ 재정적 보조, 법률적 조언 등 의뢰인이 필요로 하는 각종 사회복지프로그램을 기획, 시행, 평가한다.
④ 공공복지서비스의 전달을 위한 대상자 선정 작업, 복지조치, 급여, 생활지도 등을 한다.
⑤ 사회복지 자원봉사자를 모집하여 교육시키고 배치 및 지도감독을 한다.

⑥ 사회복지정책 형성과정에 참여하여 정책 분석과 평가를 하며 정책대안을 제 시한다.

⑦ 정신보건사회복지사는 정신질환자에 대한 개인력 조사 및 사회조사 작업을 진행하며 정신질환자의 사회복귀 촉진을 위한 생활훈련 및 지도 및 상담 업 무를 수행한다.

3) 다양한 사회복지실천현장

(1) 아동복지실천현장

「아동복지법」제52조는 다양한 아동복지실천현장을 명시하고 있다. 첫째, 아동 양육시설은 보호대상아동을 입소시켜 보호, 양육 및 취업훈련, 자립지원 서비스 등을 제공하는 것을 목적으로 하는 시설이다. 둘째, 아동일시보호시설은 보호대상 아동을 일시보호하고 아동에 대한 향후의 양육대책 수립 및 보호조치를 행하는 것을 목적으로 하는 시설이다. 셋째, 아동보호치료시설은 아동에게 보호 및 치료 서비스를 제공하는 시설이다. 넷째, 공동생활가정은 보호대상아동에게 가정과 같 은 주거여건과 보호, 양육, 자립지원 서비스를 제공하는 것을 목적으로 하는 시설 이다. 다섯째, 자립지원시설은 아동복지시설에서 퇴소한 사람에게 취업준비기간 또는 취업 후 일정 기간 동안 보호함으로써 자립을 지원하는 것을 목적으로 하는 시설이다. 여섯째, 지역아동센터는 지역사회 아동의 보호·교육, 건전한 놀이와 오락의 제공, 보호자와 지역사회의 연계 등 아동의 건전육성을 위하여 종합적인 아동복지서비스를 제공하는 시설이다.

(2) 청소년복지실천현장

「청소년복지지원법」제31조는 다양한 청소년복지실천현장을 명시하고 있다. 첫 째, 청소년쉼터는 가정 밖 청소년에 대하여 가정·학교·사회로 복귀하여 생활할 수 있도록 일정 기간 보호하면서 상담, 주거, 학업, 자립 등을 지원하는 시설이다. 둘째, 청소년자립지원관은 일정 기간 청소년쉼터 또는 청소년회복지원시설의 지 원을 받았는데도 가정·학교·사회로 복귀하여 생활할 수 없는 청소년에게 자립하여 생활할 수 있는 능력과 여건을 갖추도록 지원하는 시설이다. 셋째, 청소년치료재활센터는 학습 · 정서 · 행동상의 장애를 가진 청소년을 대상으로 정상적인 성장과 생활을 할 수 있도록 해당 청소년에게 적합한 치료, 교육 및 재활을 종합적으로 지원하는 거주형 시설이다. 넷째, 청소년회복지원시설은 「소년법」에 따른 감호 위탁 처분을 받은 청소년에 대하여 보호자를 대신하여 그 청소년을 보호할 수 있는 자가 상담, 주거, 학업, 자립 등 서비스를 제공하는 시설이다.

(3) 노인복지실천현장

「노인복지법」 제31조는 다양한 노인복지실천현장을 명시하고 있다.

첫째, 노인주거복지시설에는 양로시설(노인을 입소시켜 급식과 그 밖에 일상생활에 필요한 편의를 제공함을 목적으로 하는 시설), 노인공동생활시설(노인들에게 가정과 같은 주거여건과 급식, 그 밖에 일상생활에 필요한 편의를 제공함을 목적으로 하는 시설), 노인복지주택(노인에게 주거시설을 임대하여 주거의 편의, 생활지도, 상담, 안전관리 등 일상생활에 필요한 편의를 제공함을 목적으로 하는 시설)이 있다.

둘째, 노인의료복지시설에는 노인요양시설(치매, 중풍 등 노인성질환 등으로 심신에 상당한 장애가 발생하여 도움을 필요로 하는 노인을 입소시켜 급식, 요양과 그 밖에 일상생활에 필요한 편의를 제공함을 목적으로 하는 시설), 노인요양공동생활가정(치매, 중풍 등 노인성질환 등으로 심신에 상당한 장애가 발생하여 도움을 필요로 하는 노인에게 가정과 같은 주거여건과 급식, 요양, 그 밖에 일상생활에 필요한 편의를 제공함을 목적으로 하는 시설)이 있다.

셋째, 노인여가복지시설에는 노인복지관(노인의 교양, 취미생활 및 사회참여활동 등에 대한 각종 정보와 서비스를 제공하고, 건강증진 및 질병예방과 소득보장, 재가복지, 그 밖에 노인의 복지 증진에 필요한 서비스를 제공함을 목적으로 하는 시설), 경로당(지역노인들이 자율적으로 친목도모, 취미활동, 공동작업장 운영 및 각종 정보교환과 기타 여가활동을 할 수 있도록 하는 장소를 제공함을 목적으로 하는 시설), 노인교실(노인들에 대하여 사회활동 참여욕구를 충족시키기 위하여 건전한 취미생활, 노인건강유지, 소득보장 등 기타 일상생활과 관련한 학습프로그램을 제공함을 목적으로 하는 시설)이 있다.

넷째, 재가노인복지시설은 다음 각 호의 어느 하나 이상의 서비스를 제공함을 목적으로 하는 시설이다.

① 방문요양서비스: 가정에서 일상생활을 영위하고 있는 노인(재가노인)으로서 신체적·정신적 장애로 어려움을 겪고 있는 노인에게 필요한 각종 편의를 제공하여 지역사회 안에서 건전하고 안정된 노후를 영위하도록 하는 서비스
② 주·야간보호서비스: 부득이한 사유로 가족의 보호를 받을 수 없는 심신이 허약한 노인과 장애노인을 주간 또는 야간 동안 보호시설에 입소시켜 필요한 각종 편의를 제공하여 이들의 생활안정과 심신기능의 유지·향상을 도모하고, 그 가족의 신체적·정신적 부담을 덜어 주기 위한 서비스
③ 단기보호서비스: 부득이한 사유로 가족의 보호를 받을 수 없어 일시적으로 보호가 필요한 심신이 허약한 노인과 장애노인을 보호시설에 단기간 입소시켜 보호함으로써 노인 및 노인가정의 복지 증진을 도모하기 위한 서비스
④ 방문목욕서비스: 목욕장비를 갖추고 재가노인을 방문하여 목욕을 제공하는 서비스

다섯째, 노인보호전문기관에는 국가가 지역 간의 연계체계를 구축하고 노인학대를 예방하기 위하여 설치·운영하는 중앙노인보호전문기관, 학대받는 노인의 발견·보호·치료 등을 신속히 처리하고 노인학대를 예방하기 위하여 특별시·광역시·도·특별자치도에 설치·운영하는 지역노인보호전문기관이 있다.

(4) 장애인복지실천현장

「장애인복지법」 제58조는 다양한 장애인복지실천현장을 명시하고 있다.

첫째, 장애인 거주시설은 거주공간을 활용하여 일반가정에서 생활하기 어려운 장애인에게 일정 기간 동안 거주, 요양, 지원 등의 서비스를 제공하는 동시에 지역사회생활을 지원하는 시설이다. 장애인 거주시설의 종류에는 장애유형별 거주시설, 중증장애인 거주시설, 장애영유아 거주시설, 장애인 단기거주시설, 장애인 공동생활가정, 독립형 주거서비스 제공기관이 있다.

둘째, 장애인 지역사회재활시설은 장애인을 전문적으로 상담, 치료, 훈련하거나

장애인의 일상생활, 여가활동 및 사회참여활동 등을 지원하는 시설이다. 장애인 지역사회재활시설의 종류에는 장애인복지관, 장애인 주간이용시설, 장애인 직업적 응훈련시설이 있다.

셋째, 장애인 자립생활지원시설은 장애인의 자립생활 역량을 강화하기 위하여 동료상담, 지역사회의 물리적·사회적 환경개선 사업, 장애인의 권익 옹호·증진, 장애인 적합 서비스 등을 제공하는 시설이다.

넷째, 장애인 직업재활시설은 일반 작업환경에서는 일하기 어려운 장애인이 특별히 준비된 작업환경에서 직업훈련을 받거나 직업 생활을 할 수 있도록 하는 시설(직업훈련 및 직업 생활을 위하여 필요한 제조·가공 시설, 공장 및 영업장 등 부속용도의 시설)이다. 다섯째, 장애인 의료재활시설은 장애인을 입원 또는 통원하게 하여 상담, 진단·판정, 치료 등 의료재활서비스를 제공하는 시설이다.

여섯째, 장애인 쉼터는 장애인학대로 인하여 인권침해 등의 피해를 입은 장애인의 임시 보호 및 사회복귀 지원을 위한 시설이다.

일곱째, 피해장애아동 쉼터는 장애인학대로 인하여 인권침해 등의 피해를 입은 장애아동의 임시보호를 위한 시설이다.

여덟째, 장애인 생산품 판매시설은 장애인 생산품의 판매활동 및 유통을 대행하고, 장애인 생산품이나 서비스·용역에 관한 상담, 홍보, 판로개척 및 정보제공 등 마케팅을 지원하는 시설이다.

(5) 가족복지실천현장

「한부모가족지원법」 제19조는 다양한 가족복지실천현장을 명시하고 있다. 첫째, 출산지원시설은 모 또는 임신부의 임신, 출산 및 그 출산 아동(3세 미만에 한정한다)의 양육을 위하여 주거 등을 지원하는 시설이다. 둘째, 양육지원시설은 6세 미만의 자녀를 동반한 한부모가족에게 자녀를 양육할 수 있도록 주거 등을 지원하는 시설이다. 셋째, 생활지원시설은 18세 미만(취학 중인 경우에는 22세 미만을 말한다) 자녀를 동반한 한부모가족에게 자립을 준비할 수 있도록 주거 등을 지원하는 시설이다. 넷째, 일시지원시설은 배우자(사실혼 관계에 있는 사람을 포함한다)가 있으나 배우자의 물리적·정신적 학대로 아동의 건전한 양육이나 모 또는 부의 건강에 지장을 초래할 우려가 있을 경우 일시적 또는 일정 기간 동안 모와 아동, 부와 아동, 모 또는 부에게 주거 등을 지원하는 시설이다. 다섯째, 한부모가족복지상담소는 한부모가족에 대한 위기·자립 상담 또는 문제해결 지원 등을 목적으로 하는 시설이다.

「건강가정기본법」 제35조는 가족복지실천현장으로 건강가정지원센터를 명시하고 있다. 국가 및 지방자치단체는 가정문제의 예방·상담 및 치료, 건강가정의 유지를 위한 프로그램의 개발, 가족문화운동의 전개, 가정 관련 정보 및 자료 제공 등을 위하여 건강가정지원센터를 설치·운영하여야 한다.

「다문화가족지원법」 제12조는 가족복지실천현장으로 다문화가족지원센터를 명시하고 있다. 국가와 지방자치단체는 다문화가족지원센터를 설치·운영할 수 있다. 제12조 제4호에서 명시하고 있는 다문화가족지원센터의 업무는 다음과 같다.

① 다문화가족을 위한 교육, 상담 등 지원사업의 실시
② 결혼이민자 등에 대한 한국어교육
③ 다문화가족 지원서비스 정보제공 및 홍보
④ 다문화가족 지원 관련 기관·단체와의 서비스 연계
⑤ 일자리에 관한 정보제공 및 일자리의 알선
⑥ 다문화가족을 위한 통역·번역 지원사업
⑦ 다문화가족 내 가정폭력 방지 및 피해자 연계 지원
⑧ 그 밖에 다문화가족 지원을 위하여 필요한 사업

(6) 지역사회복지실천현장

「사회복지사업법」 제2조 제5호는 지역사회복지실천현장으로 사회복지관을 명시하고 있다. 사회복지관이란 지역사회를 기반으로 일정한 시설과 전문인력을 갖추고 지역주민의 참여와 협력을 통하여 지역사회의 복지문제를 예방하고 해결하기 위하여 종합적인 복지서비스를 제공하는 시설이다.

「사회복지사업법」 제34조의5 제1항에 의하면, 사회복지관은 지역복지 증진을 위하여 다음 각 호의 사업을 실시할 수 있다.

① 지역사회의 특성과 지역주민의 복지욕구를 고려한 서비스 제공 사업
② 국가 · 지방자치단체 및 민간 부문의 사회복지서비스를 연계 · 제공하는 사례 관리 사업
③ 지역사회 복지공동체 활성화를 위한 복지자원 관리, 주민교육 및 조직화 사업
④ 그 밖에 복지 증진을 위한 사업으로 지역사회에서 요청하는 사업

「사회복지사업법」 제34조의5 제2항에 의하면, 사회복지관은 모든 지역주민을 대상으로 사회복지서비스를 제공하되, 다음 각 호의 지역주민에게 우선 제공하여야 한다.

① 「국민기초생활 보장법」에 따른 수급자 및 차상위계층
② 장애인, 노인, 한부모가족 및 다문화가족
③ 직업 및 취업 알선이 필요한 사람
④ 보호와 교육이 필요한 유아 · 아동 및 청소년
⑤ 그 밖에 사회복지관의 사회복지서비스를 우선 제공할 필요가 있다고 인정되는 사람

| 생각해 볼 문제 |

1. 「사회복지사업법」 제2조 제1호에서 규정하고 있는 사회복지사업을 설명하시오.
2. 사회복지사 자격제도의 개선 방향에 대해 논하시오.
3. 다양한 사회복지실천현장에서 본인이 가장 관심을 가지고 있는 사회복지실천현장을 선정하고, 선정한 사회복지실천현장 관련 법률에서의 사회복지시설과 사회복지사의 역할에 대해 논하시오.

제2부

사회복지실천의 접근방법

제5장

생태학적 관점

학습목표

◆ 체계이론과 생태학적 관점을 설명할 수 있다.

◆ 생태학적 도형을 활용할 수 있다.

◆ 위험-레질리언스 분석틀을 설명할 수 있다.

01
생태학적 관점

1) 환경 속의 인간

'환경 속의 인간(Person in his/her Environment: PIE)'이란 사회복지실천 개입의 초점을 개인에게만 두는 것이 아니라, 개인과 환경 모두에 초점을 두고 개인과 환경의 상호작용을 강조하는 개념이다. 리치먼드(Richmond, 1917)는 『사회진단론(Social Diagnosis)』에서 '환경 속의 인간'을 강조하였고, 미국사회복지사협회는 "사회복지실천의 목적은 모든 사람이 삶의 질을 향상하기 위해 개인과 가족의 상호작용을 증진하거나 복구시키는 것이다."라고 제시하며 인간과 환경의 상호작용을 강조하였다(Richmond, 1922).

사회복지사는 클라이언트의 문제와 욕구를 파악하기 위해 클라이언트 개인과 개인을 둘러싸고 있는 가족, 학교, 직장, 지역사회 등 다양한 환경에 대해 사정(assessment)하는데, 사회복지사가 클라이언트 개인과 개인의 환경에 동시에 초점을 두는 것을 이중초점(dual-focus)이라고 한다.

2) 체계이론

환경 속의 인간에 기반을 두고 있는 생태학적 관점(ecological perspective)은 체계이론(systems theory)과 인간발달의 생태학(ecology of human development)으로부터 발달되었다. 체계이론은 전체, 그리고 전체를 이루는 부분들 간의 관계를 강조하는 유기체 관점(organismic viewpoint)에 기초를 두고 있다. 1920년대에 베르탈란피(Bertalanffy)는 체계와 환경 간의 교류(system-environment exchange), 하위 체계(subsystem), 체계(system), 상위 체계(supersystem)의 개념을 중심으로 체계 내부와 체계 간의 관계를 강조하는 개방체계이론(theory of open system)을 개발하였다. 그리고 베르탈란피는 1956년에 개방체계이론에 기반을 둔 일반체계이론(general systems theory)을 개발하기에 이르렀다(Bertalanffy, 1968).

체계이론의 기본 전제는 인간을 포함한 모든 것은 하나의 체계로 볼 수 있다는 것이다. 각 체계는 여러 하위 체계들로 구성되는데, 하나의 체계를 구성하는 하위 체계들은 서로 관련되어 있고 서로 의존적이라는 것이다. 환경 속의 인간이라는 개념을 사용하여 인간과 환경 모두에 대한 총체적 접근(wholistic approach)을 강조해 왔던 사회복지실천에서 1960년대에 들어 일반체계 이론을 활발히 사용하기에 이르렀다. 나아가 가족체계와 가족 역동의 영역에서 사회복지실천은 일반체계이론의 발전에 기여하기도 하였다(Turner, 1996).

일반체계이론을 적용한 가족체계(family system)의 개념은 다음과 같은 다섯 가지 가정을 갖는다. 첫째, 전체는 부분들의 합보다 크다. 즉, 가족은 가족을 구성하는 가족 구성원들의 단순한 합 이상이다. 둘째, 체계의 한 부분이 변화하는 것은 체계의 다른 부분들의 변화로 이끈다. 즉, 가족 중 한 구성원의 변화는 다른 구성원들의 변화를 야기할 수 있다. 셋째, 가족은 시간에 걸쳐 조직화되고 변화된다. 즉, 가족은 항상 가족생활주기에 따라 변화하며, 가족 구성원들은 다른 역할들을 수행한다. 넷째, 가족은 가족 구성원들 상호 간에 그리고 가족 외부의 사람들과 정보를 주고받는다는 점에서 개방체계(open system)이다. 각 가족은 개방과 폐쇄의 정도(openness and closeness)에 있어서 다르며, 또한 시간과 상황에 따라 변화한다. 다섯째, 가족 구성원 개인이 적절히 기능하지 못하는 것은 가족 전체의 감정 체계의 반영으로 볼 수 있다. 즉, 가족 중 한 구성원의 문제 증상은 종종 가족체계의 다른 부분으로부터의 긴장이나 갈등을 다른 곳으로 돌리려는 관계의 문제인 경우가 많다는 것이다.

체계이론은 가족체계이론의 기초가 되는데, 가족체계이론에서 중요한 개념들은 체계 내부의 구조와 조직 그리고 체계의 경계선이다(권중돈, 2021). 첫째, 체계 내부의 구조(structure)는 가족 구성원들 간에 지속적으로 나타내는 상호작용의 유형을 의미하고, 조직(organization)은 가족체계 내부의 구성에 따라 조직화된 가족 구성원들의 집합을 의미한다. 둘째, 체계의 경계선(boundary)은 가족체계의 외부와

구별되는 체계 주변의 상징적 경계를 의미하는데, 체계와 체계 외부와의 관계 측면에서 경계선의 개방성과 침투성의 정도가 매우 중요하다. 즉, 가족체계는 가족 구성원 간의 적절한 상호작용을 통하여 유기적인 체계를 구성하여야 하고, 체계 외부와의 적절한 교류를 통하여 개방적인 체계를 유지해야 하는 것이 중요하다는 것이다.

3) 생태학적 관점의 발달 과정

1970년대에 체계이론은 인간발달의 생태학에 관심을 가지고 있던 발달심리학자들(developmental psychologists)에 의해 활용되기 시작하였다. 브론펜브레너(Bronfenbrenner)는 인간발달의 생태학을 다음과 같이 정의하였다. 브론펜브레너는 인간발달의 생태학은 능동적이고 성장하는 인간과 인간이 생활하는 환경들의 변화하는 특성 사이의 점진적이고 상호적인 적응을 의미하고, 그 과정은 다양한 환경 간의 관계에 의해 영향을 받는다고 보았다. 그리고 그는 인간발달의 생태학에서 생태학적 환경(ecological environment)은 각 환경의 서로 연계되어 있는 구조를 가지고 있다고 보았다(Bronfenbrenner, 1979).

브론펜브레너에 의하면, 생태학적 환경은 네 개의 체계들로 구성된다. 첫째, 미시체계(microsystem)는 집, 학교, 직장 등과 같은 주어진 환경 내에서 개인이 직접적으로 경험하는 활동, 역할과 인간관계이고, 둘째, 중간체계(mesosystem)는 개인이 참여하는 두 개 이상의 미시체계 간의 상호작용을 의미한다. 예를 들어, 아동은 가족, 학교, 친구 혹은 지역사회들과 관계를 가지고 있을 수 있으며, 이 경우 가족, 학교, 친구 혹은 지역사회들 간의 상호작용이 아동이라는 미시체계를 둘러싸고 있는 중간체계가 되는 것이다. 셋째, 외적체계(exosystem)는 개인이 직접적으로 참여하지는 않으나 개인이 참여하는 미시체계와 영향을 주고받는 체계를 의미한다. 외적체계는 개인과 직접적으로 상호작용을 하지 않지만, 개인의 미시체계와 상호작용을 하고 있는 체계를 의미한다. 예를 들어, 아동은 부모의 직업, 대중매체, 중앙정부와 지방정부 등과 같은 외적체계를 가질 수 있다. 넷째, 거시체계(macrosystem)는 사회의 문화, 신념 체계, 이데올로기와 같이 미시체계, 중간체계,

외적체계에 영향을 미치는 최상위 체계를 의미한다. 즉, 개인을 둘러싸고 있는 최상위 체계로서의 거시체계는 개인이 생활하고 있는 사회의 문화와 이데올로기를 의미한다. 이와 같은 네 개의 체계들로 구성되어 있는 브론펜브레너의 생태학적 환경의 기본적인 전제는 개인과 개인을 둘러싸고 있는 미시체계, 중간체계, 외적체계, 거시체계로 구성되는 개인의 환경 모두에 개입의 초점을 두어야 한다는 것이다(Bronfenbrenner, 1979).

4) 생태학적 관점의 기본 가정

생태학적 관점의 기본 전제는 개인과 개인을 둘러싸고 있는 환경이 상호작용하고 있다는 것이다. 또한 체계이론에서는 단순히 체계 내부의 구조와 조직 그리고 체계의 경계선에 치중된 단선적인 관계에 초점을 두고 있는 반면, 생태학적 관점에서는 개인을 둘러싸고 있는 환경들을 개인과의 직접적인 상호작용의 정도에 따라 위계적으로 구분을 하고, 나아가 개인과 여러 환경 간의 위계적인 상호작용에 초점을 두는 관점의 발달을 이루었다고 평가할 수 있다.

생태학적 관점의 기본 가정은 다음과 같다. 첫째, 개인의 유전적 혹은 생물학적 요인은 환경과 상호작용하는 과정에서 다양한 방식으로 표현된다. 둘째, 개인과 개인을 둘러싸고 있는 환경은 서로 영향을 미치는 또 하나의 체계를 형성한다. 셋째, 적합성(goodness of fit)이란 적응(adaptation)의 능력을 가진 개인과 환경 사이의 상호작용을 통하여 형성되는 상호적인 인간과 환경의 과정이다. 넷째, 개인은 목적지향적이며 유목적적이고, 아울러 개인은 유능성(competence)을 획득하기 위하여 노력한다. 다섯째, 개인은 개인을 둘러싸고 있는 환경과 상황 속에서 이해되어야 한다. 여섯째, 개인의 성격은 개인과 환경 사이의 상호작용의 산물이다(권중돈, 2021).

5) 생태학적 관점의 실천 원칙

생태학적 관점은 체계이론을 확대 · 발전시킨 것이다. 체계이론에 따르면, 인간을 포함한 사회의 모든 것들은 하나의 체계이며, 각 체계를 구성하는 하위 체계들은 서로 유기적으로 연계되어 있다. 사회복지실천에서 체계이론의 활용에 있어서 중요한 점은 각 체계와 환경, 즉 개인과 개인을 둘러싸고 있는 환경 간의 관계를 분석하는 데 있다. 생태학적 관점은 체계이론에서의 체계의 개념, 그리고 개인과 환경 간의 단순한 관계에 대한 분석에서 더 나아가, 개인을 둘러싸고 있는 환경들을 그 상호작용의 정도에 따라 위계적으로 분석하는 데 있다.

생태학적 관점을 활용한 사회복지실천의 기본 전제는, 클라이언트의 문제에 대한 전문가는 클라이언트라는 것이고, 따라서 클라이언트와 사회복지사의 동등한 협력관계가 매우 중요하다는 것이다. 또한 사회복지실천의 과정에서 사회복지사는 클라이언트의 문제의 특성에 따라 조력자, 교사, 촉진자, 중재자, 대변자, 조직가 등의 다양한 역할을 수행하게 되는데, 이러한 실천의 과정에서 진정한 감정이입, 인간의 존엄성에 대한 존중, 그리고 진실성 등의 가치가 중요시된다(권중돈, 2021).

생태학적 관점을 활용한 사회복지실천 원칙은 〈표 5-1〉과 같다.

〈표 5-1〉 생태학적 관점의 사회복지실천 원칙

1. 개인과 환경은 분리할 수 없는 존재로 보아야 한다.
2. 사회복지실천의 과정에서 사회복지사는 클라이언트와 동등한 협력관계를 이루어야 한다.
3. 클라이언트에게 영향을 미치는 모든 환경에 대해 사정하고, 개인과 환경 간의 상호작용을 분석하여야 한다.
4. 클라이언트의 생활 상황과 생활주기에서의 단계를 사정하여야 한다.
5. 개인과 모든 환경 간의 적합성을 증진할 수 있는 개입방법을 모색하여야 한다.
6. 긍정적 관계와 생활 경험을 통하여 클라이언트의 개인적 유능성을 증진해 나가야 한다.
7. 사회적 지지는 사회복지사의 원조와 조화를 이룰 뿐만 아니라, 전체적인 사회복지실천에 필수적인 요소로 보아야 한다.
8. 클라이언트와 함께 해결방안을 모색하고, 클라이언트의 역량 강화에 초점을 두어야 한다.

6) 생태학적 관점의 실천 기법

생태학적 관점을 활용한 사회복지실천에서는 다양한 실천 기법들이 사용될 수 있다. 즉, 클라이언트와 환경의 상호작용에 영향을 미치기 위하여, 클라이언트의 자존감과 문제해결 능력을 증진하기 위한 기술, 부모나 가족의 기능을 증진하기 위한 기술, 지역사회나 전체사회의 사회적 지원망을 확충하는 기술 등 다양한 개입 기술의 사용이 필요하게 되는 것이다.

생태학적 관점에서는 사회복지실천에서 오랫동안 사용되어 왔던 가계도와 생태도가 많이 사용된다. 가계도(genogram)는 적어도 3세대 이상의 가족 구성원과 그들의 관계에 대한 정보에 대해 상징을 사용하여 기록하는 것으로서, 가계도를 통하여 사회복지사는 가족 내의 구조와 가족이 여러 세대에 걸쳐 발전시켜 온 가족역할, 유형, 관계 등에 대해 사정을 하게 된다. 생태도(ecomap)는 가족과 가족을 둘러싸고 있는 환경과의 1:1 관계를 분석하기 위한 것으로서, 사회복지사는 클라이언트와의 상담을 통하여 가족과 가족을 둘러싸고 있는 환경과의 긍정적 혹은 부정적 관계를 파악하게 된다. 특히 생태도의 활용을 통하여 사회복지사는 클라이언트의 문제해결을 위해 필요한 새로운 환경을 파악하여 클라이언트와 연결해 줌으로써 생태도를 확대해 나가도록 유도할 수 있다.

02

생태학적 관점의 활용: 아동학대

1) 심리학에서의 활용

아동학대라는 사회문제에 생태학적 관점을 처음으로 활용하기 시작한 사람은 벨스키(Belsky)이다. 1980년대에 벨스키는 아동학대를 이해하기 위해 생태학적 관점을 제안하였다. 브론펜브레너의 인간발달의 생태학을 기초로 하여, 벨스키는 아동학대란 개인, 가족, 지역사회, 그리고 문화 영역에서의 다양한 요인들에 의하여 결정되고, 이러한 네 가지 영역에서의 많은 요인은 생태학적으로 서로 연계되어 있다고 보았다. 즉, 벨스키는 아동학대를 개인과 가족이 상호작용하고 있는 개체발생 발달(ontogenic development), 미시체계, 외적체계, 거시체계에서의 다양한 요인들에 의하여 결정되는 사회·심리적인 현상으로 규정한 것이다.

첫째, 개체발생 발달은 아동을 학대하는 부모의 성격과 과거 경험을 의미하는 것으로, 부모의 어릴 적 학대 경험, 부모의 사회화 과정, 어릴 적 폭력에의 노출과 경험, 부모의 거부 경험 등이 포함된다. 둘째, 미시체계는 아동학대가 발생하는 가족을 의미하는 것으로, 아동의 건강과 장애, 아동의 성격과 사회화 기술, 가족의 상호작용 유형, 아동과 부모와의 애착(attachment), 부모의 부부관계 등이 포함된다. 셋째, 외적체계는 미시체계에 영향을 미치는 공식적·비공식적 사회구조를 의미하는 것으로, 부모의 고용과 직장, 가족의 이웃, 가족을 위한 사회적 지원망 등이 포함된다. 넷째, 거시체계는 아동과 부모가 거주하는 사회의 문화적 가치와 신념 체계를 의미하는 것으로, 사회의 문화 그리고 폭력, 신체적 체벌, 아동에 대한 사회의 태도 등이 포함된다.

아동학대에 대한 벨스키의 생태학적 관점의 기본 가정은 네 가지 체계가 서로 생태학적으로 연계되어 있다는 것이다. 따라서 아동학대에 관한 연구를 위해서는 네 가지 체계의 다양한 요인들 간의 구조적이고 생태학적인 상호관계를 규명할 필요가 있다고 강조하였다(Belsky, 1980).

가브리노(Garbarino)도 아동학대의 연구에 생태학적 관점을 활용하기 시작하였다. 가브리노는 아동학대를 가족 발달의 관점(perspective of family development)에서 설명하고자 하였다. 즉, 아동학대를 부모로서의 역할 전환에 수반되는 스트레스의 결과와 부모로서의 역할 수행을 위한 자신감 결여의 결과로 보았다. 특히 가브리노는 아동학대 발생의 두 가지 필수 조건으로 가족을 위한 지원망의 부적절한 사용과 아동에 대한 신체적 체벌의 사용을 지지하는 문화를 들었다. 이에 따라 아동과 가족의 특성에만 초점을 두어 왔던 기존의 아동학대 연구의 문제점을 지적하면서, 가브리노는 아동학대를 연구하는 데 있어서의 이웃 지지체계(neighborhood support system), 지역사회 환경(community context), 문화(culture)의 중요성을 강조하였다(Garbarino, 1977).

아동학대의 연구를 위한 가브리노의 생태학적 관점은 가족 특성(family characteristics), 이웃 지지체계, 아동학대의 지역사회환경의 세 영역으로 구성된다(Garbarino, 1977).

첫째, 가족 특성은 가족의 삶에서의 스트레스(stresses in the life course)와 지원(support)으로 구성된다. 가족의 삶에서의 스트레스에는 적응 혹은 변화를 요구하는 삶의 사건, 가족 구성원들의 특별한 욕구, 사회경제적 그리고 인구학적 요인, 그리고 가족의 삶에서의 주요한 사건들의 시기 등이 포함된다. 지원에는 사회안전망, 교회와 취미활동 모임과 같은 제도적이고 조직적인 활동에의 관여 등이 포함된다.

둘째, 이웃 지지체계에는 가족에 대한 서비스의 이용 가능성(예: 보육이나 의료 서비스), 위기에 처한 가족에 대한 반응(예: 문제행동의 모니터), 이웃과의 관계와 상호작용 등이 포함된다.

셋째, 아동학대의 지역사회 환경은 네 가지 요인으로 구성된다. 즉, 1) 사회경제적 요인(예: 경제적 자원, 주거 상황, 직장), 2) 인구학적 요인(예: 가족, 인구의 연령 구조), 3) 이데올로기 요인(예: 지역사회에 대한 가치와 태도, 지역사회 특성), 4) 역사적 요인(예: 지역사회 특성에서의 경향, 지역사회 주민에 대한 개인의 관계) 등이다.

2) 사회복지실천에서의 활용

사회복지실천에서의 아동학대에 관한 연구를 위한 생태학적 관점의 활용은 1990년대에 시작되었다. 프레이저(Fraser)는 아동학대의 연구를 위한 다체계론적 생태학적 관점(multisystems ecological perspective)을 개발하였다(Fraser, 1997). 프레이저의 다체계론적 생태학적 관점은 브론펜브레너, 벨스키, 가브리노와 같은 심리학자들의 것보다 단순화된 것인데, 프레이저의 생태학적 관점은 크게 세 영역으로 구성된다. 첫째, 개인의 심리사회적 및 생물학적 특성(individual psychosocial and biological characteristics), 둘째, 가족, 학교, 지역사회 상황(family, school, neighborhood conditions), 셋째, 더 광범위한 환경(broad environment conditions)의 세 영역으로 이루어져 있다.

김형모는 생태학적 관점을 이용하여 아동학대와 방임에 관련된 요인을 분석한 연구를 수행하였는데, 연구의 분석틀로서 프레이저의 생태학적 관점을 변형하고 브론펜브레너, 벨스키, 가브리노의 생태학적 관점을 보완하여 네 영역으로 구성된 생태학적 관점을 제시하였다. 김형모의 생태학적 관점은 첫째, 아동 영역, 둘째, 부모 영역, 셋째, 가족 영역, 넷째, 지역사회 영역의 네 영역으로 구성되어 있다(Kim, 2000).

아동학대에 관한 연구를 위한 생태학적 관점들을 비교·분석하면 〈표 5-2〉와 같다.

〈표 5-2〉 생태학적 관점의 비교

브론펜브레너	벨스키	가브리노	프레이저	김형모
	개체발생 발달		개인	아동 영역
				부모 영역
미시체계	미시체계	가족	가족, 학교, 지역사회	가족 영역
중간체계				
외적체계	외적체계	이웃, 지역사회	환경	지역사회 영역
거시체계	거시체계			

03
생태학적 관점의 적용: 아동학대

1) 생태학적 도형

아동학대에서 생태학적 관점을 활용하여 클라이언트의 문제 사정과 개입 계획의 수립을 위한 유용한 도구는 생태학적 도형(ecological diagram)이다. 생태학적 도형의 예는 [그림 5-1]과 같다. 생태학적 도형의 기본 전제는, 각 개인의 생태학적 도형은 개인의 문제와 처해 있는 상황에 따라 다르다는 것이며, 따라서 각 사회와 문화에 따라 그리고 같은 사회와 문화 내에서도 각 개인에 따라 다른 생태학적 도형이 작성되어야 한다. [그림 5-1]은 생태학적 도형의 하나의 예로서 작성된 것인데, 사회복지사는 각 개인과의 상담을 통하여 그 개인에게 적합한 생태학적 도형을 작성하여야 할 것이다(김형모, 2002).

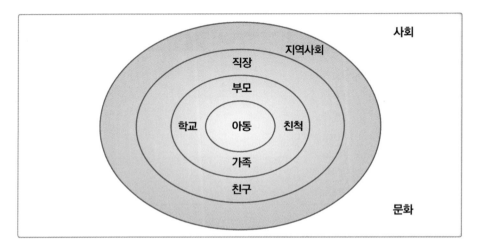

[그림 5-1] 생태학적 도형

아동에 대해 생태학적 도형을 사용한 하나의 예로 [그림 5-1]을 설명하면, 생태학적 도형의 맨 가운데에는 사회복지사의 클라이언트인 아동이 놓이게 된다. 아동을 둘러싸고 있는 첫 번째 환경은 부모와 가족이고, 부모와 가족은 아동과 직접적인 상호작용을 하고 있다. 첫 번째 환경을 둘러싸고 있는 두 번째 환경은 아동의 학교, 아동의 친구, 부모의 직장, 가족의 친척 등으로서, 아동, 부모와 가족에게 영향을 미치고 있다. 세 번째 환경은 아동과 부모가 살고 있는 지역사회로서, 지역사회는 아동, 그리고 아동의 첫 번째 환경과 두 번째 환경 모두에게 영향을 미치며 상호작용을 하고 있다. 마지막으로, 네 번째 환경은 사회, 문화, 이데올로기 등으로서, 아동과 아동을 둘러싸고 있는 모든 환경에 영향을 미치며 상호작용을 하고 있는 것이다.

생태학적 도형의 사용에서 중요한 점은 아동, 즉 개인을 둘러싸고 있는 환경들은 서로 위계적으로 영향을 미치고 있다는 것이다. 즉, 바깥쪽에 있는 환경은 안쪽에 있는 환경들에 영향을 미치고 있는 것으로서, 예를 들어 사회, 문화, 이데올로기 환경은 지역사회, 직장/학교/친척/친구, 부모/가족, 아동 모두에게 영향을 미치고 있다는 것이다. 따라서 클라이언트에 대한 생태학적 도형의 작성은 클라이언트 개인과 클라이언트를 둘러싸고 있는 모든 환경 간의 상호작용에 대한 문제 사정의 중요성을 보여 주고 있다(김형모, 2004).

2) 위험-레질리언스 분석틀

발달 심리병리학(developmental psychopathology)으로부터 발달된 위험-레질리언스 분석틀(Risk-Resilience framework)은 위험 요인(risk factor), 자산(asset), 보호 요인(protective factor), 레질리언스(resilience)의 네 개의 주요 개념으로 구성된다(Gilgun, 1996).

첫째, 위험요인(risk factor)은 위험 집단의 일부분이 부정적 결과를 경험할 통계적인 확률로 정의되는데, 개인에게 문제가 발생할 가능성을 높일 수 있는 문제 요인으로 볼 수 있다. 아동학대를 예로 들면, 아동의 질병이나 장애, 부모 간의 불화, 빈곤 등과 같이 아동에 대한 학대의 가능성을 높일 수 있는 요인을 의미한다. 그렇지만 이와 같은 위험 요인들을 가지고 있는 모든 아동이 학대를 경험하는 것은 아니다. 예를 들어, 부모 자신이 어릴 적 학대를 경험한 것은 그 부모가 자식을 학대할 가능성을 높이는 주요한 위험 요인이지만, 어릴 적에 학대를 경험한 모든 부모가 자식을 학대하는 것은 아니다. 다시 말해, 위험 요인은 문제가 발생할 가능성을 높일 수 있는 가능성이 있는 요인으로 보아야 한다.

둘째, 자산은 위험 요인에 반대되는 개념으로, 개인이 가지고 있는 강점(strength)과 개인을 둘러싸고 있는 환경상의 자원(resource)을 의미한다. 예를 들어, 아동의 좋은 성격, 밝고 매력적인 아동, 애정 있는 한 명의 부모, 비폭력적인 이웃과 지역사회, 가족을 위한 좋은 지지체계 등이 자산이 될 수 있다. 그렇지만 위험 요인과 마찬가지로, 자산을 가지고 있는 모든 사람이 문제를 가질 가능성이 전혀 없는 것은 아니다. 예를 들어, 좋은 사회경제적 배경을 가진 부모를 만난 것은 아동에게 자산이 될 수 있지만, 그렇다고 해서 좋은 사회경제적 배경을 가진 부모도 아동을 학대하는 경우가 발생한다는 것이다.

셋째, 보호 요인은 개인이 적극적으로 문제상황에 대처하고 위험 요인을 이겨 내기 위하여 활용하는 자산, 즉 개인의 강점과 환경의 자원이다. 개인이 가지고 있는 자산인 개인의 강점과 환경의 자원을 활용하여 문제상황에 대처하고 위험 요인을 극복할 때, 그 자산은 개인에게 보호 요인이 된다는 것이다. 따라서 위험 요인은 아동학대의 발생 가능성을 높일 수 있는 요인이고, 보호 요인은 아동학대의 발생 가능성을 감소시킬 수 있는 요인이다.

넷째, 레질리언스는 과정의 개념과 결과의 개념이 모두 포함되는데, 세 가지 유형의 레질리언스로 나뉠 수 있다. 즉, 1) 높은 위험 상황에서 긍정적인 결과의 달성, 2) 스트레스 하에서의 유능감(competence)의 유지, 3) 문제로부터의 회복(탄력성) 등이다. 레질리언스의 개념에서 중요한 점은 레질리언스는 세 가지의 개념을 포괄하는 개념이라는 것이고, 우리말로 탄력성으로 번역하여 사용하는 것은 세 번째 유형에만 해당하는 개념이라 그 용어가 포괄적이지 못하다는 한계가 있다.

레질리언스는 문제상황을 이겨 내는 보호 요인과 밀접하게 관련되어 있다. 구체적으로, 레질리언스는 위험에 처한 개인이 가지고 있는 개인의 강점과 환경상의 자원이라는 자산을 활용하여 보호 요인으로 사용하고 위험 요인을 극복하는 것을 의미한다. 예를 들어, 어릴 적에 학대를 받은 아동이 나중에 부모가 되어 자신의 자식을 학대하지 않을 때, 그 개인은 레질리언스를 가지게 되었다고 말할 수 있는 것이다. 이그랜드(Egeland)와 동료들에 의하면, 학대를 받은 아동 중 40% 정도가 부모가 되어서도 자신의 자식을 학대하지 않은 것으로 나타났는데, 어릴 적 학대 경험이라는 위험 요인을 가진 부모들이 성장 과정에서 감정적인 지지를 주는 학대하지 않는 부모, 성장 과정에서 치료의 경험을 가지는 것, 그리고 지지적인 배우자를 만나는 것과 같은 보호 요인을 사용하여 레질리언스를 가지게 된 것으로 나타났다(Egeland et al., 1988).

위험-레질리언스 분석틀의 주요 개념을 아동학대와 관련하여 정리하면, 위험 요인은 아동학대가 발생할 가능성을 높일 수 있는 요인으로 정의될 수 있다. 다시 말해, 학대피해아동과 그 가정에 대한 연구를 통하여 아동학대와 관련이 높은 요인들을 규명하게 되면, 이러한 요인들은 아동학대의 위험 요인으로 분류될 수 있다. 이러한 위험 요인과 반대되는 개념이 보호 요인이다. 보호 요인은 아동이 질병이나 문제들과 관련된 위험 요인들에 저항하거나 개선하도록 도울 수 있는 내적·외적 요인들로 정의된다(Fraser, 1997). 다시 말해, 아동학대와 관련이 높은 위험 요인들을 가지고 있는 아동, 가족, 지역사회가 아동학대의 발생을 막기 위하여 사용할 수 있는 여러 요인이 아동학대의 보호 요인이 될 수 있는 것이다.

| 생각해 볼 문제 |

1. 다음 사례를 읽고, 클라이언트의 문제를 제시하고, 클라이언트의 문제와 관련된 위험 요인과 보호 요인을 제시하고, 보호요인을 활용하여 위험요인을 극복할 수 있는 사회복지실천의 개입방안을 제시하시오.

1) 인적사항
성명: 김은지(가명: 만 5세, 여)
주요 문제: 아동학대(전치 3주 진단: 신체학대, 정서학대, 방임)
학력: 취학 전
가족관계: 친부모, 1남 2녀 중 둘째

2) 의료적 사정
- 다발성좌상(양대퇴부, 양상완부, 양전완부, 양수부, 흉부) 및 뇌좌상
- 의료진 의견: 상병으로 병원 응급실 내원한 환자로 합병증이 발생하지 않는 한 수상일로부터 3주간의 치료가 필요함. 단, 추후 발견되는 소견은 추가진단에 의할 것이며, 뇌좌상에 대해 신경외과 전문의의 재진을 의뢰할 것임
- 아동은 응급실에서 응급의료 조치를 받은 후 검사를 받았다. 귀 내 출혈, 코 내 출혈, 두부 손상, 전신의 심각한 피멍, 새로운 상처와 오래된 상흔 등이 관찰되

어 심각한 상태로 추측되어 전신 X-ray, CT 촬영, 외과, 내과, 이비인후과, 신경외과, 정형외과 등 거의 모든 분야에 걸친 검사를 3시간여에 걸쳐 실시하였다. 검사 결과, 좌상 외에는 별다른 이상이 없는 것으로 판정되었다.

3) 사회적 사정
(1) 문제력
은지는 1년 전부터 집안의 돈을 허락 없이 가지고 나가 쓰기 시작하였다고 한다. 이후 간헐적으로 문제행동을 보이다 올해 가을부터 더욱 심해졌다. 10월 8일 2만 원을 들고 나가서 쓴 후, 8일부터 10일까지 부와 모에 의해 여러 차례에 걸쳐 심각한 정도의 육체적인 체벌과 방임을 당했다. 육체적 체벌의 경우는 온몸, 특히 사지에 심각한 타박상과 염증을 동반하고 있음에도 불구하고 치료 없이 방치되었으며, 현장조사 당시 종일 식사를 하지 못한 상태였다.

은지의 문제행동 초기에는 체벌을 가하지 않았으나, 지속 반복적으로 문제행동이 일어나자 체벌을 하기 시작하였다고 한다. 부는 최근 직장을 그만둔 상태라 스트레스를 많이 받고 있었고, 이로 인해 조절할 수 없는 분노상태에서 아동에게 체벌을 가하였다고 한다. 교육을 위한 체벌이라고 주장하나, 아동의 상처는 병원 응급실 검사 결과, 전치 3주의 진단이 나왔다. 진단내용을 참고하여 볼 때 일반적인 범주의 체벌을 넘어섰으며, 부위를 가리지 않고 구타한 것으로 보인다. 또한 응급실 초기 검사 시 드러난 귀 출혈, 코 출혈, 두부 손상, 전신의 심각한 피멍, 새로운 상처와 오래된 상흔 등을 고려해 볼 때, 반복적인 학대의 가능성이 크다.

가족 구성원이 가지고 있는 문제를 살펴보면 다음과 같다. 부는 알코올중독의 문제를 가지고 있으며, 일시적인 실직으로 인해 스트레스를 과다하게 받고 있는 상태이다. 모는 갑상선비대증으로 신체적인 호소와 짜증이 잦은 편이며, 부적절한 생활방식과 양육태도를 지니고 있어 방임의 가능성이 크다. 은지는 도벽의 문제를 지니고 있고, 이로 인해 부와 모로부터 체벌을 당할 가능성이 크다. 대성(가명, 7세, 남, 은지의 오빠)은 정서적으로 산만하고 주의집중력이 떨어진다. 또한 은지의 도벽에 동조할 가능성이 크다.

(2) 가족력
부와 모는 6년 전 3월 대성이가 임신 7개월인 상태에서 결혼을 하였다. 형제

관계는 3남매로 친부모가 양육하였으며, 분리 경험은 없다. 부(41세, 주학대자)는 최근 9월 중순 실직하기 전까지 음식점에서 주방장으로 8년간 꾸준히 경제적인 활동을 하였다고 한다. 이후 약 보름 정도를 집에서 쉬다가 현재는 일용직 막노동 일을 하고 있다. 경제적인 부분은 부가 책임지고 있으며 현재는 1일 4~5만 원의 수입으로 생계를 유지하고 있다고 한다. 알코올중독에 대해서는 강하게 부인하고 있으나, 매일 소주 1병씩 마시고 있다. 음주 후 조용히 자는 편이라고 한다. 부는 심각한 정도의 간 질환으로 인해 치료 경험이 있다.

모(32세, 방임)는 갑상선비대증으로 어릴 적부터 치료를 받았으며, 이로 인해 일상생활에 어려움을 겪고 있다. 질병의 영향 때문인지 어눌한 표현을 자주 쓰고 반응이 부적절한 편으로 의사소통도 적절히 하지 못해 양육에도 영향을 미치고 있다. 자신이 힘이 들면 아이들의 식사도 챙겨 주지 않는 등 방임적이라고 한다. 집안의 위생 상태는 매우 불결한 편으로, 모와 3남매 모두 머리에 이가 있다. 방임과 더불어 간헐적인 체벌도 이루어지고 있다.

대성이는 '오빠로서 동생을 잘 돌보지 못했다'는 이유로 은지와 같이 부에 의해 체벌을 당했다. 은지의 경우 심각한 정도의 체벌을 받아 신체적인 고통을 호소한 것에 비해, 대성이의 상처는 비교적 경미하였다. 왼팔과 허리, 왼발 종아리에 희미한 자국을 확인할 수 있었다. 또한 교육을 위해 은지와 같이 종일 굶겼다고 한다. 5년 전 11월부터 병원에서 경기(뇌전증: 전신발작, 부분발작 등) 치료를 받는 것으로 드러났다. 치료를 받다가 중단하였으며, 작년 여름부터 다시 치료를 받고 있는 상태이다. 현재는 정기적인 진료와 한 달간의 약을 받아 와 복용하는 정도이다. 내년에 초등학교를 진학할 예정이다. 성희(가명, 2세, 여, 은지의 동생)는 신체적인 학대를 받고 있지는 않으나, 부적절한 양육과 방임을 받는 것으로 보인다. 신변 관리와 영양공급이 적절하지 못한 상태이다. 모에 대한 분리불안을 가지고 있다.

4) 심리적 사정
(1) 은지의 심리적 사정
전체 지능지수는 83으로 평균 하급에 속한다. 언어성 검사에 비해 동작성 검사에서 수행이 저하되었는데, 이는 동작성 검사를 수행하는 데 있어 충동적이고 불안전한 정서가 영향을 미친 것으로 보인다. 언어적 능력은 평균 수준의 고른 발달을 보이고, 비언어적 영역에서 개념화하고 분석하는 능력과 계획하고 구성하는 능력이 저하되어 있다. 정서적으로 위축되어 있으며, 공격성과 욕구불만이 표출되고 있다. 대인관계에서는 접촉에 대한 불안이 시사된다. 가족에 대한 정서적 개입과 교류에 어려움이 있을 것으로 보이며, 자기상의 통합에 어려움이 있다. 평균 정도의 지적 능력을 보유하고 있는 것으로 보이나, 아동의 불안정하고 충동적인 정서적 요인이 학습에 영향을 줄 것으로 보인다.

(2) 부의 심리적 사정

　부는 신체적 및 정서적 문제를 많이 가지고 있고, 이런 어려움을 인정하지만 동시에 문제에 대해 방어하려는 경향을 가졌기 때문인 것으로 보인다. 자신의 문제를 해결할 수 있는 능력이 없는 상태이며, 현실검증력이나 정신적 장애를 의심해 볼 수 있다. 의심이 많고 적대적이며 과도하게 민감한 경향을 보이고 있으며, 투사와 외향성을 주된 방어기제로 사용하여 계속적인 논쟁을 벌이려는 경향이 있다. 또한 피해의식 편집증이 높게 나타나 자신의 제반 문제나 욕구좌절 혹은 실패의 원인을 외부 현실로 돌리며, 자신의 부정적 감정의 책임까지 투사하려는 경향이 강하게 나타나기도 한다. 환경으로부터의 소외감·유리감을 느끼고 있고, 비논리적이며 주의집중력·판단력·사고장애의 가능성을 갖고 있다. 또한 깊은 열등감과 불안정감을 갖고 있으며, 자신감과 자아존중감 모두 결여되어 있는 상태이다. 대인관계에서는 사회적으로 고립되고 의심과 불신이 많고 적대적이며, 부적절한 사회적 관계를 맺고 있는 것으로 보인다. 타인들이 느끼는 인상은 화를 잘 내고 변덕이 심하고 비우호적·부정적이다.

(3) 모의 심리적 사정

　비교적 순박하며, 인간의 일반적인 약점(도덕적 혹은 사회적)을 인정하고 있다. 현재 타인의 도움이 필요한 상태인 것으로 보이며, 정신장애 및 행동장애 또는 신경증을 나타낼 가능성이 시사된다. 현실검증력이 부족하므로 스스로 문제해결 능력이 제한되어 있을 수 있는 것이 사실이다. 논리적으로 사고하는 데에 어려움이 있을 것으로 보이며, 주의집중력 및 판단력이 떨어진다. 이는 환경으로부터의 소외감과 유리감을 느낌으로써 겪는 환경적 혹은 심리적 스트레스에 기인한 것일 수 있다. 외향적인 성향의 소유자로서 어떤 면에서는 열의를 보이나, 활동성에 대한 외적 제약을 받으면 안절부절못하고 겉으로 불만감을 표현할 수 있다. 그러나 이러한 외향성은 과다노출적이고 피상적일 수 있으며, 자기중심적이며 자신의 주변 문제에 대해 잘 인식하지 못하는 경향으로 볼 수 있다. 권위적 대상에 대한 불만을 잘 나타내지 않고 사회 현실을 그런대로 받아들이는 편이며, 여성적으로 보이는 것에 크게 흥미가 없다. 때로 의심이 많고 적대적이며 과도하게 민감할 수 있으나 스스로에 대해 불안하다고 생각하지 않으며, 주로 투사와 외향화를 주된 방어기제로 사용한다.

지체된 지적 능력을 보이며 인성검사상에서도 다소 병리적인 프로파일을 나타내고 있으나, 이는 기질적·정신병리적이라기보다는 초기 환경으로부터의 부족한 교육적·문화적 혜택과 불리한 환경적 여건에 의한 사고력 및 판단력의 지체인 것으로 보인다. 기초적인 판단력과 문제해결을 위한 지적 능력은 갖추고 있으나, 스트레스 상황에 취약한 심리적 특성과 함께 자기중심적인 성향으로 인해 어려운 환경에서 자녀들을 양육할 경우 주의 깊게 돌보는 것이 어려울 것으로 보인다.

제6장

임파워먼트 모델

1. 강점 관점
2. 임파워먼트 모델
3. 다문화 관점

학습목표

◆ 병리 관점과 강점 관점을 비교·설명할 수 있다.

◆ 임파워먼트 모델의 개입과정을 설명할 수 있다.

◆ 다문화 관점을 설명할 수 있다.

01
강점 관점

1) 강점 관점의 발달 과정

강점 관점(strengths perspective)이라는 용어는 1989년 윅(Weick)과 동료들이 발표한 학술논문인 '사회복지실천에서의 강점 관점(A strengths perspective in social work practice)'에서 사용되었다(Weick et al., 1989). 이후 1992년 미국 캔자스대학교의 샐리비(Saleebey)가 발간한 강점 관점에 관한 저서 『사회복지실천에서의 강점 관점(The strengths perspective in social work practice)』에 의해 사회복지실천에서 활용되기 시작하였다(Saleebey, 1992).

강점 관점은 클라이언트를 독특한 개별적인 존재로 인정하고 클라이언트의 다양성을 인정하고 존중하면서, 클라이언트의 문제보다는 강점에 초점을 두고 이용가능한 모든 자원을 활용하여 클라이언트의 문제해결을 원조하는 것이다. 강점 관점에서는 클라이언트의 강점을 발견하고 향상시키는 과정을 통해 클라이언트의 역량이 강화되고, 사회복지실천의 과정에서 클라이언트에게 권한을 부여하고자 한다. 강점 관점은 사회복지실천의 기본 가치인 인간의 존엄성, 클라이언트의 자기결정권에 기반을 두고, 클라이언트가 가지고 있는 강점, 능력, 잠재력 등을 발견하여 향상하고자 한다.

〈표 6-1〉 장 루슬로(Jean Le Solleuz)의 〈세월의 강물〉 중에서

다친 달팽이를 보거든
도우려 들지 말라.
그 스스로 궁지에서 벗어날 것이다.
당신의 도움이 그를 화나게 하거나
상심하게 할 것이다.

하늘의 여러 시렁 가운데서
제자리를 벗어난 별을 보게 되거든
별에게 충고하고 싶더라도
그만한 이유가 있을 것으로 생각하여라.

더 빨리 흐르라고
강물의 등을 떠밀지 마라
강물은 나름대로 최선을 다하고 있는 것이다.

출처: 노혜련, 김윤주(2021).

2) 강점 관점의 인간관

강점 관점에서 인간은 정신적·신체적·정서적·사회적 능력이 완전히 개발되어 있지 않은 상태에 있고, 확인되지 않은 무한한 저장고를 가지고 있다고 본다. 따라서 모든 사람은 자신의 문제를 해결할 수 있는 자연적인 힘이 있다고 본다. 윅은 모든 사람에게는 자연적인 힘과 잠재력이 있어서 사회복지사가 이 힘과 잠재력을 발견하고 지지하면 모든 사람의 긍정적인 성장을 위한 가능성이 강화된다고 보았다(Weick, 1992).

3) 병리 관점과 강점 관점

강점 관점은 기존의 병리 관점(pathological perspective)과 많은 차이가 있다. 병리 관점에서 강점 관점으로의 변화는, 첫째, 클라이언트의 문제(problem)에 대한 초점에서 도전(challenge)과 기회(opportunity)에 대한 초점으로의 변화이다. 둘째, 클라이언트의 과거에 대한 관심에서 클라이언트의 현재와 미래에 대한 관심으로의 변화이다. 셋째, 사회복지사의 전문성을 중요시하는 사회복지실천에서 삶의 전문가로서 클라이언트의 자기결정을 중요시하는 사회복지실천으로의 변화이다.

병리 관점과 강점 관점을 비교하면 〈표 6-2〉와 같다.

〈표 6-2〉 병리 관점과 강점 관점의 비교

구분	병리 관점	강점 관점
접근방법	전문가 중심 접근 (professional-oriented approach)	클라이언트 중심 접근 (client-oriented approach)
가치	– 전문가의 판단에 의한 문제해결 – 전문가의 진단된 개입에 대한 클라이언트의 순응	– 클라이언트의 개별성과 독특성 인정 – 클라이언트의 자기결정권 존중 – 클라이언트의 강점 활용
초점	클라이언트의 문제에 대한 전문가의 진단(diagnosis)	클라이언트의 강점에 기반한 사정 (assessment)
문제해결	전문가의 치료 개입	클라이언트에 의한 문제해결
사회환경	클라이언트의 지지체계	강점과 함께 활용할 수 있는 자원
사회복지 실천	– 클라이언트는 사회복지실천의 수혜자(recipient) – 사회복지사 중심의 의사결정과 개입	– 클라이언트가 선택과 결정의 주체 – 사회복지사는 코칭, 지지, 격려를 제공
과업	– 클라이언트의 문제를 해결하도록 관련 기술 훈련 – 클라이언트의 구체화된 문제의 해결	– 클라이언트의 강점을 발견 – 클라이언트의 강점을 향상

4) 강점 관점의 실천 원칙

강점 관점의 일곱 가지 실천 원칙은 다음과 같다(Saleebey, 1992).

① 클라이언트는 계속해서 배우고, 성장하고, 변화할 수 있는 많은 강점과 역량을 가지고 있다.
② 사회복지사의 개입의 초점은 함께 일하는 클라이언트의 강점과 역량에 맞춘다.
③ 지역사회와 사회환경에는 클라이언트가 활용할 수 있는 자원이 있다.
④ 사회복지사는 함께 일하는 클라이언트와 협력한다.
⑤ 사회복지사의 개입은 클라이언트의 자기결정에 기초한다.
⑥ 사회복지사는 클라이언트의 임파워먼트(역량 강화)를 약속한다.
⑦ 클라이언트의 문제는 클라이언트 개인, 조직 또는 사회구조 내의 결함이 아니라 클라이언트 개인, 조직 또는 사회구조 간 상호작용의 결과이다.

윅은 강점 관점의 기본 가정으로 모든 클라이언트가 생명력, 변화 능력, 생명 에너지, 영성, 재생 잠재력, 치유력으로 특정지어질 수 있는 '고유한 힘'을 가지고 있다고 보았다. 이 고유한 힘은 클라이언트의 개인적·사회적 변화를 안내할 수 있는 강력한 지식의 형태라고 제안하였고, 이는 클라이언트가 학습하고, 성장하고, 변화할 수 있는 고유한 능력을 가지고 있다는 것을 의미한다(Weick, 1992).

샐리비는 클라이언트가 많은, 종종 활용되지 않고 자주 인정받지 못하는 신체적·정서적·인지적·대인관계적·사회적 영역, 자원 및 역량의 저수지를 가지고 있다고 보았다. 어떤 문제로 인해 사회복지사에게 도움을 요청하는 클라이언트는 그 문제 이상이라는 것이다. 클라이언트는 그가 마주하는 도전에 직면하여 살아남거나 번창할 수 있게 해 주는 강점과 능력을 가지고 있다는 것이다(Saleebey, 1992).

샐리비는 다음의 세 가지를 강조하였다(Saleebey, 1992).

① 클라이언트는 자신이 직면한 어려움과 사용 가능한 알려진 자원을 고려할 때, 최선을 다해 놀랍도록 잘 해내는 경우가 많다.
② 클라이언트는 확실히 고통 없이는 아니지만, 아이디어, 의지, 희망, 기술 및 다른 사람들을 통해 지금까지 살아남았다. 클라이언트에게 도움을 주기 위해서는 사회복지사가 이해하고 감사해야 할 것이 많이 있다.
③ 클라이언트의 변화는 사회복지사가 클라이언트의 열망, 인식, 강점과 협력하고, 사회복지사가 그것을 확실히 믿을 때에만 일어날 수 있다.

〈표 6-3〉 엠마누엘(Emmanuel, S.)의 〈풍요로운 가난〉 중에서

어떤 대륙에서건 가난한 이의 가장 절박한 욕구, 가장 기본적인 욕구는 존중을 받고자 하는 것이다. 이 존중을 전달하려면 상대방 생각에 대한 고려가 필요하다. 어떤 경우라도 우리의 생각을 강요해서는 안 된다.

출처: 노혜련, 김윤주(2021).

5) 강점 관점의 실천 방법

강점 관점에서 사회복지사의 초점은 사회복지사가 소중히 여기는 클라이언트의 변화에 대한 강점과 열망, 그리고 클라이언트 환경의 자원에 맞춰진다. 강점 관점 이전에 사회복지사는 종종 클라이언트의 문제, 결핍 또는 병리에 초점을 맞추었다. 이는 클라이언트 문제에 힘을 실어 주고 클라이언트에게서 힘을 빼앗는 결과를 낳았다. 강점 관점은 초점이 클라이언트의 강점에 맞춰질 때, 클라이언트는 변화 능력을 사용하도록 동기를 부여받는다고 주장한다(Saleebey, 1992).

클라이언트의 강점에 초점을 맞춘다고 해서, 클라이언트의 우려와 문제가 무시된다는 것은 아니다. 다만, 클라이언트의 우려와 문제가 강점 관점에서의 개입의 주요 초점이 아니라는 것이다. 사회복지사가 함께 일하는 클라이언트들은 그동안 조치를 취하고, 자원을 모으고, 대처해 왔다. 사회복지사는 클라이언트들이 무엇을 했는지, 어떻게 했는데, 무엇을 배웠는지, 누가 그 일에 관여했는지, 클라이언트들이 문제를 극복하기 위해 투쟁하는 데 어떤 내면적·외면적 자원을 사용할 수 있었는지 알아야 한다는 것이다.

강점 관점에서는 사회적 환경에 대해 줄 것이 있는 개인과 기관, 다른 사람들이 절실히 필요로 할 수 있는 것, 즉 지식, 구제, 실제 자원 또는 단순히 시간과 장소가 있는 자원과 가능성의 무성한 지형으로 본다. 사회적 환경은 클라이언트뿐만 아니라 모든 사람에게 중요한 자원을 제공한다. 가족, 친구, 직장, 교회, 스포츠 단체, 지역 기업 등 다양한 집단과 기관에서 지원을 제공할 수 있다. 강점 관점은 사회복지사가 사회복지 및 전문 지원 조직에 의존하기보다는 지역사회에서 이용 가능한 모든 범위의 지원을 찾도록 장려한다(Rapp, 1992).

강점 관점은 사회복지사가 아니라 클라이언트를 자신의 상황에 대한 전문가로 본다. 사회복지사에게 전문가 또는 전문가의 역할이 클라이언트의 강점을 평가할 수 있는 최상의 관점을 제공하지 못할 수 있다. 따라서 강점 관점은 사회복지사와 클라이언트 간의 협력과 파트너십에 초점을 맞춘다. 샐리비는 강점 관점에서 사회복지사가 클라이언트와 함께 일할 때 접근하는 방법을 다음과 같이 제안하였다. 사회복지사가 클라이언트와 함께 일할 때 접근방법은 전문가에 대한 신비화 해소,

원조자로서의 겸손한 운영 감각, 평등주의적 상호작용의 확립, 클라이언트와 클라이언트의 조건에 따라 관계를 맺으려는 욕구, 그리고 공개하고 공유하는 것이다 (Saleebey, 1992).

사회복지사의 개입은 클라이언트의 자기결정권에 기초한다. 사회복지사는 판단할 필요가 없다. 클라이언트가 표현한 열망을 진심으로 받아들이고, 사회복지사의 수용은 클라이언트가 현실적으로 달성할 수 있는 것에 대한 회의주의를 대체하게 된다. 클라이언트가 자신의 상황에 대한 전문가로 여겨질 때, 클라이언트가 개입의 형태, 방향, 실질을 결정하는 사람이 되어야 한다(Rapp, 1992).

최고의 훈련을 받은 전문가라도 다른 사람이 자신의 삶을 어떻게 가장 잘 살아야 하는지 판단하는 것은 불가능하다. 사회복지실천에서 비판적 태도는 사회복지사가 판단해서는 안 될 뿐만 아니라, 사회복지사가 판단할 수 없다는 것을 의미한다. 그 대신 무엇이 최선인지 알고 최선을 다하는 원칙은 삶을 살아가는 클라이언트에게 자기결정권을 부여하는 것이다(Weick et al., 1989).

〈표 6-4〉 한동일의 〈라틴어 수업〉 중에서

정원과 달리 자연에는 잡풀과 잡목이 따로 없습니다.
다 제각기 의미를 가지고 있는 구성원이죠.

정원 안에서는 각각의 생각과 가치관에 어울리지 않는 식물들은
뽑아내야 할 잡초에 불과하지만
더 넓은 자연에서는 그 어느 것도 잡풀, 잡목인 것은 없습니다.

제각각의 정원들이 자기들의 '진리'를 이야기합니다.

하지만 더 넓은 자연에서는 '틀렸다'가 아니라 '다르다'라는 것,
'틀린 존재'가 아니라 '다른 존재'라는 것을 인정받습니다.

출처: 노혜련, 김윤주(2021).

02

임파워먼트 모델

1) 임파워먼트의 정의

영어로 임파워먼트(empowerment)는 'em'과 'power'와 'ment'가 합하여진 단어이다. 'em'은 우리말로 '함께'를 의미하고, 사회복지사와 클라이언트의 동등한 협력관계(partnership)를 의미한다. 'power'는 우리말로 '역량'으로 클라이언트 개인이 가지고 있는 강점과 클라이언트를 둘러싸고 있는 다양한 환경상의 자원을 의미한다. 'ment'는 우리말로 '만들어 가는 것'을 의미하고, 사회복지사와 함께 클라이언트의 역량을 발견하고 향상하는 것을 의미한다. 종합하면 임파워먼트는 사회복지사와 클라이언트의 동등한 협력관계를 기반으로 하여, 클라이언트 개인이 가지고 있는 강점과 클라이언트를 둘러싸고 있는 다양한 환경상의 자원을, 사회복지사와 클라이언트가 함께 발견하고 향상하는 것이다.

임파워먼트 모델은 강점 관점에 기반을 두고 발전하였다. 강점 관점 이전의 병리 관점에서 사회복지실천의 개입이 클라이언트의 문제에 초점을 두었다면, 강점 관점에서 사회복지실천의 개입은 클라이언트가 가지고 있는 강점에 초점을 두는 것이다. 임파워먼트 모델은 강점 관점에서 클라이언트가 가지고 있는 강점에 대한 초점을 생태학적 관점을 활용하여 클라이언트를 둘러싸고 있는 다양한 환경상의 자원에 두는 것이다.

임파워먼트 과정은 사회복지사가 아니라 클라이언트에게 속한 것이다. 임파워먼트에는 3개의 영역이 존재한다.

① 보다 긍정적이고 능력 있는 자신감의 개발
② 인간 환경의 사회적 · 정치적 현실을 좀 더 비판적으로 이해할 수 있는 지식과 능력

③ 자원과 전략의 개발, 즉 개인, 집단, 사회적 목표 또는 해방을 달성하기 위한
   보다 기능적인 능력

　　임파워먼트는 상호 교환과정에서 상호작용을 통제하고, 클라이언트 자신의 유
익을 위해서 자신의 삶에 영향을 미치는 힘들을 동원할 수 있는 능력을 갖도록 개
입하는 것이다. 임파워먼트를 달성하기 위한 두 가지 조건은, 첫째, 의식화된 사
회복지사, 둘째, 적극적으로 임파워먼트 하고자 원하는 클라이언트이다. 임파워먼
트 실천은 직·간접적인 힘들, 개인적·가족적·조직적 차원의 문제들(빈곤의 다양
한 영역들), 불균형한 교환관계의 문제, 권력구조를 감추거나 훼방하고 통제하는
무기력한 문제들에 대한 개입이다. 임파워먼트를 원조하기 위해서 사회복지사는
먼저 클라이언트와 힘에 관해 솔직하게 이야기하는 것은 배워야 한다. 그런 다음,
개인적 자원, 상징적 힘, 가치의 힘, 지위의 힘, 권위와 조직의 힘에서 발생하는
힘의 근거들을 조사해야 한다.

2) 임파워먼트의 차원

　　임파워먼트의 차원은 개인 차원, 가족 차원, 집단 차원, 지역사회 차원으로 구
분될 수 있다.

(1) 개인 차원

　　개인 차원의 임파워먼트는 개인의 강점, 역량, 변화 능력 등을 포함한다. 개인
차원의 임파워먼트는 자신의 삶에 대한 개인의 통제력을 의미하고, 개인이 자신의
삶을 변화할 수 있다는 믿음을 가지게 됨을 의미한다.

(2) 가족 차원

　　가족 차원의 임파워먼트는 클라이언트 가족의 강점, 역량, 자원 등을 포함한다.
가족 차원의 임파워먼트는 클라이언트 가족이 외부 환경과의 상호작용에서 가족
의 강점과 자원을 활용하는 것을 의미하고, 외부 환경과의 상호작용에서 가족 구

성원이 효율적인 상호작용을 하게 됨을 의미한다.

(3) 집단 차원

집단 차원의 임파워먼트는 클라이언트가 상호작용하는 집단, 예를 들어 친척, 학교, 직장, 종교 등과의 상호작용에서 집단과 집단의 다른 사람에 대한 영향력, 자원 등을 포함한다. 집단 차원의 임파워먼트는 클라이언트가 상호작용하는 집단과의 관계에서 효율적인 상호작용을 하게 됨을 의미한다.

(4) 지역사회 차원

지역사회 차원의 임파워먼트는 클라이언트가 생활하는 지역사회, 사회구조 등과의 관계에서의 역량, 자원 등을 포함한다. 지역사회 차원의 임파워먼트는 클라이언트가 지역사회의 자원을 활용하여 사회구조를 바꿈으로써 새로운 기회를 창출하는 능력을 가지게 됨을 의미한다.

3) 임파워먼트의 구성요소

(1) 과업의미성

과업의미성은 클라이언트에게 주어진 과업활동과 신념, 태도, 가치 및 행위 간의 적합성에 관한 것이다. 과업의미성이란 클라이언트에게 주어진 과업활동의 목적 또는 목표의 가치가 되며, 이것은 클라이언트가 가지고 있는 이상과 가치체계, 신념, 태도에 관련된다. 즉, 주어진 과업활동 시 클라이언트의 가치체계를 반영하게 되면, 클라이언트는 의미성을 더 느낀다. 개인적으로 의미 없는 과업활동은 인지적 부조화를 일으켜서 개인적인 일탈이 가능하다. 그와는 달리 개인적으로 의미 있는 과업활동은 목적의식이나 열정을 창출해 낸다. 따라서 과업의미성은 클라이언트의 과업수행에 매우 중요한 역할을 한다.

(2) 역할수행능력

역할수행능력은 사회학습이론에서 주요한 차원으로 여겨지는 것으로, 과업을 수행하는 클라이언트의 능력에 대한 믿음을 말하는 것이다. 사회학습이론에 의하면, 개인의 역할수행능력에 대한 개발은 복잡한 인지적·사회적·언어학적·물리적 기술의 점진적인 습득을 통해서 가능하다. 이렇게 점진적인 습득을 통해서 역할수행능력이 개발되는데, 과업을 수행할 때 역할수행능력을 느끼려면 어떻게 해야 할 것인가에 대해서 다음과 같은 세 가지 필요 조건이 있다.

① 클라이언트가 과업을 수행하는 데 필요한 능력을 가져야 한다.
② 클라이언트가 과업을 수행하는 데 필요한 노력을 쏟아야 한다.
③ 외부 요인이 클라이언트가 성과를 달성할 수 있을 때까지 클라이언트의 활동을 방해할 수 없어야 한다.

이러한 역할수행능력이나 자기효능감과 유사한 개념으로 역할수행능력의 동기부여, 효과 동기, 능력 그 자체 등이 사용된다.

(3) 자기결정력

클라이언트가 행동을 스스로 결정하는 것을 자기결정력이 있다고 한다. 역할수행능력에서 행동의 지배를 반영하고, 자기결정력에는 행동의 선택이 반영되어 있다. 자기결정력은 자기 자신의 행동에 행동의 시작과 규제의 선택을 경험하는 것을 말한다. 자기결정력은 외부 힘에 좌우되는 행동이라기보다는 자기 자신의 표현으로서 선택을 통해 시작되고 조절되는 의도적인 행동을 통해 표출된다. 임파워먼트가 된 클라이언트들은 자신의 행동에 책임감과 주인의식을 가진다. 클라이언트들은 스스로 수동적인 사람이라기보다는 먼저 진취적이고 솔선수범하여 행동하는 사람으로 간주한다. 클라이언트들은 자신의 의지로 일을 시작하고, 독립적인 의사결정을 하며, 새로운 결과를 산출하여 노력하는 경향을 가지게 된다.

(4) 영향력

영향력이란 클라이언트가 행동 결과에 영향을 끼칠 수 있는 개인의 믿음을 말한다. 클라이언트는 자신의 의사결정에 영향력을 미칠 수 있다고 믿는 것이다. 임파워먼트를 지각하는 클라이언트는 자기 자신의 환경에 영향을 미칠 수 있는 것으로 판단하며, 자신에게 영향을 미치는 결정에 참여하고 부분적으로 지배도 할 수 있는 것으로 생각한다.

4) 임파워먼트 실천에 있어 필수적인 사회복지사의 실천 원칙

임파워먼트 실천에 있어 필수적인 사회복지사의 실천 원식은 다음과 같다.
① 협력, 신뢰, 권력 공유에 기반을 둔 실천적 관계를 형성한다. 상호작용은 진실성, 상호존중, 개방적 의사소통 그리고 비공식성을 가져야 한다.
② 클라이언트들이 개인의 문제와 제도적인 권력관계 간의 연관성에 대해서 인식하도록 도와야 한다. 클라이언트들이 개인의 문제들을 응집시키도록 도와야 한다.
③ 클라이언트들을 변화 과정에 적극적으로 참여시키고, 그들이 원조관계에서 통제감을 경험할 수 있도록 해야 한다. 의사결정과 실천행동에서의 기회를 최대화해야 한다.
④ 클라이언트들의 자존감, 권위, 신뢰감, 자기효능감, 통제감 등의 자아상을 강화시킬 수 있도록 도와야 한다.
⑤ 클라이언트들의 새로운 지식과 기술을 발달시키도록 도와야 한다. 성장의 기회를 최대화하고 중단 없이 지속되도록 도와야 한다.
⑥ 클라이언트들이 실제적인 도구적 결과물(물적 자원, 프로그램 및 서비스에 대한 접근성, 개인 성장을 위한 기회, 제도적 변화)과 표현적 이익(사회적 관계, 고립감의 감소, 공공의식 또는 동료의식, 공동체 형성, 집단 결집력)을 성취하도록 도와야 한다.

5) 지역사회복지실천과 임파워먼트

지역사회복지실천에서 임파워먼트는 과정으로서의 임파워먼트와 결과로서의 임파워먼트로 구분할 수 있다. 첫째, 과정으로서의 임파워먼트는 지역사회 주민들이 자신의 삶에 대해 자주적 통제력을 획득하고, 삶의 질을 높이는 데 필요한 자원에 접근하려는 시도를 의미한다. 즉, 임파워먼트는 클라이언트가 자신의 삶에 대한 통제력을 획득하는 것이다. 둘째, 결과로서의 임파워먼트는 지역사회 주민들의 노력과 사회복지사의 개입의 효과로 나타난 지역사회에 대한 지역사회 주민들의 더 많은 통제력과 자원 접근성을 의미한다.

지역사회의 임파워먼트를 높이기 위한 사회복지실천의 방법은 다음과 같다.

(1) 의식 제고

의식 제고(conscious raising)는 무력감을 느끼는 지역사회 주민들을 대상으로 문제의 원인이 자신들에게 있는 것이 아니라는 점을 알게 한다.

(2) 자기 주장

자기 주장(self-assertion)은 문제의 원인과 소재를 파악한 다음에는 공개적으로 자기의 목소리를 내어 자신의 주장을 전개해 나가는 것이다. 사회복지사는 지역사회 주민들이 공개적으로 자신들의 주장을 전개하는 것에 대해 두려움을 갖거나 위축되지 않도록 도와준다.

(3) 공공의제 틀 갖추기

공공의제 틀 갖추기(framing the public agenda)는 지역사회의 쟁점이 공공의제(public agenda)가 될 수 있도록 쟁점을 정리하고 대중의 관심을 확보할 수 있도록 의제화한다. 이 과정에서 시위나 대중매체 캠페인은 대중들의 관심을 유도할 수 있는 좋은 수단이 된다.

(4) 권력 키우기

권력 키우기(building power)는 자원동원과 조직화를 통해 지역사회 주민들의 권력을 키우는 과정이다. 사람의 수, 열정, 법적 행동, 전문성, 힘의 위협 등은 중요한 권력의 원천이 된다.

(5) 역량 키우기

역량 키우기(capacity building)는 지역사회 주민들의 역량을 강화하기 위한 조직을 설립하고 자신들의 주장을 효과적으로 표명하기 위한 캠페인을 전개하는 과정을 포함한다. 이를 통해 목표달성이라는 성공을 이루고 무력감을 극복하도록 한다.

(6) 사회적 자본 창출

사회적 자본 창출(creating social capital)에서 사회적 자본은 지역사회 주민들의 사회적 관계에 바탕을 둔 자원으로, 물리적 자본과는 상대적 개념이다. 사회적 자본은 지역사회 주민들 간의 협력과 연대감을 높이는 데 기여한다.

6) 임파워먼트 모델의 개입과정

임파워먼트의 개입과정은 대화, 발견, 발달의 세 단계로 구성된다.

(1) 대화 단계

대화(dialogue) 단계에서는 사회복지사와 클라이언트의 협력관계를 기반으로 하여 사회복지사와 클라이언트의 상호 신뢰관계를 형성하게 된다. 사회복지사와 클라이언트는 대화를 통해 클라이언트의 현재 상황, 문제, 욕구, 강점, 자원 등을 파악하게 된다. 이 단계에서 사회복지사는 클라이언트와 협력적 파트너십을 형성하게 된다.

대화 단계에서 사회복지사와 클라이언트는 상호 협력하여 다음의 과업을 수행하게 된다(양옥경 외, 2023).

① 수용, 존중, 신뢰에 근거한 파트너십 형성하기
② 각자의 역할 정하기
③ 클라이언트 스스로 상황에 대한 인식을 명확하게 하기
④ 쉽게 활용할 수 있는 자원 확보하기
⑤ 클라이언트의 경험을 구체적으로 묘사하기

⑥ 클라이언트 강점 구체화하기
⑦ 함께 작업하기 위한 목표 설정하기

(2) 발견 단계

발견(discovery) 단계에서는 사회복지사와 클라이언트가 함께 클라이언트가 가지고 있는 개인의 강점과 클라이언트가 상호작용하고 있는 환경(가족, 친척, 친구, 학교, 직장, 종교, 지역사회 등)에서의 자원을 발견하게 된다. 사회복지사는 클라이언트와 함께 클라이언트 개인의 강점과 환경에서의 자원을 사정(assessment)하고, 클라이언트의 문제해결과 욕구 충족을 위한 계획을 수립하게 된다.

발견 단계에서 사회복지사와 클라이언트는 상호 협력하여 다음의 과업을 수행하게 된다(양옥경 외, 2023).

① 클라이언트의 사회적·물리적 환경을 검토함으로써 클라이언트의 도전에 대한 상호교류적 관점 확인하기
② 클라이언트와 관련된 정보 및 관련 자원 연결하기
③ 이용 가능한 자원체계의 능력 분석하기
④ 목적 설정 및 목표 구체화하기
⑤ 행동계획 구성하기
⑥ 변화를 위한 계약 협상하기

(3) 발달 단계

발달(Development) 단계에서는 사회복지사가 클라이언트와 함께 클라이언트의 개인적 강점과 환경에서의 자원을 발달 및 향상시키는 활동을 전개하게 된다. 특히 사회복지사가 만나는 많은 클라이언트는 자신이 가지고 있는 강점을 인식하지 못하거나, 클라이언트가 상호작용하고 있는 환경에 자원이 부족할 수 있다. 따라서 임파워먼트 모델에서는 사회복지사가 클라이언트와 함께 클라이언트의 개인적 강점을 강화하고, 환경에서의 자원을 연결하는 역할을 수행하게 된다.

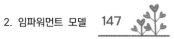

〈표 6-5〉 임파워먼트 모델의 개입과정

단계	활동	전략	과업
관여(engagement)로서의 대화	공유하기 (sharing)	클라이언트가 기존에 가지고 있는 역량 및 자원 구체화	① 상호 협력적인 관계 확립 ② 기존 지식 명확화 - 클라이언트의 인지(도전과 강점) - 사회복지사의 인지 ③ 클라이언트가 이미 가지고 있는 것 ④ 초기방향 설정 ⑤ 관계를 위한 계약하기 및 사정에 동의하기
사정으로서의 발견	찾기 (searching)	클라이언트가 모르고 있는 자원 탐색	① 쉽게 드러나지 않지만 클라이언트가 이미 가지고 있는 것 확인하기 ② 부가적인 정보와 사실에 대한 경험과 사고 연결하기 ③ 감정을 사정, 확인, 표현하기 ④ 대인 상호적인 정보 연결하기 - 클라이언트체계로부터 - 다른 사람으로부터 ⑤ 자원체계 탐색하기 ⑥ 그 밖에 클라이언트체계의 욕구 결정하기(목표 설정) ⑦ 해결로 이끌어 주는 계획 개발하기 ⑧ 변화를 위한 계약하기
개입(involvement)과 평가(evaluation)로서의 발달	강화하기 (strengthening)	클라이언트체계가 아직 활용하지 않은 부가적 자원, 역량사정 및 확립	① 클라이언트 욕구 구체화하기 ② 클라이언트가 사용하지 않으나 존재하는 자원 사정하기 - 개인적 - 대인상호관계적 - 조직적 - 지역사회적 ③ 새로운 자원과 기회 만들기 ④ 결론을 위한 계약으로 이끌어 가기

출처: 양옥경 외(2023).

발달 단계에서 사회복지사와 클라이언트는 상호 협력하여 다음의 과업을 수행하게 된다(양옥경 외, 2023).

① 행동계획 작성하기
② 목표 달성에 필수적인 자원 사정하기
③ 부가적인 자원을 만들기 위하여 기회와 선택 강화하기
④ 지속적인 진전과 결과 평가하기
⑤ 목표 달성된 것을 구체화하고 일반화시키기
⑥ 전문적 관계를 종결하기

임파워먼트 모델의 개입과정의 단계, 활동, 전략, 과업을 요약하면 앞에 〈표 6-5〉와 같다.

03

다문화 관점

최근 우리나라는 다문화사회가 되었다. 「다문화가족지원법」 제1조(목적)에서 이 법은 다문화가족 구성원이 안정적인 가족생활을 영위하고 사회구성원으로서의 역할과 책임을 다할 수 있도록 함으로써 이들의 삶의 질 향상과 사회통합에 이바지함을 목적으로 한다고 규정되어 있다.

이 법 제2조(정의) 제1호에서 '다문화가족'이란 첫째, 결혼이민자(대한민국 국민과 혼인한 적이 있거나 혼인관계에 있는 재한외국인)와 대한민국 국적을 취득한 자로 이루어진 가족, 둘째, 「국적법」에 따라 대한민국 국적을 취득한 자(인지에 의한 국적

취득자, 귀화에 의한 국적 취득자)와 「국적법」에 따라 대한민국 국적을 취득한 자(출생에 의한 국적 취득자, 인지에 의한 국적 취득자, 귀화에 의한 국적 취득자)로 이루어진 가족으로 규정되어 있다. 이 법 제2조(정의) 제2호에서 '결혼이민자 등'이란 다문화가족의 구성원으로 결혼이민자, 귀화허가를 받은 자로 규정되어 있다.

여성가족부와 한국건강가정진흥원에서는 다문화가족지원포털 '다누리'를 통해 한국 생활 적응에 꼭 필요한 기본 정보와 다문화 관련 최신 정보를 13개 언어(한국어, 영어, 중국어, 베트남어, 일본어, 타갈로그어, 크메르어, 우즈베크어, 라오스어, 러시아어, 타이어, 몽골어, 네팔어)로 제공하고 있다(다누리 홈페이지). 또한 다문화가족 헬프라인 1577-1366을 운영하고 있다.

1) 다문화주의

(1) 다문화주의

다문화주의(multi-culturalism)는 캐나다에서 다양한 사람들을 대표하기 위해 처음으로 사용되었다. 1971년 캐나다가 서구 국가 중 처음으로 다문화주의를 국가정책으로 채택하였다. 초기 다문화주의의 목적은 캐나다 퀘벡주의 프랑스계 캐나다인들의 분리운동을 차단하기 위한 것이었고, 소수인종집단의 문화보호와 평등한 기회를 확장하는 방법으로 전개되었다.

대표적인 다문화국가인 미국은 1990년대 이후 다문화주의라는 용어를 활발히 사용하기 시작하였다. 1990년대 이르러 미국에서 이주민이 전체 인구의 10%를 넘어섬에 따라 노동시장의 불안, 1992년 로드니 킹(Rodney G. King)이 촉발한 LA 사태로 인종갈등이 심화되었음을 인식하면서 다문화를 인정하는 목소리가 높아졌다.

(2) 서구 사회복지실천과 다문화주의

1970년대 미국사회복지교육협의회에서 인정적 소수집단에 대한 개념과 이슈가 공식적으로 언급되기 시작하였다. 1980년대 흑인들의 이슈를 임파워먼트 측면에서 접근하여 힘의 역학관계 속에서 인종문제를 이해하려고 시도하였고, 사회복지실천에서 인종적 소수자(ethnic minority)라는 용어를 사용하기 시작하였다.

1990년대 미국 사회복지 교육현장에서 다문화 사회복지실천 교육이 발달되었고, 문화적 유능성(cultural competency)의 개념이 도입되었다. 아울러 다문화주의는 하나의 기법보다는 새로운 철학과 관점의 등장을 기반으로 전개되어 왔다.

(3) 한국 사회복지실천과 다문화주의

우리나라에서는 2000년대에 들어서면서 다문화주의가 본격적으로 논의되기 시작하였다. 이는 시민단체의 활동과 결혼이주여성 수의 급격한 증가에 기인한 것이다. 그 결과, 시민단체와 종교단체가 주축이 된 서비스 기관들에서 활동하는 사회복지사들이 생기게 되었다. 외국인 근로자지원센터, 결혼이민자가족지원센터, 다문화가족지원센터 등이 생겨났다. 아울러 종합사회복지관 등에서 북한이탈주민들을 위한 정착지원, 사회적응 및 통합프로그램 등을 실시하고 있다.

2) 다문화 관점의 정의

다문화 관점(multi-cultural concept)이란 클라이언트의 문제와 욕구를 다문화주의(multi-cultruralism)에 입각해서 이해하고 판단하는 관점이다. 다문화주의는 한 사회 내에 존재하는 다양한 인종이나 민족 집단의 문화를 지배적인 하나의 문화에 동화시키지 않고 서로 인정하고 존중하면서 공존하고자 하는 것이다. 즉, 모든 문화의 가치는 동등하다는 문화상대주의로서, 문화적 차이에 대한 관용이 중요하다는 것이다(엄명용 외, 2020a).

3) 다문화 관점의 주요 개념

(1) 다문화주의

다문화주의는 민족중심주의의 반대 개념이다. 다문화주의는 한 국가 내에 존재하는 서로 다른 문화의 차이를 인정하고 그 독자성을 인정하자는 입장이다. 다문화주의는 온건한 다문화주의와 강경한 다문화주의로 구분될 수 있다. 첫째, 온건한 다문화주의는 호주와 뉴질랜드가 대표적인 국가이다. 음식, 음악, 종교, 생활방식 등 개인적 취향과 선택에서의 문화적 차이는 인정하지만, 민족 집단에 따른 정치적인 대표성 요구는 인정하지 않는 입장이다.

둘째, 강경한 다문화주의는 캐나다가 대표적인 국가이다. 개인적 선택과 취향에서의 문화적 차이를 인정함은 물론, 여러 민족 집단 간의 이중 국적, 인종에 따른 정치적 대표성까지 인정하는 입장이다.

(2) 문화적 다원주의

문화적 다원주의(cultural pluralism)는 다문화주의와 혼동되어 사용되는 개념이다. 문화적 다원주의는 미국에서 널리 사용되는 개념으로, 여러 집단이 고유한 문화를 유지하면서 전체 사회에 참여하는 것을 의미한다. 다문화주의가 다양한 문화의 동등성을 전제로 하는 것에 비해, 문화적 다원주의는 다른 문화들에 비해 우세한 지배적 주류문화의 존재를 인정하고 다른 문화들은 주류문화의 포용하에서 다양성을 인정받는다. 문화적 다원주의에서 이주민이나 소수집단에 대해 동화정책을 사용하는 것이 일반적이다.

(3) 다문화사회

다문화사회(multi-cultural society)는 한 사회 내에서 여러 인종 또는 민족이 함께 어울려 사는 사회이다. 다문화사회는 국민으로서 누릴 수 있는 사회적·경제적·정치적·문화적 권리를 취득하고 향유하는 데 인종이나 민족이 차별의 근거가 되지 않는 사회이다.

(4) 문화적 다양성

문화적 다양성(cultural diversity)은 다양한 민족 집단이 자기 고유의 문화적 정체성을 보유하면서 사회와 공존하거나, 모든 사회구성원이 공유하는 문화를 보전하면서 다양한 민족 집단의 상호작용을 표방하는 것을 의미한다.

(5) 다문화 사회복지실천

다문화 사회복지실천(multi-cultural social work practice)은 사람들 사이에 존재하

는 다양성과 차이점을 존중하고, 원조관계에서 작용하는 문화적 요소를 인식하는 사회복지실천이다.

(6) 문화적 유능성

문화적 유능성(cultural competency)은 문화적 역량, 문화적 민감성, 문화적 대응력, 문화적 수용 능력과 동일한 의미로 사용된다. 문화적 유능성은 일련의 문화적 행동과 태도를 여러 문화상황에서 효과적으로 작용하도록 만드는 시스템, 기관 또는 그 전문직업의 실행방법으로 통합하는 것을 의미한다.

4) 다문화 관점과 사회복지실천

다문화 관점을 활용한 사회복지실천은 사회복지사가 문화적 역량을 활용하여 사회복지실천의 과정에서 클라이언트가 가지고 있는 문화적 요소를 고려하는 것이다. 다문화 관점을 활용한 사회복지실천의 과정은 다음과 같다(엄명용 외, 2020a).

(1) 접수 단계

접수 단계에서 사회복지사는 클라이언트와 라포(rapport)를 형성하고 클라이언트의 문제를 파악하게 된다. 접수 단계에서 사회복지사는 클라이언트의 문화적 배경을 파악하는 것이 필요하다.

(2) 자료수집 및 사정 단계

자료수집 및 사정 단계에서는 클라이언트와 클라이언트 가족의 문화적 특성을 파악하는 것이 중요하다. 이와 관련하여 콩그레스(Congress)는 가족의 문화적 다양성과 민족 이슈를 고려한 가족사정 도구로서 문화도(culturagram)를 제안하였다(Congress, 1994). 문화도에서 사회복지사는 클라이언트와 클라이언트 가족(개별 구성원)의 이주 이유, 법적 지위, 지역사회 정착 기간, 집과 지역사회에서 사용하는 언어, 건강 신념, 트라우마와 위기 사건의 영향, 문화적·종교적 기관과의 접촉 정도, 고유한 휴일·음식·복장 활용, 억압과 차별·편견과 인종차별 경험, 교육과 직업에 대한 가치, 가족구조 · 권력 · 신념 · 규칙에 대한 가치 등을 확인한다(엄명용 외, 2020a).

(3) 개입 단계

개입 단계에서 유용한 사회복지실천 접근방법은 임파워먼트 모델이다. 다문화 국가인 미국, 캐나다, 호주 등의 사회복지실천에서는 이주자의 자기결정, 권리, 주체성, 비판적 사고, 유능성의 개념이 강조되고 있다. 특히 임파워먼트 모델을 활용하여 다문화 배경을 가지고 있는 클라이언트와 가족의 강점, 클라이언트와 가족의 환경상의 자원, 클라이언트와 가족이 생활하고 있는 지역사회와 사회문화상의 자원 등을 발견하고 발달시키는 사회복지실천 활동이 필요하다. 아울러 다문화 배경을 가지고 있는 클라이언트와 가족과 함께 일을 할 때는 외부인으로부터 도움을 받는 것에 대한 클라이언트와 가족의 가치를 점검하고 저항을 최소화하는 것이 필요하다. 또한 클라이언트와 가족과의 상담과정에서 필요한 경우 통역인 또는 가족 구성원이 동석하는 것을 고려해야 한다(엄명용 외, 2020a).

(4) 평가 및 종결 단계

평가 및 종결 단계에서 종결의 정서적 이슈, 과정 및 결과에 대한 평가가 이루어진다. 다문화 배경을 가진 클라이언트는 자의적 또는 타의적으로 본국을 떠난 분리 경험으로 인해 상담의 종결이 또 하나의 상실 경험이 될 수 있다. 이 경우 사회복지사는 상담의 종결이 클라이언트에 대한 관심의 철회가 아님을 분명히 할 필요가 있다. 사회복지사는 클라이언트에게 상담의 종결 이후에 필요한 경우 사회복지사와 사회복지기관에 연락을 할 수 있음을 알려 주는 것이 필요하다. 아울러 다문화 배경을 가지고 있는 클라이언트가 이용할 수 있는 다문화가족지원센터, 시민단체, 종교단체, 자조집단 등에 대해 알려 주는 것이 필요하다.

| 생각해 볼 문제 |

1. 병리 관점과 강점 관점을 비교·설명하시오.

2. 임파워먼트 모델의 개입과정을 설명하시오.

3. 다음 다문화가정 사례에 대한 다문화 관점의 적용 방법에 대해 논하시오.

> **사례**　클라이언트는 40대 초반 일본 여성(통일교도)으로 한국인 남편과 1남 1녀의
> 자녀와 함께 한국에서 살고 있다. 클라이언트는 무기력증과 남편에 대한 불만을 아들
> 에게 전가하여 아들과의 갈등이 많았으며, 최근 아들의 과잉행동에 대한 심리치료를
> 위해 일본으로 귀국하려고 하였다. 딸은 영양 공급이 잘 안 되어 종합사회복지관
> 이용 시에도 거의 움직이지 않고 엄마에게만 밀착되어 있었다.
>
> 　남편은 평소 음주 횟수가 잦으며, 경제적 능력이 약하고 영양부실로 머리가 탈색
> 되었다. 부부는 대화를 거의 안 하며 지냈고, 클라이언트는 그런 부부관계를 많이
> 힘들어하고 있다.
>
> 출처: 사회복지공동모금회(2007).

제7장

사례관리

1. 사례관리의 등장 배경
2. 사례관리의 이해
3. 사례관리 실천과정
4. 사례관리자의 역할

학습목표

◆ 사례관리의 등장 배경을 설명할 수 있다.
◆ 사례관리의 정의를 설명할 수 있다.
◆ 사례관리 실천과정을 설명할 수 있다.

01

사례관리의 등장 배경

사례관리는 미국에서 1960년대 지적장애인과 정신장애인의 탈시설화가 진행됨에 따라 지역사회 차원에서 클라이언트를 위한 각종 서비스를 조정하고 클라이언트를 보호하기 위해 시작되었다. 1970년대 장애인과 노인 등 복합적인 문제를 가진 대상자가 증가하면서, 대상체계별 또는 전문영역별로 분절되어 있는 서비스와 자원을 조정하고 연계할 필요성이 증가함에 따라 사례관리의 필요성이 증대되었다. 1980년대 신보수주의 정부가 출범함에 따라 연방정부의 재정지출을 줄이고 재정지출에 관한 권한을 지방정부로 이전하는 지방분권화가 이루어졌고, 이로 인해 공적 사회복지 재원의 충당이 어려워짐에 따라 한정된 자원으로 효율적인 배분을 할 필요성이 증대되면서 사례관리의 중요성이 더욱 부각되었다.

1) 탈시설화에 따른 지역사회보호의 증가

미국에서 1960년대 시설에서 생활하고 있는 지적장애인과 정신장애인의 탈시설화가 진행되었다. 지적장애인과 정신장애인이 시설에서 생활할 때에는 의식주를 포함한 모든 서비스가 시설에서 제공되었다. 그러나 탈시설화에 따라 지적장애인과 정신장애인이 지역사회에서 생활하게 되었고, 지적장애인과 정신장애인의 다양한 문제의 해결과 욕구의 충족에 필요한 다양한 서비스가 지역사회에 분산되어 있는 문제가 부각되었다. 그 결과, 지역사회에 분산되어 있는 서비스를 통합적으로 제공하는 서비스 관리체계가 필요하게 되었다.

2) 복합적인 욕구를 가진 대상자의 증가

미국에서 1970년대 지적장애인, 정신장애인, 노인 등 복합적인 욕구를 가진 대상자가 증가하였다. 복합적인 욕구를 가진 대상자가 증가함에 따라, 하나의 서비스만으로 대상자의 문제와 욕구가 충족되지 않는 문제가 발생했다. 특히 미국에서 1970년대 사회복지서비스가 증가하였으나, 서비스 유형별(건강, 고용, 주택 등)로 담당 부서가 나뉘고 서비스 대상별(아동, 장애인, 노인 등)로 서비스가 파편화된 문제가 부각되었다. 아울러 서비스 전달의 과정에서 기관의 책임성 문제, 서비스 중복과 낭비의 문제가 발생하였고, 그 결과, 다양한 서비스를 조정하고 통합하는 사례관리가 필요하게 되었다.

3) 클라이언트와 가족에게 부과된 과도한 책임

지역사회에서 서비스가 분산되고 단편화되어 있는 결과, 클라이언트의 다양한 문제의 해결과 욕구의 충족을 위해 지역사회의 여러 기관을 방문해야 하는 문제가 발생하였다. 게다가 지역사회의 기관과 서비스에 대한 정보의 부족 등으로 서비스에 대한 접근 기회가 차단되는 문제가 발생하였다.

클라이언트와 가족은 지역사회에 있는 기관과 서비스에 대한 정보를 스스로 검색하고, 각 기관 및 서비스의 특성을 파악하고, 클라이언트 문제의 해결과 욕구의 충족을 위해 필요한 서비스인지를 판단하고, 기관에 연락하여 서비스를 신청하는 모든 책임을 안게 되었다. 그 결과 지역사회의 다양한 기관과 서비스를 클라이언트에 연계하는 사례관리가 필요하게 되었다.

4) 지방분권화와 비용 억제의 필요성

미국에서 1980년대 신보수주의 정부에서 공공지출을 삭감하고 지방분권화를 추진하였다. 분권화된 주 정부는 비용 효과적인 전달체계를 모색하게 되었다. 사회복지서비스의 공급 주체가 연방정부에서 주 정부로 전환되면서, 각 주 정부에서는 한정된 자원 안에서 효율적인 자원 배분을 위한 방안으로 사례관리가 필요하게 되었다.

주 정부에서는 서비스의 효과를 극대화하면서 서비스 간의 중복을 피하고 비용을 억제하고 최소화할 필요성이 증대되었다. 이러한 상황에서 사례관리를 통해 클라이언트에게 적절한 시점에 필요한 서비스를 제공함으로써, 서비스의 효과성과 효율성(투입 대비 산출)을 극대화할 필요성이 증가하였다.

사례관리의 이해

1) 사례관리의 정의

사례관리는 1970년대 미국 정신병원의 탈시설화 운동을 기점으로 클라이언트 욕구의 개별화, 자기결정의 존중 및 지역사회 자원의 통합을 강조하며 도입된 사회복지실천방법이다.

사례관리의 주요 정의는 〈표 7-1〉과 같다.

〈표 7-1〉 사례관리의 주요 정의

학자	사례관리의 정의
목슬레이 (Moxley, 1989)	복합적인 욕구를 가진 사람들의 기능화와 복지를 위해 공식적·비공식적 지원과 활동의 네트워크를 조직·조정·유지하고, 이러한 활동을 통해서 클라이언트의 생활기술을 증진시키고 사회적 망과 관련된 대인복지서비스 제공자들의 능력을 발전시키며, 제공되는 서비스의 효율성과 효과성을 증진시키는 것이다.
우드사이드와 맥클램 (Woodside & McClam, 2006)	복합적 욕구를 가진 대상자들에게 다양한 서비스를 효과적으로 전달하기 위한 실천 전략이다.
미국사회복지사협회 (NASW, 2013)	다양한 서비스들을 계획하고 실행하고 모니터링하는 과정이다. 사례관리 과정은 사회복지사들이 전문가팀 활동을 통해 클라이언트에게 필요로 하는 다양한 서비스를 제공하고 조정하는 활동이다.
영국 사례관리자협회 (CMSUK)	사례관리란 개인의 건강, 사회보호, 교육과 고용 욕구를 충족시키기 위해 요구되는 옵션과 서비스들을 사정, 계획·실행·조정·점검·평가하는 협력적 과정이다. 이러한 과정은 의사소통과 가용할 수 있는 자원들을 사용하여 비용 효과적인 성과의 질을 증진시키는 것이다.

학자	사례관리의 정의
사회보장급여의 이용·제공 및 수급권자 발굴에 관한 법률(2024)	지원 대상자의 사회보장 수준을 높이기 위하여 지원 대상자의 다양하고 복합적인 특성에 따른 상담과 지도, 사회보장에 대한 욕구조사, 서비스 제공계획의 수립을 실시하고, 그 계획에 따라 지원 대상자에게 보건, 복지, 고용, 교육 등에 대한 사회보장급여 및 민간 법인·단체·시설 등이 제공하는 서비스를 종합적으로 연계·제공하는 통합사례관리를 실시할 수 있다.

출처: 한국사례관리학회(2022).

〈표 7-1〉의 사례관리의 주요 정의에서 나타나는 사례관리의 특성은 다음과 같다. 첫째, 복합적인 욕구를 가진 대상자, 둘째, 제공되는 서비스의 효율성과 효과성의 증진, 셋째, 대상자에게 필요한 다양한 서비스의 제공 및 조정, 넷째, 대상자에게 다양한 기관의 서비스의 종합적인 연계 및 제공이다.

한국사례관리학회의 사례관리 정의는 다음과 같다. 사례관리는 복합적이고 다양한 욕구가 있는 클라이언트와 그 가족의 사회적 기능 회복을 돕는 통합적 실천방법이다. 이를 위해 운영체계를 확립하고, 클라이언트와 함께 강점 관점의 체계적인 사정을 해야 하며, 클라이언트의 내적 자원 및 지역사회 자원을 개발하고 활용하여 삶의 질 향상을 위해 노력해야 한다(한국사례관리학회, 2016).

사례관리의 정의를 종합하면, 사례관리는 복합적이고 다양한 욕구를 가진 클라이언트의 문제해결과 욕구 충족을 위하여, 지역사회의 다양한 기관의 서비스를 조정, 연계 및 제공하는 종합적인 사회복지실천의 방법이다.

2) 전통적 사회복지실천과 사례관리

리치먼드(Richmond)에 의해 시작되어 발전되어 온 사회복지실천은 우리나라에서 사례관리의 도입 및 실천에 의해 더욱 발전하게 되었다. 홀로스코(Holosko)는 전통적인 사회복지실천과 사례관리를 〈표 7-2〉와 같이 비교하였다(Holosko, 2018).

〈표 7-2〉 전통적인 사회복지실천과 사례관리의 비교

전통적인 사회복지실천	사례관리
문제를 가진 개인 (individual with a problem)	개인의 문제 (a problem of individual)
클라이언트 (client)	소비자/고객 (consumer/customer)
환경 속 인간 (person-in-environment)	돌봄 환경 속 인간 (person-in-care-environment)
돌봄체계 (care system)	돌봄의 체계 (system of care)
인간의 변화 (people changing)	인간의 처리와 인간의 유지 (people processing & people sustaining)
프로그램화된 의사결정 (programmed decision making)	공유된 의사결정 (shared decision making)
산출 지향 (output driven)	시간 제한, 산출 및 성과 지향 (time-framed, output & outcome driven)
역할 구분 (role delineation)	역할 모호 (role blurring)
일반주의 실천 (generalist practice)	고급 일반주의 실천 (advanced generalist practice)
관료주의 (bureaucracy)	기술적 관료주의 (technological bureaucracy)

출처: 한국사례관리학회(2022).

3) 사례관리의 목적

(1) 클라이언트의 역량 강화

사례관리의 가장 중요한 목적은 클라이언트의 역량 강화이다. 다양한 문제와 욕구를 가지고 있는 클라이언트는 지역사회에서 살아가는 데 많은 것을 필요로 한다. 사례관리를 통해 클라이언트는 다양한 문제의 해결과 욕구의 충족을 위해 이용할 수 있는 지역사회의 많은 기관과 서비스에 대한 지식을 향상할 수 있다. 이를 통해 클라이언트의 지역사회의 다양한 자원 활용 역량을 강화할 수 있다.

(2) 클라이언트에 대한 서비스의 연속성

사례관리의 두 번째 목적은 클라이언트에 대한 서비스의 연속성이다. 사례관리의 핵심은 사례관리기관의 사례관리자가 클라이언트의 문제해결과 욕구 충족을 위한 서비스 제공의 과정에서 책임을 지고, 사례관리기관의 서비스를 제공하고 지역사회의 다양한 기관의 서비스를 연계하는 것이다.

(3) 클라이언트에 대한 서비스의 포괄성

사례관리의 세 번째 목적은 클라이언트에 대한 서비스의 포괄성이다. 이는 클라이언트의 다양한 문제의 해결과 복합적 욕구의 충족을 위해 지역사회의 많은 기관의 다양한 서비스를 클라이언트에게 연결하는 것이다. 예를 들어, 사례관리기관의 사례관리자는 방과 후 돌봄이 필요한 아동에게 지역아동센터를 연계하고, 문제행동을 하는 청소년에게 청소년상담복지센터를 연계하고, 부부상담이 필요한 부부에게 가족센터를 연계하고, 중증 치매 등으로 요양보호가 필요한 어르신에게 노인요양시설을 연계하는 등 가족을 위해 다양한 서비스를 포괄적으로 연계할 수 있다.

(4) 클라이언트의 서비스에 대한 접근성 향상

사례관리의 네 번째 목적은 클라이언트의 서비스에 대한 접근성 향상이다. 대부분의 클라이언트는 지역사회의 다양한 기관과 서비스에 대한 정보를 가지고 있지 못하다. 따라서 사례관리자는 지역사회의 다양한 기관과 서비스에 대한 정보를 클라이언트에게 제공하고, 이를 통해 클라이언트의 서비스에 대한 접근성을 향상하는 것이 필요하다.

4) 사례관리자 윤리강령

영국 사례관리자협회(Case Management Society UK)는 2008년 사례관리 실천 윤리강령(Code of Ethics and Conduct in Case Management Practice)을 제정하였고, 2017년 이를 개정하였다. 사례관리 실천 윤리강령은 사례관리자들이 클라이언트, 클라이언트 가족, 집단, 전문가, 서비스 제공자, 법률가, 행정가, 후원자 등과 일을 할 때 준수해야 하는 다섯 가지 윤리적 실천의 원칙을 제공하였다. 다섯 가지 윤리적 실천의 원칙은 보호 의무, 클라이언트 최선 이익의 원칙, 진실성과 투명성, 전문적 역량, 사업 윤리이다.

영국 사례관리자협회의 사례관리 실천 윤리강령의 내용은 다음과 같다(Case Management Society UK 홈페이지).

(1) 원칙 1: 보호 의무(duty of care)

사례관리자는 클라이언트의 보호와 안전을 위해 행동하고, 어떤 형태로든 클라이언트에게 해가 가지 않도록 해야 한다.

① 사례관리자는 클라이언트 또는 타인에게 해를 끼칠 위험을 관리하고 최소화하기 위해 모든 합리적인 조치를 취한다.
② 사례관리자는 적절한 위기 사정 및 위기관리 전략을 활용하여 위험을 찾아내고 관리한다.
③ 사례관리자는 클라이언트 또는 타인의 건강 또는 안전에 불필요한 위험을 악화시키는 어떠한 방식으로도 행동하지 않는다.
④ 사례관리자는 관련 법규 및 정책을 숙지하고 그에 따라 클라이언트 및 다른 사람들을 보호한다.

(2) 원칙 2: 클라이언트 최선 이익의 원칙(best interest of the client)

사례관리자는 클라이언트에게 지원, 의사결정 및 개입의 중심에 클라이언트 최선 이익의 원칙을 두어야 한다.

① 클라이언트가 역량이 있거나 의사결정 능력이 극대화될 수 있도록 도움받을 수 있는 경우, 사례관리자는 클라이언트의 자율성을 존중하고 촉진한다.
② 클라이언트가 「정신능력법(Mental Capacity Act)」(2005)에 따라 의사결정을 내릴 능력이 없는 것으로 판단되는 경우, 사례관리자는 클라이언트 최선의 이익을 중시하는 과정을 따른다.

③ 사례관리자는 클라이언트의 이익을 위해 최선을 다하고, 외부 기관, 자금 지원, 법인의 영향력이 전문적인 의사결정에 영향을 주지 않게 한다.

④ 사례관리자는 클라이언트로부터 필요한 정보를 다른 적절한 당사자와 공유하기 위해 클라이언트의 동의를 받거나 대리인의 동의를 받는다.

⑤ 사례관리자는 클라이언트의 동의 및 정보 공유 능력을 검토하고 증진시킨다.

⑥ 사례관리자는 클라이언트의 이익을 위해 모든 관련 당사자와 적절한 정보를 적시에 공유한다.

⑦ 사례관리자는 클라이언트 최선의 이익과 복지 그리고/또는 공공의 보호가 비밀보장 유지의 필요성보다 클 때만 다른 사람의 비밀보장의 권리를 침해할 수 있다.

⑧ 클라이언트 최선의 이익을 위해 기밀을 위반할 가능성이 있는 경우, 사례관리자는 가능한 한 명확하고 합리적인 결정을 내리기 위해 동료와 논의한다. 사례관리자는 의사결정 과정을 문서로 남겨야 한다.

(3) 원칙 3: 진실성과 투명성(integrity & transparency)

사례관리자는 항상 최선의 실천을 하기 위해 진실성과 투명성을 가지고 일해야 한다.

① 사례관리자는 사례관리 전문직 평판에 누가 되는 일을 하지 말아야 한다.

② 사례관리자는 관련 당사자들에게 관련 주의사항과 범죄기록을 공개해야 한다. 사례관리자는 관련 업무에 영향을 줄 만한 유예된 법적 사건을 공유해야 한다.

③ 사례관리자는 '솔직함의 의무(duty of candour)'에 따라 클라이언트에게 제공되는 지원이나 제공에 문제가 있을 때 모든 당사자에게 개방적이고 정직하게 알려야 한다. 사례관리자는 상황을 바로잡기 위해 가능한 조치를 취한다.

④ 사례관리자는 클라이언트가 불충분하거나 부적절한 관행을 알게 되는 경우 우려를 제기하거나 클라이언트가 문제를 제기하도록 지원한다.

⑤ 사례관리자는 어떠한 종류의 차별도 실천하거나 묵과하지 않는다.

⑥ 사례관리자는 성적·정서적 또는 재정적 이익을 포함하여 어떤 목적으로든 클라이언트, 가족 또는 그의 삶에 관련된 다른 사람과의 관계를 남용하거나 착취하지 않는다.

⑦ 사례관리자는 클라이언트의 사생활과 존엄성을 존중한다.

⑧ 사례관리자는 클라이언트의 삶에서 클라이언트, 가족 및 다른 사람과 전문적인 경계와 적절한 의사소통을 유지한다.

⑨ 사례관리자는 클라이언트 최선의 이익을 위해 추가 서비스 또는 자금 지원이 요구되는 모든 조치에 대해 정직하고 투명하게 행동한다.

(4) 원칙 4: 전문적 역량(professional competence)

사례관리자는 자신의 업무 범위 내에서 사례관리자 업무 표준에 따라 업무를 수행할 책임을 인식하고 수용해야 한다.

① 사례관리자는 자신의 역량을 잘못 설명하지 않으며, 전문적 실천에서 사용하는 기술, 경험 및 자격에 대해 거짓이 없어야 한다.

② 사례관리자는 서비스에 적합한 클라이언트를 식별하는 기준을 갖추어야 한다.

③ 사례관리자가 클라이언트의 요구가 실무 범위 또는 작업 능력 범위를 벗어난 것으로 확인되면, 이를 공개적으로 알리고 적절한 조치를 취한다. 사례관리자는 클라이언트가 안전할 수 없다고 생각하면 전문적인 서비스를 제공하지 않아야 한다.

④ 사례관리자는 업무를 안전하게 수행하기 위해 적절한 기술, 경험 및 지식을 보유하고 있다고 확신하는 사람에게만 업무를 위임해야 한다.

⑤ 사례관리자는 자신이 좋은 실천을 하기 위해 자신의 정신 및 신체 건강을 잘 관리할 의무가 있다.

⑥ 사례관리자는 자신의 업무가 적절한 손해보험에 의해 보장되도록 해야 한다.

⑦ 사례관리자는 법률 내에서 실천해야 한다.

⑧ 사례관리자는 증거 기반 실천(evidence-based practice)에 입각하여 실천해야 한다.

⑨ 사례관리자는 전문적인 업무 영역과 관련된 법률에 대한 지식을 보유하고 유지한다.

⑩ 사례관리자는 정확하고 진실하며 타당하고 시의적절한 기록을 유지해야 한다.

⑪ 사례관리자는 적절한 법적 틀과 전문 분야에 따른 실천 규범에 따라 클라이언트 기록을 보관해야 한다.

⑫ 사례관리자는 자신의 실천 영역에 관련된 적절한 등록과 인증을 유지해야 한다.

⑬ 사례관리자는 업무 영역과 관련된 정기적인 슈퍼비전에 참여해야 한다.

⑭ 사례관리자는 지속적인 전문성 개발 프로그램을 유지함으로써 지식과 기술을 유지하고 실천을 향상해야 한다.

(5) 원칙 5: 사업 윤리(business ethics)

사례관리자는 사업 윤리에 입각하여 업무 책임을 인식하고 수용해야 한다.

① 사례관리자는 모든 개입의 비용 효율성을 고려하여 행동해야 한다.

② 사례관리의 홍보는 개방적이고 정직하며 실천 영역과 관련이 있어야 한다.

③ 서비스 계약을 할 때, 사례관리자는 정직하게 행동하며 최대한의 지식을 활용하고, 재정적 의무를 다해야 한다.

④ 사례관리자는 모든 사람이 이용할 수 있는 명확하고 투명한 불만 처리 절차를 운영해야 한다.

⑤ 사례관리자는 개인적이든 직업적이든 재정적인 측면에서 실제적 또는 잠재적으로 야기되는 이해관계의 갈등을 분명하게 밝혀야 한다.

⑥ 사례관리자는 지적 재산권을 존중하며, 사례관리실천과 관련된 자료의 무단 사용, 복사, 배포 또는 변경에 관여하지 않아야 한다.

[03 사례관리 실천과정]

사례관리 실천과정은 초기 단계, 사정 단계, 목표 및 개입계획 수립 단계, 실행 및 점검 단계, 평가 및 종결 단계로 구성된다(한국사례관리학회, 2022).

1) 초기 단계

사례관리의 초기 단계는 사례 발굴 및 접수, 초기 상담, 클라이언트 선정, 동의 및 계약으로 구성된다.

(1) 사례 발굴 및 접수

사례 발굴이란 사회복지기관의 클라이언트 중에서 사례관리가 필요한 잠재적인 사례관리 대상자를 찾아내는 활동이다. 이를 위해 사회복지기관은 잠재적인 사례관리 대상자의 발굴, 사례관리 대상자로서 적합한지에 대한 선별, 클라이언트가 필요로 하는 서비스에 대한 접근성을 보장하기 위해 노력한다.

발굴한 사례관리 대상자가 사회복지기관의 사례관리 대상자로 선정하기 어려운 경우나 클라이언트가 필요로 하는 서비스를 즉시 제공할 수 없는 경우에는 지역 사회의 다른 기관으로 사례를 의뢰(referral)하게 된다.

(2) 초기 상담

초기 상담이란 잠재적인 사례관리 대상자와의 상담을 통해 클라이언트가 처한 어려움을 파악하여, 사회복지기관의 사례관리 대상자로서의 적절성을 판단하는 과정이다. 초기 상담에는 초기 면접, 사례관리사업에 대한 안내, 사례관리 수행방법에 대한 설명, 사례관리자와의 관계 형성 등이 포함된다.

(3) 클라이언트 선정

클라이언트 선정은 초기 상담을 통하여 파악한 내용을 토대로 사회복지기관에서 사례관리 대상자로 클라이언트를 선정하는 것이다. 사례관리 대상자는 복합적인 문제와 욕구를 가진 클라이언트로서, 문제의 해결과 욕구의 충족을 위해 다양한 기관의 서비스를 필요로 하는 사람이다.

사회복지기관의 사례관리 관련 지침과 기준을 활용하고, 기관의 기준에 부합하는 클라이언트를 공식적인 절차를 거쳐 사례관리 대상자로 선정하게 된다. 대부분 사례관리자 개인의 결정이 아니라, 사회복지기관의 사례회의 등의 공식적인 절차를 거쳐 사례관리 대상자로 선정하게 된다.

(4) 동의 및 계약

사회복지기관에서 클라이언트를 사례관리 대상자로 선정한 후에, 사례관리자는 클라이언트와 만나 사회복지기관의 사례관리에 참여하는 데 필요한 동의 및 계약 절차를 진행하게 된다. 사회복지기관의 클라이언트가 사례관리 대상자로 선정된 후에, 사회복지사는 사례관리의 주요 과정 등을 클라이언트에게 설명하고 사례관리의 과정에서 협력적인 관계를 형성하는 것이 중요하다.

2) 사정 단계

사례관리의 사정 단계는 사례관리 대상자가 가지고 있는 어려움, 문제, 욕구 등에 대한 종합적인 사정(assessment)을 하는 단계이다. 사례관리 사정 단계는 욕구 사정, 강점 및 자원 사정, 장애물 사정, 종합적 사정으로 구성된다.

(1) 욕구 사정

욕구 사정(needs assessment)이란 클라이언트가 사회복지기관에 찾아오게 된 어려움, 문제, 욕구 등에 대해 사정하는 것이다. 클라이언트의 욕구는 사회복지기관의 사례관리 서비스를 통해 변화되어야 할 클라이언트의 생활상의 다양한 어려움이다. 욕구 사정은 클라이언트의 어떤 어려움이 우선적으로 충족될 필요가 있는

지를 중심으로 사정하게 된다.

(2) 강점 및 자원 사정

욕구에 대한 사정과 함께, 사례관리 대상자의 개인적인 강점과 환경상의 자원에 대한 사정이 반드시 필요하다. 사례관리 대상자로서 클라이언트의 강점 및 자원에는 클라이언트가 가지고 있는 개인적인 힘과 강점, 클라이언트가 상호작용하는 환경상의 자원(가족이나 지지체계, 지역사회의 인적 · 물적 자원 등)이 포함된다.

(3) 장애물 사정

장애물이란 사례관리의 목표 달성을 위한 노력을 저해하거나 한계, 걸림돌이 되는 특성이나 조건이다. 장애물은 내부 장애물과 외부 장애물로 구분될 수 있다. 내부 장애물은 클라이언트가 가지고 있는 성격이나 심리 · 정서적인 특성으로 문제해결이나 변화를 위한 협력적인 노력을 해 나가는 데 걸림돌이 될 수 있는 특성이다. 외부 장애물은 클라이언트가 처한 삶의 상황이나 환경적 특성으로 인한 장애물이고, 지지체계나 자원의 부족, 지역사회의 협력체계 미비 등이 있다.

(4) 종합적 사정

종합적 사정은 욕구 사정, 강점 및 자원 사정, 장애물 사정 등을 통해 사례관리 대상자로서 클라이언트의 욕구에 대해 종합적으로 사정하는 것이다. 종합적 사정에서는 클라이언트의 어려움, 문제, 욕구뿐만 아니라 클라이언트 개인이 가지고 있는 강점, 클라이언트가 상호작용하고 있는 환경상의 자원 등에 대해 종합적으로 사정하는 것이다. 아울러 클라이언트의 욕구, 강점, 자원 등은 계속해서 변화하므로, 사례관리의 과정에서 정기적인 사정이 반드시 필요하다.

사례관리자는 다음의 내용을 포함하는 종합적 사정을 해야 한다(Moxley, 1989).

① 클라이언트의 능력과 대인서비스 욕구에 대한 사정
② 클라이언트의 사회망과 사회망의 구성원이 클라이언트의 욕구에 부응하는 능력에 대한 사정

③ 대인서비스 제공자에 대한 사정과 대인서비스 제공자가 클라이언트의 욕구
   에 부응하는 능력에 대한 사정

3) 목표 및 개입계획 수립 단계

사례관리의 목표 및 개입계획 수립 단계는 목표 설정, 개입계획 수립으로 구성
된다.

(1) 목표 설정

목표 설정은 사례관리의 목적에 적합한 구체적인 목표를 수립하는 것이다. 목적
(goal)은 사례관리를 통해 궁극적으로 이루고자 하는 지향점이고, 목표(objective)는
사례관리를 통해 얻고자 하는 구체적인 산출이나 성과이다. 목적이 궁극적으로 달성
하고자 하는 것이라면, 목표는 구체적으로 무엇을 달성할 것인가이다.

목표는 SMART하게 설정하여야 한다.

① Specific: 목표는 구체적으로 설정하여야 한다.
② Measurable: 목표는 측정 가능해야 한다.
③ Achievable: 목표는 달성 가능해야 한다.
④ Realistic: 목표는 현실적이어야 한다.
⑤ Time-limited: 목표는 기한이 있어야 한다.

(2) 개입계획 수립

개입계획은 사회복지기관 내·외부 서비스와 자원, 사례관리자의 역할, 클라이
언트의 역할 등을 포함하여 수립하는 것이다. 개입계획은 설정한 목표를 달성하
기 위한 구체적인 사례관리 서비스 내용, 클라이언트가 원하는 결과, 시간 계획에
대한 합의, 사례관리 서비스를 받게 될 대상자 등을 명확히 한다.

개입계획 수립의 과정에서 사례관리자는 클라이언트가 선택할 수 있는 대안,
목표를 달성하기 위해 사회복지기관이 제공해 줄 수 있는 지원, 수립된 개입계획

의 이점 · 대안 · 위험 · 결과 등에 대한 설명을 클라이언트에게 해야 한다.

4) 실행 및 점검 단계

사례관리의 실행 및 점검 단계는 직접 실천, 간접 실천, 점검 및 조정으로 구성
된다.

(1) 직접 실천

직접 실천(direct practice)은 사례관리자가 클라이언트와의 직접적인 상호작용을
통해 클라이언트의 변화를 이끌어 내기 위한 목적지향적인 개입 활동이다. 직접
실천은 개별상담, 가족상담, 집단프로그램, 서비스 제공 등의 형태로 이루어진다.
직접 실천의 목적은 클라이언트가 직면하고 있는 삶의 어려움을 해결해 갈 수 있
도록 클라이언트를 원조하여, 클라이언트가 자신의 삶에서 주도성을 회복하도록
하는 데 있다.

(2) 간접 실천

간접 실천(indirect practice)은 사례관리자가 클라이언트의 욕구 충족을 위해 클
라이언트가 상호작용하고 있는 환경에 대한 개입, 자원 개발, 전달체계 개선 등을
통한 개입 활동이다. 사례관리자는 클라이언트의 옹호자(advocate)로서 클라이언
트의 욕구 충족을 위한 자원 확충, 시스템 개선 등의 간접 실천을 하게 된다. 사
례관리자는 이를 위해 자원 개발 및 관리 역량, 옹호 역량, 평가 역량 등을 활용
하게 된다.

(3) 점검 및 조정

점검 및 조정(monitoring & adjustment)은 사례관리자가 사례관리 서비스의 흐름,
클라이언트, 서비스 제공기관 등에 대해 점검을 하고 필요한 경우 조정을 하는 것
이다. 즉, 클라이언트, 사례관리자, 서비스 제공기관이 상호 합의한 목적을 여전히
공유하고 있는지, 처음의 약속대로 잘 협조하고 있는지, 협력관계 속에서 갈등 혹

은 위기가 잠재되어 있지 않은지, 그리고 클라이언트의 현재 상황에서 적절한 수준의 서비스와 협력을 확보하고 있는지 등을 점검하고 조정을 하게 된다.

사례관리 서비스의 점검은 수립한 개입계획에 충실한 사례관리 실천을 하고 있는지, 사례관리 과정에서 목표를 잘 달성해 가고 있는지, 클라이언트의 상황이나 서비스 환경에 변화가 있는지 등을 종합적으로 확인하는 과정이다. 사례관리 서비스의 조정은 수립한 개입계획이 수행되는 과정에서 사례관리의 다양한 서비스가 클라이언트의 삶에 변화를 가져오기 위한 방향으로 잘 진행되도록 개입하는 활동이다.

5) 평가 및 종결 단계

사례관리의 평가 및 종결 단계는 평가, 종결, 사후관리로 구성된다.

(1) 평가

평가는 사례관리자가 사례관리 서비스 제공을 통해 클라이언트에게 어떠한 변화가 생겼는가에 대해 평가(evaluate)하는 것이다. 사례관리자는 서비스 대상자인 클라이언트가 사례관리 서비스를 통해 어떠한 변화를 경험하고 있는지를 평가하기 위해 양적 평가방법과 질적 평가방법을 활용하게 된다.

평가에는 두 가지 방법이 있다. 효과성(effectiveness) 평가는 목표 달성 정도를 평가하는 것이다. 즉, 사례관리 서비스의 효과성 평가는 사례관리 서비스 제공을 통해 설정한 목표가 달성되었는가를 평가하는 것이다. 효율성(effectiveness) 평가는 투입 대비 산출을 평가하는 것이다. 즉, 사례관리 서비스의 효율성 평가는 사례관리 서비스에 투입된 클라이언트의 시간과 노력, 사례관리자의 시간과 노력, 활용된 자원 등에 대비하여 클라이언트의 욕구 충족을 평가하는 것이다.

(2) 종결

종결은 사례관리자의 클라이언트에 대한 사례관리 개입이 종료되며, 사례관리를 통해 형성된 사례관리자와 클라이언트의 전문적 협력관계가 종료되는 것이다.

종결은 평가를 통해 사례관리 서비스의 개입 목표가 달성되고 클라이언트의 욕구 충족을 위해 필요한 변화가 일어났을 때 결정된다.

　종결의 과정에서 클라이언트는 사례관리자와의 관계가 종료되는 것에 대한 불안을 느끼거나, 이전의 문제 상황이 다시 발생할 것을 염려하여 종결을 결정하지 못하는 경우가 있다. 사례관리자는 클라이언트가 사례관리 과정에서 달성한 변화를 계속 유지하고 강화하도록 지지하고, 종결 후에도 클라이언트가 필요로 하는 경우 다시 만날 수 있음을 알려 주어야 한다.

　사례관리의 종결 단계에서 사례관리자는 클라이언트와 함께 종결 시기를 결정하고, 클라이언트의 종결에 대한 정서적 반응을 다루어야 한다. 아울러 사례관리자는 사례관리 개입효과를 유지하고 강화할 방안을 클라이언트와 함께 논의하고, 필요하면 다른 기관에서 의뢰를 진행하게 된다.

(3) 사후관리

　사후관리는 사례관리 서비스 종결 이후 일정 기간을 두고 종결 이후의 클라이언트의 삶의 변화 상황을 점검하고, 필요하면 사례관리 재개입의 필요성을 조기에 판단하기 위해 수행된다. 사후관리는 일반적으로 전화 상담으로 진행되고, 사례관리자는 클라이언트와의 전화 상담을 통해 클라이언트의 삶에 추가적인 사례관리 개입이 필요한가를 판단하게 된다.

04
사례관리자의 역할

　사례관리자는 사례관리 대상자인 클라이언트에 대한 사례관리 서비스 제공과정에서 다양한 역할을 수행한다. 쉐퍼와 호레이시(Sheafor & Horejsi, 2006)가 제시한 사례관리자의 역할은 다음과 같다.

① 사정가: 사정가로서 사례관리자는 사례관리 대상자가 가지고 있는 클라이언 트의 복합적 욕구를 사정한다. 사례관리자는 정확한 사정을 위한 클라이언 트의 욕구와 관련된 다양한 정보를 수집하고 이를 사정한다.

② 계획가: 계획가로서 사례관리자는 사정된 클라이언트의 욕구 충족을 위한 사례관리 서비스를 계획한다. 아울러 사례관리자는 서비스 실행이 가능한가 를 판단하고, 서비스 제공의 과정에서 클라이언트의 참여 동기를 높이기 위 한 노력을 한다.

③ 서비스 연계자 및 조정자: 서비스 연계자로서 사례관리자는 클라이언트의 욕구 충족을 위한 다양한 서비스를 연계한다. 아울러 서비스 조정자로서 사 례관리자는 필요한 경우 지역사회의 다양한 서비스 기관과 서비스에 대한 조정을 하게 된다.

④ 점검자: 점검자로서 사례관리자는 사례관리 서비스가 잘 제공되고 있는지, 사례관리 서비스 제공이 클라이언트의 욕구를 충족시키는지 점검한다. 아울 러 사례관리자는 사례관리가 계획대로 그리고 목표한 대로 잘 진행되고 있 는지를 점검한다.

⑤ 의사소통 전문가: 의사소통 전문가로서 사례관리자는 사례관리 서비스의 제 공 과정에서 다양한 서비스 제공기관의 담당자와 의사소통을 하게 된다. 사 례관리자는 다양한 서비스 제공기관의 담당자 간의 의사소통을 진행하고, 최종적으로 서비스 제공을 확인하고 조율하는 역할을 하게 된다. 아울러 사 례관리자는 사례관리의 과정에서 클라이언트와 효율적인 의사소통을 하게 된다.

⑥ 옹호자: 옹호자로서 사례관리자는 사례관리 서비스의 제공 과정에서 사례관 리 대상자인 클라이언트의 이익을 최우선으로 하여 옹호하는 역할을 수행한

다. 사례관리자는 사례관리의 전 과정에서 클라이언트의 입장을 대변하고 옹호하게 된다.

⑦ **지역사회 운동가**: 지역사회 운동가로서 사례관리자는 사례관리 대상자인 클라이언트의 욕구에 관한 지역사회의 관심을 증진시키는 지역사회 운동을 하게 된다. 이를 위해 사례관리자는 지역사회를 대상으로 교육자, 홍보자, 자원개발자 등의 역할을 수행하게 된다.

| 생각해 볼 문제 |

1. 전통적인 사회복지실천과 사례관리를 비교 설명하시오.

2. 다음 아동학대 사례에 대한 사례관리 목표를 설정하고, 개입계획을 수립하시오.

사례

○ 가족 구성: 저소득 부부 중심 5인 가구(다문화가정)
  - 배선작업 중 추락사고로 어깨 탈골 수술 후 근로의 어려움이 있는 가구주(산재장해 14급, 55세)
  - 남편 사고 후 월 50만 원의 근로소득으로 가족의 생계를 책임지고 있는 일본인 배우자 (53세)
  - 고1(17세, 남), 중1(14세, 여), 초6(13세, 남)에 재학 중인 자녀

○ 부부는 통일교에 의해 결혼하였으나 의사소통이 잘 되지 않아 일상생활에 어려움이 많으며, 가구주는 가부장적이고 다혈질의 성격으로 폭언, 폭행을 행사해 자녀들이 좋지 않은 환경에 노출됨

○ 대상자가 초등학교 입학 후 심리불안 증상으로 담임교사가 아동보호전문기관에 의뢰하여 개입이 시작되었으며 지속적인 모니터링을 위해 연계됨

출처: 보건복지부, 한국사회보장정보원(2023).

3. 다음 고독사 위기 사례에 대한 사례관리 목표를 설정하고, 개입계획을 수립하시오.

사례

○ 가족 구성: 1인 가구(76세, 남)

- 두 번의 결혼과 이혼으로 홀로 이복 남매를 양육하였으나 자녀와도 관계가 단절됨
○ 류머티스성 면역질환과 노인성 만성질환으로 일상생활 불가
○ 무기력감, 우울감, 대인기피, 은둔생활 등 정신건강의학과 질환 의심
○ 심신이 병약함에도 병원 진료를 받지 않아 위중한 건강상태

출처: 보건복지부, 한국사회보장정보원(2023).

제8장

관계론과 상담론

1. 사회복지실천에서의 관계
2. 관계의 기본 원칙
3. 전문적 관계 형성
4. 사회복지실천에서의 상담
5. 사회복지실천기술

학습목표

◆ 관계의 기본 원칙을 설명할 수 있다.
◆ 사회복지실천 상담의 특성을 설명할 수 있다.
◆ 사회복지실천기술 중 적극적 경청의 기술에 대해 설명할 수
  있다.

01

사회복지실천에서의 관계

사회복지실천은 사회복지사와 클라이언트의 관계(relationship)를 활용하여 실천해 나가는 과정이고, 사회복지실천의 초기부터 사회복지사와 클라이언트의 관계는 사회복지실천 과정의 핵심으로 중요시되어 왔다.

리치먼드(Richmond)는 개별사회사업(casework)이란 사회적 관계의 사용 및 집중적인 연구라고 정의하였고, 개별사회사업에서의 관계는 사회복지사와 클라이언트 간의 감정과 태도의 역동적인 상호작용으로서 클라이언트가 자신과 환경 간의 좀 더 나은 적응을 이룰 수 있도록 돕는 목적을 가지고 있다고 정의하였다(Richmond, 1917). 비에스텍(Biestek)은 개별사회사업에서 관계란 사회복지사와 클라이언트 간의 감정과 태도의 역동적인 상호작용으로서 클라이언트가 자신과 환경 간의 좀 더 나은 적응을 이룰 수 있도록 돕는 목적으로 가지고 있다고 정의하였다(Biestek, 1957). 펄먼(Perlman)은 관계는 하나의 촉매제로서 원조에 활력을 주고, 문제해결과 원조의 활용에 대하여 사람들이 에너지와 동기를 갖도록 한다고 보았다. 또한 좋은 관계는 타인의 자아를 존중하고 육성하며, 안정감과 일치감을 제공한다고 보았다(Perlman, 1957).

사회복지실천에서 사회복지사와 클라이언트는 클라이언트의 문제해결과 욕구 충족을 위한 목적을 가지고 있는 전문적인 원조관계(professional helping relationship)이다. 사회복지실천에서의 사회복지사와 클라이언트의 관계는 전문적 관계, 의도적이고 분명한 목적, 시간 제한적 관계, 사회복지사의 권위 활동 등의 특성을 가지고 있는 관계로서 일반적인 관계와는 다르다.

[02]
관계의 기본 원칙

비에스텍은 그의 저서 『개별사회사업 관계(The Casework Relationship)』에서 원조를 요청하는 사람에게서 나타나는 공통적인 감정 및 태도에 기초하여 사회복지사와 클라이언트 간의 원조관계의 기본 원칙 7개를 설정하였다(Biestek, 1957).

〈표 8-1〉 사회복지사와 클라이언트 간 원조관계의 7대 원칙

7대 원칙	핵심적 욕구
개별화	독특한 개인으로 인정받고 싶은 욕구 존중
의도적 감정 표현	내면의 감정을 표현하고 싶은 욕구 존중
통제된 정서적 관여	원조의 목적에 맞게 정서를 조절하고 통제된 상태에서 적절한 반응
수용	가치 있는 개인으로 인정받고 싶은 욕구 존중
비심판적 태도	심판이 아닌 존재 자체로 인정받으려는 욕구 존중
클라이언트의 자기 결정	개인의 선택과 결정 존중
비밀보장	개인에 대한 비밀이 노출되지 않길 바라는 욕구 존중

1) 개별화(indivualization)

- 모든 클라이언트를 개별적인 욕구를 가진 존재로 개별화한다. 이는 개별적으로 취급되기를 원하는 클라이언트의 기본적 욕구와 관련된 것이다.
- 각 클라이언트의 감정, 사고, 행동, 독특한 생활양식, 경험 등을 존중한다.
- 클라이언트가 속한 집단적 특성을 포함하여 클라이언트의 고유한 특성을 파악한다.

- 사회복지사는 특정 클라이언트 집단에 대한 편견과 선입견에서 벗어나 클라이언트를 이해한다.
- 클라이언트의 언어표현, 표정, 몸짓, 침묵 등에 대해 경청 및 관찰한다.
- 클라이언트와 보조를 맞추며 그다음을 예견한다.
- 상담을 사전에 준비하고 클라이언트의 참여를 유도한다.

2) 의도적 감정 표현(purposive expression of feeling)

- 클라이언트가 감정을 자유롭게 표현하도록 한다. 이는 클라이언트가 자신의 감정, 특히 부정적인 감정을 자유롭게 표현하고자 하는 욕구와 관련된 것이다.
- 클라이언트가 표현하는 감정에 의도적으로 귀 기울이고, 필요한 경우 클라이언트가 감정을 자유롭게 표현할 수 있도록 자극하고 격려한다.
- 억압되고 학습되고 습관화되어 표현하지 못하는 클라이언트의 내면에 있는 감정을 의도적으로 표현하도록 한다.
- 클라이언트의 슬픔, 분노, 억울함 등의 부정적인 감점을 표현할 수 있도록 격려한다.
- 클라이언트의 긴장을 완화시키고 시간적 · 정신적 여유를 갖고 면접에 임한다.
- 클라이언트가 감정을 표현하도록 허용적 태도를 가진다. 다만, 비현실적인 보장은 하지 않는다.
- 클라이언트의 감정에 민감하게 반영한다. 다만, 클라이언트의 표현을 너무 빠르게 해석하거나 너무 많은 의미로 해석하지 않는다.

3) 통제된 정서적 관여(controlled emotional response)

- 클라이언트의 감정에 대해 민감성과 이해로써 반응한다. 이는 클라이언트 감정에 대한 사회복지사의 민감성과 그 감정이 의미하는 것에 대한 이해, 그리고 클라이언트의 감정에 대한 의도적이고 적절한 반응을 의미한다.
- 사회복지사는 관계를 통해 클라이언트의 감정에 반응을 보임으로써 정서적

으로 관여하게 된다. 사회복지사의 감정적 반응은 목적의식과 자기 인식에 의해 반드시 통제하고 조절되어야 한다.
- 사회복지사는 클라이언트가 언어적·비언어적으로 전달하는 감정을 민감성을 가지고 관찰한다.
- 클라이언트가 문제와 관련하여 가진 감정에 대해 부분적 이해가 아닌 완전한 이해를 갖고자 노력한다.
- 클라이언트와의 상담 과정에서 발생할 수 있는 역전이(사회복지사의 과거 경험이 현재의 클라이언트와의 상담에 영향을 미치는 것)를 통제하며 클라이언트의 문제에 객관적으로 개입한다.
- 클라이언트의 타인에 대한 과도한 비난 등의 표현에 과도하게 반응하지 않는다.
- 클라이언트의 감정에 민감성과 이해로 반응한다. 다만, 과도한 호응은 역효과가 날 수 있다.
- 클라이언트의 분노, 공포감 등의 감정을 민감하게 이해하고 적절하게 반응한다.
- 클라이언트의 감정을 관찰하고 경청하며, 클라이언트의 감정을 이해한다.
- 클라이언트의 문제와 관련된 감정을 파악하고 그 감정에 대응한다. 다만, 클라이언트에 대한 무조건적인 긍정적 반응은 불신을 가져올 수 있다.
- 사회복지사는 자기 훈련을 통해 자신의 욕구와 감정을 자각하고 이를 관리함으로써, 클라이언트의 감정을 왜곡하여 이해하지 않도록 주의한다.

4) 수용(acceptance)

- 클라이언트를 있는 그대로 인정하고 받아들인다. 이는 클라이언트를 있는 그대로 받아들이고 대우한다는 것을 의미한다. 수용한다는 것이 클라이언트의 일탈적 태도나 행동을 허용함을 의미하지는 않는다.
- 사회복지사는 클라이언트의 강점과 약점, 바람직한 성격과 그렇지 못한 성격, 긍정적인 감정과 부정적인 감정, 건설적이거나 파괴적인 태도 및 행동 등을 그대로 인정하고 존중한다.
- 클라이언트의 잘못된 가치관, 태도, 습관, 신념 등을 무조건적으로 받아들이

는 것이 아니라, 클라이언트를 선입견과 편견 없이 있는 그대로 받아들인다.

- 클라이언트의 욕구, 문제, 현재 상황을 중심으로 한 요구에 반응한다.
- 클라이언트의 행동에 대해 그 상황과 감점을 이해한다.

5) 비심판적 태도(nonjudgmental attitude)

- 클라이언트를 심판하거나 비난하지 않는다.
- 문제의 원인이 클라이언트의 잘못에 있는지 아닌지, 클라이언트에게 얼마만 큼의 책임이 있는지 등을 심판하지 않으며, 클라이언트의 특성 및 가치관을 비난하지 않는다.
- 문제 또는 욕구의 원인에 대해 클라이언트의 책임 등에 대한 판단을 하지 않는다. 그러나 비심판적 태도를 가진다는 것이 클라이언트의 태도, 기준 또는 행동에 대해 사회복지사가 평가적 판단을 내려서는 안 된다는 것을 의미하지는 않는다. 반사회적이고 비윤리적이며 불법적인 태도에 대해 사회복지사는 올바른 기준을 가지고 있어야 한다.
- 클라이언트를 윤리적 · 법적 · 사회적으로 심판하지 않는다.
- 클라이언트를 객관적으로 평가한다.
- 클라이언트의 억압된 감정을 풀어 주고 수용한다.
- 사회복지사의 비심판적 태도를 클라이언트에 전달한다.

6) 클라이언트의 자기결정(client self-determination)

- 클라이언트의 자기결정을 최대한 존중한다. 이는 클라이언트가 자신의 삶에 대해 스스로 결정을 내릴 권리와 욕구가 있다는 것과 관련된 것이다.
- 클라이언트의 자기결정을 최대화하기 위해서는 클라이언트의 실수나 한계보다는 장점과 능력을 강조해야 한다.
- 클라이언트의 자기결정은 사회복지사가 클라이언트를 위해 무엇을 해 주는 것이 아니라, 클라이언트와 함께 문제를 해결해 나가는 것으로 의미한다.

- 클라이언트의 자율성과 민주주의적 결정을 최대한 존중한다.
- 클라이언트의 자기결정은 법적 · 사회적 · 도덕적 테두리 내에서 이루어지도록 한다.
- 법률에 따라 제한되는 경우를 제외하고, 클라이언트의 결정을 최대한 존중한다.
- 문제의 해결자가 사회복지사가 아니라 클라이언트임을 강조한다.
- 사회복지사는 클라이언트의 문제해결을 위해 다양한 대안을 알고 클라이언트에게 제안한다.
- 클라이언트가 자신의 내적 자원을 발견하고 활용할 수 있도록 자극을 준다.
- 클라이언트에게 클라이언트 주변의 사회 자원에 대한 정보를 제공한다.
- 클라이언트가 자신의 문제를 스스로 해결할 수 있도록 환경을 조성한다.

7) 비밀보장(confidentiality)

- 클라이언트의 비밀을 보장한다. 이는 클라이언트가 전문적 관계에서 노출한 비밀스러운 정보를 사회복지사가 전문적 개입 목적 외에 타인에게 알려서는 안 된다는 것과 관련된 것이다.
- 클라이언트와의 효과적인 관계 형성을 위해 비밀을 보장한다.
- 비밀보장은 클라이언트의 기본적 권리이며, 사회복지사의 윤리적 의무임을 인식한다.
- 클라이언트가 결정하는 경우, 타인에게 클라이언트의 비밀을 알리지 않는다.
- 살인이나 자살 또는 학대 및 방임, 절도 등의 범죄행위와 관련된 비밀은 보장하기 어려우므로, 상담 초기에 사회복지사는 클라이언트에게 비밀보장의 한계를 분명히 해 두어야 한다.

O3
전문적 관계 형성

1) 전문적 관계의 기본 요소

콤튼(Compton)과 갤러웨이(Galaway)는 전문적 관계의 기본 요소로서 타인에 대한 관심, 헌신과 의무, 권위와 권한, 공감, 무조건적 긍정적 관심, 진실성과 일치성, 자기노출 등을 제시하였다(Compton & Galaway, 1994).

첫째, 타인에 대한 관심은 사회복지사가 클라이언트에게 일어나고 있는 일에 대해 진심으로 관심을 가지고, 그러한 관심을 표현하는 것이다. 사회복지사의 관심은 클라이언트의 삶에 대해 조건 없이 긍정적으로 인정해 주는 것이다. 이는 클라이언트를 개인마다 고유한 가치가 있는 존재로 편견 없이 진심으로 이해하고, 클라이언트 문제의 해결을 위한 클라이언트가 원하는 목표에 맞추고, 클라이언트의 삶의 질 향상에 대한 사회복지사의 바람을 표현하는 것이다.

둘째, 헌신(commitment)과 의무(obligation)는 클라이언트에 대한 원조과정에서 사회복지사의 책임을 의미하는 것이다. 사회복지사가 클라이언트에 대한 원조과정에서 헌신을 다할 때, 클라이언트는 원조 상황에서의 과업에 관심과 에너지를 쏟게 된다. 아울러 사회복지는 클라이언트의 어려움, 문제, 대처방법에 대해 개방적인 태도를 지니고, 원조과정에의 기본적 절차를 따를 의무를 가지고 있다. 이는 사회복지사가 정해진 시간을 잘 지키고, 클라이언트의 문제에 초점을 유지하고, 클라이언트의 변화와 성장을 가져오는 원조를 제공하는 등의 의무를 지키는 것이다.

셋째, 권위(authority)와 권한(power)에서, 권위는 클라이언트와 사회복지기관에 의해 사회복지사에게 위임된 권한으로, 사회복지사는 일정한 지위에 있음으로써 영향력을 미칠 수 있는 권한을 가지고 있다.

넷째, 공감(empathy)은 사회복지사가 클라이언트의 입장에서 생각하고 이해하고 판단하려고 노력하는 것이다. 이는 동정(sympathy)과 구분되는데, 동정은 사회복지사가 클라이언트를 불쌍하고 측은하게 보는 것이다. 동정(sympathy)은 그리스어인 'sym'(함께)과 'pathos'(감정)를 합친 데서 연유하는 것으로, 사회복지사가 클라이언트의 바깥에서 그의 고통을 함께 느끼고 이해하는 것이다. 반면에 공감은 그리스어인 'em'(안)과 'pathos'(감정)를 합친 데서 연유하는 것으로, 사회복지사가 클라이언트의 안에 들어가서, 마치 그 사람의 가죽을 입고 느끼듯이 이해하는 것이다. 동정은 고통을 겪고 있는 클라이언트의 아픔을 이해하는 것으로 보이지만, 동시에 철저히 타자화하여 고통을 겪는 클라이언트를 연민하지만 클라이언트의 아픔에 개입하지는 않는다. 따라서 동정은 사회복지사와 고통을 느끼는 클라이언트 사이의 관계를 단절시킨다. 반면, 공감은 사회복지사가 고통을 겪는 사람의 입장에서 세상을 바라보고 생각하는 것이다.

다섯째, 무조건적 긍정적 관심은 사회복지사가 클라이언트와 클라이언트의 문제에 대해 도덕적 판단을 하거나 비판하지 않고 적극적으로 이해하려는 것이다. 사회복지사는 클라이언트의 행동이 바람직하지 않더라도 사람과 행동을 구분하여 사람을 비난하지 않으며, 클라이언트의 감정과 상황을 이해하도록 노력해야 한다. 이는 클라이언트가 자신의 문제를 자신이 해결할 수 있고, 클라이언트가 자신의 삶을 직접 이끌어 갈 수 있다는 사회복지사의 믿음에 기반하고 있는 것이다.

여섯째, 진실성과 일치성에서, 진실성은 사회복지사가 원조관계에서 자신의 감정과 사고, 인지한 내용에 대해 정직하게 그리고 조심스럽게 클라이언트에게 전달하는 것이다. 이는 사회복지사가 최대한 진실하게 클라이언트를 돕는 능력이고, 사회복지사 자신의 경험과 감정을 클라이언트의 경험과 감정으로부터 분리하는 능력이다. 사회복지사의 진실성은 클라이언트에게 클라이언트 자신이 원하는 모습을 찾을 수 있게 하는 역할을 하고, 클라이언트가 사회복지사의 메시지를 이해하고 편하게 받아들이게 하는 상황에서 표현된다. 아울러 일치성은 사회복지사가 클라이언트와 전문적 원조관계를 형성할 때 일관성 있고 정직한 개방성을 유지하는 것이다. 사회복지사의 말과 행동은 일치하면서도 전문가로서의 자아와 가치체계에 부합하여야 한다.

일곱째, 자기노출(self-disclosure)은 사회복지사가 자신의 경험이나 감정, 생각

등을 클라이언트에게 전달하는 것이다. 이는 사회복지사가 적절하다고 생각하는 자신의 인간적·사적 생각, 경험·느낌, 감정·기분·정보 등을 클라이언트와 함께 나누는 것이다. 자기노출의 형태에는 감정의 표현과 자신의 경험 이야기하기가 있다. 감정의 표현은 사회복지사가 자신의 감정을 솔직히 표현하는 것이고, 예를 들어, 사회복지사가 "당신의 변화가 매우 기뻐요."라고 하는 것이다. 자신의 경험 이야기하기는 사회복지사가 과거 본인의 경험을 이야기하는 것이고, 예를 들어 "저도 전에 그런 문제를 겪은 적이 있어요."라고 하는 것이다.

자기노출의 긍정적 효과와 위험성은 〈표 8-2〉와 같다.

〈표 8-2〉 자기노출의 긍정적 효과와 위험성

긍정적 효과	– 사회복지사와 클라이언트의 상호성으로 인해 또는 클라이언트가 사회복지사의 노출을 모방함으로써 클라이언트의 자기노출을 유도 – 클라이언트가 다른 사람도 자신과 비슷한 문제나 상황을 경험하고 비슷한 느낌과 감정을 갖는다는 보편성을 인식 – 클라이언트에게 신뢰감과 안정감을 제공하고, 사회복지사와 클라이언트의 관계를 돈독하게 해 주고 감정이입적 의사소통에 도움 – 클라이언트가 사회복지사의 경험을 통해 배우고, 클라이언트가 자신의 문제에 대한 새로운 시각 획득이 가능 – 사회복지사의 문제해결방식이 클라이언트에게 모델이 될 수 있고, 클라이언트가 자신의 문제해결방법이나 해결의 실마리를 찾을 수 있도록 해 줌
위험성	– 사회복지사가 클라이언트에 대한 부정적 감정을 노출할 경우 갈등이 발생 – 관심의 초점이 클라이언트에게서 사회복지사에게도 옮겨지고, 이는 관심이 필요한 클라이언트에게 도움이 되지 않음 – 사회복지사의 권위와 역할에 대한 클라이언트의 불신 초래의 위험이 있음 – 클라이언트가 사회복지사를 문제가 많고 도움이 필요한 사람으로 볼 위험성이 존재 – 사회복지사가 자신의 문제해결을 위해 클라이언트와의 관계를 이용한다는 오해의 소지가 있음

자기노출의 주의점과 사용방법은 〈표 8-3〉과 같다.

〈표 8-3〉 자기노출의 주의점과 사용방법

주의점	– 초점이 사회복지사에게 맞추어져서는 안 됨 – 어느 정도 라포가 형성될 때까지 사회복지사의 직접적 경험의 노출을 최소화 – 개입의 목표, 클라이언트의 역할 기대, 문화적 배경 등을 고려하여 사용 – 사회복지사의 성격의 불안정성, 무능력 등에 대해 지나치게 솔직한 자기노출은 하지 않음 – 클라이언트의 반응에 따라 자기노출의 양, 형태를 조절 – 사회복지사 경험의 긍정적인 면과 부정적인 면 모두를 균형 있게 사용하여 클라이언트의 문제인식 향상, 동기 제공, 감정의 정상화 유도 – 사회복지사는 자기노출의 내용과 감정을 일치
사용방법	– 사회복지사는 자신의 경험을 짧게 이야기하고 클라이언트에게 초점을 돌릴 것 – 사회복지사의 사생활을 보호 할 권리가 있다는 것을 알릴 것 – 사회복지사가 클라이언트로부터 사회복지사의 개인적 경험에 대한 질문을 받을 경우, 그에 대해 대답하지 않거나 짧게 답할 것 – 사회복지사가 실수를 했거나 자신에 대한 이야기를 너무 많이 했다면 사과하고, 초점을 클라이언트에게 맞추어야 함 – 사회복지사가 특정한 상황이나 문제를 경험하지도 않았으면서 경험한 것처럼 거짓말을 해서는 안 됨 – 사회복지사가 자신의 노여움이나 불쾌감을 해소하기 위해 자신의 개인적 경험을 이야기해서는 안 됨

2) 사회복지사와 클라이언트 간의 원조관계 형성에서의 방해 요인

사회복지사와 클라이언트 간의 원조관계 형성에서의 방해 요인은 다음과 같다.

첫째, 클라이언트의 불신은 클라이언트가 사회복지사와의 관계 이전의 중요한 다른 관계로부터 유래하여 사회복지사에게 비난, 거부, 상처를 미리 예상하여 방어적 태도를 보이는 것이다.

둘째, 저항(resistance)은 클라이언트가 침묵하거나 핵심에서 벗어난 주제를 이야기하거나, 무력감을 호소하거나, 클라이언트의 문제를 축소하는 것이다. 저항의 근원은 클라이언트가 변화를 원하여 도움을 청하면서도 동시에 익숙한 것을 버리고 새로운 행동을 해야 하는 것에 대한 두려움이다. 저항을 다루는 방법은 클라이언트의 저항이 변화로의 목표 달성을 심각하게 방해할 때 다루고, 클라이언트의 부정적이고 바람직한 감정들에 사회복지사가 긍정적 의미를 부여하는 것이다. 저항은 클라이언트가 변화에 대한 불안, 불신, 두려움 혹은 자포자기 등 다양한 이유로 사회복지사의 개입과정을 거부하는 것이다.

셋째, 전이(transference)는 클라이언트의 과거 경험이 현재의 사회복지사와의 관계에 옮겨서 재현되는 것이다.

넷째, 역전이(counter-transference)는 전이와 반대되는 개념으로, 사회복지사의 과거 경험이 현재의 클라이언트와 관계에 옮겨서 재현되는 것이다.

다섯째, 양가감정(ambivalence)은 클라이언트가 변화에 대한 필요를 인식하면서 막상 새로운 변화를 시도할 때 느끼는 불안감이나 두려움 등의 감정이다.

여섯째, 타인에 대한 불신(untrust)은 클라이언트가 기존의 부정적 경험이나 거부당한 경험 혹은 비난받은 경험 등으로 인해 방어적 태도를 취하는 것이다.

일곱째, 소진(burnout)은 사회복지사의 에너지가 고갈된 상태로 창의적이고 자발적인 원조계획을 방해하고 최소한의 서비스만을 제공하는 상태이다.

3) 비자발적인 클라이언트

비자발적인 클라이언트(involuntary client)는 클라이언트 주변의 다른 사람, 법원, 외부 기관 등의 압력에 의해 서비스에 참여하는 클라이언트이다. 비자발적인 클라이언트는 서비스의 필요성을 전혀 느끼지 못하거나 매우 미약하게 느끼고, 서비스를 받는 것에 대한 거부감과 수치심이 매우 강하다.

루니(Rooney)와 미릭(Mirick)은 비자발적인 클라이언트에 대한 사회복지사의 개입방법을 다음과 같이 제시하였다(Rooney & Mirick, 2018).

(1) 사전검토

사회복지사는 클라이언트의 배경을 검토하고, 사회복지사 자신의 태도와 생각을 검토한다. 사회복지사는 클라이언트가 법적·의무적으로 상담을 받아야 하는지 검토한다. 아울러 사회복지사는 클라이언트의 권리와 면담을 이행했을 때의 결과를 설명해 준다. 이와 관련하여, 클라이언트의 의무규정과 자기결정권을 설명하고, 상담에 참여할 경우 상담료, 상담횟수 등을 설명해 준다.

(2) 초기 상담

사회복지사는 사회복지사의 역할을 설명한다. 클라이언트와 협상 가능한 부분을 검토하고, 클라이언트와의 협의 과정에서 클라이언트의 자기결정권을 인식시키고, 협의 후 이를 문서로 작성하고 서명한다. 이는 클라이언트의 의무사항에 대해 클라이언트가 책임진다는 것을 가시화하는 것이다. 아울러 클라이언트의 긍정적인 면을 파악하고 지지하는데, 부정적 행동이나 범죄행동을 이해하고 인내해야 하지만 묵과해서는 안 된다. 초기 상담에서 사회복지사는 적극적 경청, 공감, 반영 등의 사회복지실천기술을 활용하게 된다.

(3) 상담과정

사회복지사는 클라이언트의 변화 속도에 맞추어야 하는데, 사회복지사의 조급한 개입은 상담 실패 가능성이 높기 때문이다. 사회복지사는 필요한 경우 직면기술을 사용하는데, 이는 라포 및 전문적 관계가 충분히 형성되었을 때 클라이언트의 행동, 진술, 태도나 사고에서 나타나는 불일치적인 면, 비일관적인 면에 대해 직면하는 것이다. 사회복지사는 상담과정에서 클라이언트의 과거보다는 현재와 미래에 초점을 맞추고, 클라이언트의 권익옹호를 위한 활동을 병행하게 된다.

사회복지실천에서의 상담

1) 상담의 정의

로저스(Rogers)는 상담(counseling)에 대해 상담을 받으러 온 내담자(client)로 하여금 새로운 방향에서 발전적인 한 발자국을 내디딜 수 있도록 돕는 구조화되고 허용적인 관계로 정의하였다. 상담관계(counseling relationship)란 훈련받은 상담자(counselor)와 도움을 받고자 하는 내담자를 연결 짓는 상호적인 과정으로, 상담자는 내담자의 감정을 수용하고 명료화한다(Rogers, 1957).

사회복지실천에서 상담이란 사회복지사와 클라이언트의 협력관계를 기반으로하여, 문제를 가진 클라이언트와 훈련받은 사회복지사와의 상호작용으로 정의될 수 있다.

2) 사회복지실천 상담의 특성

콤튼과 갤러웨이는 사회복지실천 상담의 특성을 다음과 같이 제시하였다(Compton & Galaway 1994).

① 세팅과 맥락이 있다. 사회복지실천 상담에는 사회복지사가 클라이언트에게 상담을 제공하는 상담의 세팅(기관)이 있고, 사회복지사가 클라이언트의 문제와 욕구에 상담을 제공하는 상담의 맥락(내용)이 있다.
② 목적과 방향이 있다. 사회복지실천 상담에는 클라이언트의 문제해결과 욕구충족이라는 상담의 목적이 있고, 상담을 통해 클라이언트의 삶의 질을 향상시키는 상담의 방향이 있다.
③ 계약에 기초한다. 사회복지실천 상담에는 사회복지사와 클라이언트의 계약

에 기초하여 상담을 진행한다. 사회복지사와 클라이언트의 계약에서 상담에서 다루게 될 클라이언트의 문제와 욕구, 클라이언트의 역할, 사회복지사의 역할 등에 대해 사회복지사와 클라이언트의 상호 합의를 하게 된다.

④ 참여자의 역할이 있다. 사회복지실천 상담에는 사회복지사와 클라이언트에게 정해진 역할이 있다. 사회복지사는 클라이언트의 서비스를 제공하는 역할이 있고, 클라이언트는 자신의 문제와 욕구의 해결을 위해 노력하는 역할이 있다.

3) 사회복지실천 상담의 주요 요소

(1) 라포

라포(rapport)는 상담자인 사회복지사와 내담자인 클라이언트 사이에 쌓이는 신뢰(trust)를 의미한다. 라포는 사회복지사가 유능성을 보이고, 클라이언트에게 관심을 기울이며 포용적이고 공감적인 태도를 보일 때 형성된다. 클라이언트가 사회복지사를 믿고 호감을 가질수록 상담에 더 적극적으로 참여하고, 누구에게도 꺼내 놓지 않았던, 그래서 상담에서는 꼭 해야 하는 비밀스럽고 수치스러운 이야기를 꺼내 놓게 된다.

(2) 관계

상담은 관계를 통한 치유이다. 상담의 근본적인 원리는 상담자인 사회복지사가 내담자인 클라이언트의 주요한 사람이 됨으로써 클라이언트의 세계를 바꾸는 것이다. 사회복지실천 상담에 참여하는 대부분의 클라이언트는 대인관계 문제 때문에 오게 된다. 따라서 사회복지실천 상담에서는 클라이언트가 세계를 인지하는 방식, 대인관계를 이용하는 방식 등을 탐색하여 부적응적인 대인관계 전략을 수정하는 작업을 하게 된다.

(3) 정서의 자각과 조절

사회복지실천 상담에서는 지금 상담실에서 이야기하는 현재(hear & now) 느끼는 감정이나 최근의 사건을 통해 정서와 감정을 자각하는 훈련을 하고, 클라이언트의 정서와 감정을 조절하는 능력을 키우도록 돕는다. 클라이언트의 정서와 감정은 결국 중요한 사람과의 관계를 통해 해소될 수 있다. 따라서 사회복지사는 클라이언트가 중요한 사람에게 스트레스를 받았던 일을 이야기하고 공감받는 경험을 하도록 돕는다. 클라이언트가 사회복지사와의 상담 속에서 '이렇게 이야기했더니 속이 풀리는구나'라는 생각을 하게 되는 경험을 하면, 클라이언트는 상담실 밖의 다른 사람과의 대인관계를 활용하는 방법을 배우게 된다.

(4) 자기 이해와 수용

모든 사람이 자기의 마음을 잘 알고 있는 것은 아니다. 대부분의 클라이언트는 삶에서 어려움에 직면할 때 자기 자신을 깎아내리게 된다. 사회복지실천 상담에서는 열등감을 가지고 있는 클라이언트가 스스로를 수용할 수 있도록 돕는다. 클라이언트가 느끼는 정서가 사실 다른 사람들도 모두 느끼는 정서이므로 그것이 당연한 정서임을 알려 주고, 사회복지사와 클라이언트가 함께 이해하려고 노력한다. 결과적으로, 클라이언트가 느끼는 정서는 지극히 당연하고 이상한 것이 아니며, 이상해 보이더라도 실은 그 이유가 있다는 것을 직면하게 한다. 동시에 클라이언트가 그렇게 스스로를 깎아내릴 수밖에 없었던 이유를 공감하고 이해한다. 자기 자신을 이해하고 감정을 수용한 클라이언트는 스스로를 괴롭히는 것을 그만두게 된다.

4) 사회복지실천 상담의 종류

(1) 개인상담

개인상담은 상담자인 사회복지사와 내담자인 클라이언트 사이에서 1:1 방식으로 이루어지는 상담이다. 상담 일자와 시간은 사회복지사와 클라이언트가 서로 합의하여 진행한다. 한 회기당 30분 내외로 구성되며, 주 1~2회 진행하게 된다.

(2) 집단상담

집단상담은 유사한 문제 또는 욕구를 가진 여러 명의 클라이언트가 함께 받는 상담이다. 집단상담은 사회복지사 1~2명이 상담을 진행하고, 시작하기 전부터 집단상담 일정이 정해져 있다. 집단상담은 일반적으로 10명 내외의 클라이언트들이 참여하고, 참여하는 클라이언트 각자가 개인적인 이야기를 주고받으며 정해진 회기를 진행한다. 회기마다 프로그램이 정한 집단상담이 있고, 그렇지 않은 집단상담도 있다. 집단상담은 개인상담에 없는 유용성이 많이 있어서, 청소년 대상 집단상담 등 최근 사용이 증가하고 있는 상담 종류이다.

05

사회복지실천기술

1) 사회복지실천의 기초 및 실무지식

미국사회복지사협회(NASW, 1981)는 사회복지실천의 기초 및 실무지식을 〈표 8-4〉와 같이 제시하고 있다.

〈표 8-4〉 사회복지실천의 기초 및 실무지식

- 기본적인 사회경제와 정치이론에 관한 지식
- 클라이언트에게 영향을 미치는 사회적·환경적 요인에 관한 지식
- 인종, 민족, 기타 사회의 문화적 다양성을 가진 집단에 관한 지식
- 조직과 사회체계에 관한 이론과 행동, 변화 등에 관련된 지식
- 인간행동 발달에 관한 이론, 가족의 상호작용 등에 관한 이론적 지식
- 윤리적 원칙과 실무에 관한 지식
- 사회심리 사정과 개입에 관한 이론과 기술에 관한 지식
- 개별지도와 집단지도의 이론과 기술에 관한 지식
- 소집단이론과 행동역동에 관한 지식

- 집단 상호작용과 치료적 개입에 관한 지식
- 위기개입 이론과 기법에 관한 지식
- 옹호 이론과 기법에 관한 지식
- 공적 사회서비스에 관한 지식
- 지역사회 자원과 서비스에 관한 지식
- 지역사회조직 이론과 전략에 관한 지식
- 지역사회조직 이론과 보건 및 복지 서비스 개발에 관한 지식
- 사회계획의 개념과 기술에 관한 지식
- 사회복지 발달과 정책에 관한 지식
- 사회복지행정 이론과 개념에 관한 지식
- 사회 및 보건 서비스와 관련한 복지법규와 규정에 관한 지식
- 사회·심리 통계와 기타 조사방법과 기술에 관한 지식
- 실무와 관련된 전문적이며 과학적인 연구에 관한 지식
- 교육 및 훈련에 관한 이론과 기법에 관한 지식
- 전문적 슈퍼비전의 개념과 이론을 포함하는 지식

2) 사회복지실천기술의 종류

미국사회복지사협회(NASW, 2005)는 사회복지실천기술의 종류를 〈표 8-5〉와 같이 제시하고 있다.

〈표 8-5〉 사회복지실천기술의 종류

- 전문가적인 목적과 이해를 기초로 타인의 말을 경청하는 기술
- 자료를 찾아 의미 있게 조합하는 능력
- 전문적 원조관계를 형성·발전시키며, 자신을 도구로 활용하는 기술
- 언어적·비언어적 행동을 관찰·해석하며 관련 이론이나 진단방법을 활용하는 기술
- 클라이언트와 초기관계를 맺고 신뢰감을 획득하는 기술
- 민감한 정서적 주제를 지지적 방식으로 다루는 기술
- 클라이언트를 위한 창의적인 해결책을 찾는 기술
- 치료적 관계의 종결 여부를 결정하고 실행하는 기술
- 조사연구의 결과나 전문적 자료를 해석하는 기술

- 갈등적 관계에 놓인 양측을 중재하고 협상하는 기술
- 조직 간에 협조 서비스를 제공하는 기술
- 기금 지원처나 대중에게 사회적 욕구를 알리고 전달하는 기술
- 명확히 말하고 쓰는 기술
- 다른 사람을 교육하는 기술
- 소진되었거나 위기 상황에서 지지적으로 반응하는 기술
- 전문적 관계에서 역할모델이 되는 기술
- 복잡한 심리사회적 현상을 해석하는 기술
- 주어진 책임에 따른 업무량을 조직적으로 다루는 기술
- 타인을 돕는 데 필요한 자원을 파악하고 확보하는 기술
- 타인의 능력이나 정서 상태를 파악하고 도움이나 자문을 주는 기술
- 집단활동에 참여하고 이끄는 기술
- 스트레스 하에서 업무를 수행하는 기술
- 갈등적 상황이나 논쟁적인 성격을 다루는 기술
- 사회이론이나 심리이론을 실천 상황에 적용하는 기술
- 문제해결에 필요한 정보를 파악하는 기술
- 기관이나 자신의 실무에 관해 조사연구를 수행하는 기술

3) 사회복지실천의 기초기술

(1) 의사소통기술

의사소통기술은 사회복지사가 클라이언트와 상호작용을 할 때, 가장 기본적으로 사용하는 기술이다. 효과적인 의사소통을 위해 필요한 준비사항은 다음과 같다(Sheafor & Horejsi, 2014).

① 모든 사람은 주변의 사건이나 정보를 그들 나름의 독특한 방식으로 받아들이는 경향이 있다. 따라서 모든 의사소통 과정에서는 어느 정도 오해가 있을 수 있음을 예상하고 그러한 오해나 잘못된 의사소통을 최소화할 수 있도록 준비해야 한다.

② 다른 사람이 이해하기 쉽도록 자신의 생각을 잘 정리하여 효율적으로 표현

하고자 노력해야 한다.
③ 다른 사람이 하고자 하는 말을 있는 그대로 듣기 위해서 자신의 방어기제를 낮추려고 노력해야 한다.
④ 자신에게 말하고 있는 사람의 말을 주의 깊게 경청해야 한다.
⑤ 자신의 생각, 느낌, 행동에 대해 책임지고자 하는 의지가 있어야 한다.
⑥ 상대방을 이해하고 이해시키기 위한 충분한 시간을 확보해야 한다.

클라이언트로부터 메시지를 받은 입장에서 사회복지사가 취해야 할 자세와 행동은 다음과 같다(엄명용 외, 2020b).

① 클라이언트가 편안하게 이야기할 수 있도록 해 준다. 말을 끊지 않고 기다린다.
② 클라이언트의 이야기를 듣고 싶어 한다는 것은 말과 표정으로 표현한다.
③ 이야기를 듣고 이해가 되지 않는 부분에 대해서는 질문을 한다. 대충 짐작하지 않는다. 메시지가 불분명할 경우에는 확인하도록 한다.
④ 클라이언트의 몸짓이나 표정을 이해할 수 없을 때 그 의미를 확인한다.
⑤ 자신이 듣고 이해한 것을 요약해서 전달함으로써 클라이언트의 메시지를 정확하게 이해했는지 확인한다.
⑥ 감정을 자제한다. 클라이언트를 공경하거나 함께 논쟁하지 않는다.

클라이언트에게 메시지를 전달하는 입장에서 사회복지사가 취해야 할 자세와 행동은 다음과 같다(엄명용 외, 2020b).

① 분명하고 단순한 언어를 사용하여 또박또박 비교적 천천히 말한다.
② 언어적 표현과 비언어적 표현을 일치시킨다. 말을 하면서 적절한 눈맞춤을 유지하고 자연스러운 몸동작과 자세를 취한다.
③ 클라이언트가 자신의 말을 잘 따라오고 쉽게 이해할 수 있도록 길고 복잡한

내용을 여러 부분으로 나누어서 이야기한다.

④ 이야기한 후 클라이언트가 자기 의견을 이야기하거나, 질문하거나 피드백을 제공할 수 있는 시간을 주어 사회복지사 자신의 말이 제대로 전달되었는지를 확인한다.

⑤ 자신의 말을 어떤 방식으로 전달할 것인지를 미리 계획한다. 메시지의 중간 내용이 왜곡될 가능성이 있으므로, 중요한 내용은 말의 맨 앞 또는 맨 뒷부분에 둔다.

⑥ 자신을 분명하게 소개한다.

⑦ 의사소통의 목적을 분명히 설명한다.

⑧ 질문에는 분명하게 답한다.

(2) 질문기술

질문기술에는 개방형 질문과 폐쇄형 질문이 있다. 사회복지사는 개방형 질문을 사용하여 클라이언트가 자신의 이야기를 하도록 할 수 있다. 폐쇄형 질문은 예 또는 아니오로 답하거나, 이름, 주소 등과 같이 간단한 정보를 요구하는 질문이다. 폐쇄형 질문은 시간이 제한된 상황에서 사실이나 명확한 정보를 얻고자 할 때 유용하다.

(3) 경청기술

경청기술은 사회복지사가 클라이언트의 말을 잘 듣는 기술이다. 사회복지사의 경청기술에는 다음의 요소가 포함된다(Cournoyer, 2016).

① 클라이언트가 하는 말을 주의 깊게 듣는다.

② 클라이언트의 비언어적 의사소통 행위를 관찰한다.

③ 클라이언트가 자유로이 표현할 수 있도록 적극 격려한다.

④ 사회복지사와 클라이언트 양자 간의 대화내용을 기억한다.

적극적 경청(active listening)은 사회복지사가 클라이언트의 메시지를 정확하게 받아들여 이해하고 있음을 클라이언트에게 전달해 줌으로써, 클라이언트 자신이 정확히 이해받고 있다는 생각을 갖도록 하는 것이다. 적극적 경청의 기술은 다음과 같다(Sheafor & Horejsi, 2014).

① 클라이언트가 표면적으로 나타내는 말뿐만 아니라 그 이면에 숨겨져 있는 감정까지도 세심하게 살핀다.
② 분명하고 침착하며 흥미를 나타내는 어조를 구사한다.
③ 관심과 열린 마음을 갖고 클라이언트의 말을 잘 듣고 있다는 것을 몸짓(표정, 눈빛, 고개를 끄덕이는 일)을 적절히 사용한다.
④ 클라이언트가 한 말 중에서 불분명하거나 추가적인 정보가 필요하면 적절한 질문을 한다.
⑤ 무엇을 주장하거나 의견제시를 위한 말보다는 클라이언트를 보다 더 잘 이해하기 위한 말을 한다.

| 생각해 볼 문제 |

1. 관계의 기본 원칙을 예를 들어 설명하시오.
2. 전문적 관계의 기본 요소에 대해 설명하시오.
3. 적극적 경청의 기술에 대해 설명하시오.

제3부

사회복지실천의 과정

제9장

접수, 자료수집 및 사정 단계

1. 사회복지실천 과정
2. 접수 단계
3. 자료수집 및 사정 단계

학습목표

◆ 사회복지실천 과정의 단계와 주요 내용을 설명할 수 있다.

◆ 접수 단계의 과제를 설명할 수 있다.

◆ 사정의 내용과 과정을 설명할 수 있다.

01

사회복지실천 과정

사회복지실천 과정이란 도움을 필요로 하는 개인, 가족, 집단, 지역사회에 대해 전문적 지식과 기술을 가진 사회복지사가 계획된 원조를 단계적으로 제공하여 문제해결을 돕는 과정이다. 사회복지실천 과정은 사회복지사와 클라이언트가 문제를 해결하고자 하는 목적을 달성하기 위해 일련의 단계를 거치게 된다.

사회복지실천 과정은 세 가지 특성을 가지고 있다. 첫 번째 특성은 목적성으로, 사회복지실천 과정은 접수에서 종결까지 클라이언트의 문제해결이라는 분명한 목적을 가지고 계획적으로 진행되는 과정이다. 두 번째 특성은 보편성으로, 사회복지실천 과정은 사회복지사가 소속된 기관의 유형이나 클라이언트의 유형에 관계없이 보편적으로 적용되는 공통적 과정이다. 세 번째 특성은 순환성으로, 사회복지실천 과정은 목표의 달성으로 인한 종결이 또 다른 목표를 향한 시작이 될 수 있는 순환적 과정이다.

사회복지실천 과정은 학자별로 다른 단계로 구성되어 있다. 핀커스와 미나한(Pincus & Minahan, 1973)은 사회복지실천 과정을 문제사정, 자료수집, 초기접촉, 계약, 개입, 종결의 6단계로 구성하여 제시하였다. 헵워스와 라슨(Hepworth & Larsen, 1986)은 사회복지실천 과정을 탐색·사정·계획, 변화 지향, 종결의 3단계로 구성하여 제시하였다. 존슨(Johnson)과 얀카(Yanca)는 초기과정, 사정과정, 계획과정, 변화과정, 종결과정의 5단계로 구성하여 제시하였다(양옥경 외, 2023).

양옥경 등(2023)은 사회복지실천 과정을 접수, 자료수집 및 사정, 목표 설정 및 계약, 개입, 평가 및 종결의 5단계로 구성하여 제시하였다. 사회복지실천 과정의 단계와 주요 내용은 〈표 9-1〉과 같다.

〈표 9-1〉 사회복지실천 과정의 단계와 주요 내용

단계		내용
접수		- 문제를 가진 사람이 사회복지기관을 찾아왔을 때, 사회복지사가 그의 문제와 욕구를 확인하여 그것이 기관의 정책과 서비스에 부합하는지 여부를 판단하는 과정
자료수집 및 사정		- 클라이언트에 대한 기본적인 정보, 문제에 대한 깊이 있는 정보, 개인력, 가족력, 클라이언트의 기능·자원·한계·장점·동기의 자료를 수집하는 과정 - 이를 토대로 문제가 무엇인지, 원인은 무엇인지, 해결책은 무엇인지 등에 대해 답하는 과정
목표 설정 및 계약	목표 설정	- 사정 단계에서 문제와 욕구를 정의하고, 문제에 영향을 미치는 요인으로 분석된 것을 토대로 변화를 위한 개입과정과 방향을 설정하는 과정
	계약	- 목표 설정과 그것을 달성하기 위한 전략, 역할, 개입, 평가방법 등을 구체적인 활동용어로 기술한 계획에 대해 사회복지사와 클라이언트가 서로 동의하는 과정
개입		- 목표 설정과 계약에 의한 다양한 수준(개인, 가족, 집단, 지역사회)의 활동을 실천하는 과정
평가 및 종결	평가	- 설정했던 목표가 얼마나 달성되었는지를 평가하며, 클라이언트의 변화와 새로운 욕구 및 장애를 확인하는 과정
	종결	- 종결 유형과 종결에 따른 다양한 반응을 잘 다룸으로써 개입과정을 통해 획득한 변화를 유지하고, 필요한 경우 추가적인 서비스(사후세션이나 의뢰)가 가능하도록 개방해 두는 과정

출처: 양옥경 외(2023).

02

접수 단계

1) 접수

사회복지실천 과정의 1단계는 접수(intake) 단계이다. 접수 단계는 문제를 가진 사람이 사회복지기관을 찾아왔을 때, 사회복지사가 그의 문제와 욕구를 확인하여 그것이 기관의 정책과 서비스에 부합하는지 여부를 판단하는 과정이다.

　사회복지실천에서 접수는 도움을 구하기 위해 기관에 온 사람의 문제와 욕구를 확인하고, 기관의 서비스를 받을 수 있는 요건을 갖추었는지를 결정하는 과정이다. 만약 기관에 온 사람의 문제와 욕구가 사회복지사가 소속된 기관의 서비스를 받을 수 있는 요건을 갖추어 있지 않다면, 그 사람의 문제와 욕구에 적합한 서비스를 제공하는 다른 기관에 사례를 의뢰하게 된다. 예를 들어, 종합사회복지관에 도움을 구하기 위해 방문한 사람의 문제와 욕구가 아동학대라면, 아동학대 관련 서비스를 제공하는 아동보호전문기관에 사례를 의뢰하게 된다.

　기관에 온 사람의 문제와 욕구가 기관의 정책과 서비스에 부합하는 것으로 판단되었을 때, 그 사람은 기관의 클라이언트가 되어 실천과정의 다음 단계인 자료수집 및 사정 단계로 진행하게 된다.

2) 접수 단계의 과제

　접수 단계의 과제로는, 첫째, 클라이언트의 문제와 욕구를 확인하고, 둘째, 기관의 서비스 제공이 불가능한 경우 다른 기관에 의뢰하고, 셋째, 기관의 서비스 제공이 가능한 경우 클라이언트의 참여를 유도하는 것이다. 참여 유도에는 라포 형성, 동기화, 양가감정 수용, 저항감 해소 등이 필요하다.

(1) 문제 확인

　잠재적 클라이언트의 문제와 욕구, 개입을 통해 기대하는 것을 파악하여 기관의 서비스 적격성 여부를 판단하게 된다. 사회복지사는 기관의 목적, 사회복지사의 역할, 기관에서 제공할 수 있는 서비스에 대해 클라이언트에게 설명을 한다. 사회복지사는 표면적으로 드러나거나 클라이언트가 호소하는 문제를 통해 현재 드러난 클라이언트의 문제와 욕구의 파악에 초점을 두어야 한다.

(2) 서비스 동의

　서비스 동의는 클라이언트가 사회복지기관의 서비스 참여에 동의하는 것이다.

클라이언트가 사회복지기관의 서비스 수급 요건에 맞을 때, 기관의 서비스를 받을 수 있다. 서비스 동의는 원칙적으로 클라이언트의 자발적 의사결정을 전제로 한다.

(3) 참여 유도

참여 유도는 클라이언트가 접수를 포함한 사회복지실천의 모든 과정에 주체적이고 적극적으로 참여하도록 하는 것이다. 이를 위해 사회복지사는 클라이언트와의 라포 형성을 위해 노력하고, 클라이언트와의 관계를 형성하고, 클라이언트를 동기화하고, 클라이언트의 양가감정을 수용하고, 클라이언트의 저항감을 해소하기 위해 노력해야 한다.

3) 접수 단계의 양식

접수 단계에서 접수 내용을 기록하는 양식은 초기면접지(intake sheet)이다. 초기면접지에 포함되는 내용은 다음과 같다.

① 클라이언트의 기본정보: 이름, 성별, 나이, 결혼관계, 주소, 전화번호, 직업 등
② 주요 문제
③ 기관에 오게 된 동기: 기관을 어떻게 알고 찾아오게 되었는지 확인
④ 의뢰의 이유: 가족이나 다른 기관에서 의뢰된 것이라면 의뢰 이유를 확인
⑤ 가족관계: 가족원의 이름, 나이, 직업, 교육 정도, 종교, 관계 등
⑥ 경제상황과 주거상황
⑦ 환경상황: 가족력, 위생상태, 지역사회환경, 고용현황, 자녀양육 등

4) 접수 단계의 실천기술(김인숙, 김용석, 2006)

(1) 사회복지사 소개하기

사회복지사는 클라이언트와 첫 만남을 시작할 때, 자신의 이름, 소속기관, 직책 등을 소개한다. 대부분의 경우 사회복지사의 친절한 얼굴 표정과 따뜻한 말투는

도움이 된다. 날씨에 대한 몇 마디의 코멘트는 클라이언트가 사회복지사를 편안하게 느끼게 하는 데 도움이 될 수 있다.

(2) 클라이언트에게 소개 권유하기

사회복지사는 클라이언트와 첫 만남 초기에 클라이언트로 하여금 자신의 이름을 정확히 말하도록 한다. 그 이후에도 상담을 진행하는 동안 주기적으로 클라이언트의 이름을 언급해 주는 것이 좋다. 가족상담 또는 집단상담을 진행할 때에는 가족 구성원 또는 집단 구성원에게 돌아가면서 자신을 소개하도록 요청하는 것이 좋다. 가족상담 또는 집단상담은 구성원에게 불안을 불러일으킬 수 있기 때문에, 사회복지사는 클라이언트의 소개 과정에서 클라이언트의 긴장을 감소시키고 마음을 터놓을 수 있는 내용을 상담에서 활용하는 것이 좋다.

(3) 첫 만남의 목적을 설명하기

새로 온 클라이언트는 첫 만남에서 시작한 방향을 파악하기 위해 권위를 가진 사회복지사에게 주목하게 된다. 따라서 사회복지사는 클라이언트에게 간단명료하게 상담의 만남 목적을 설명해야 한다. 아울러 사회복지사는 만남의 목적과 관련하여 사회복지사의 역할을 분명히 해야 한다. 사회복지사는 클라이언트와의 만남에서 다양한 역할을 수행하게 되고, 자발적이건 비자발적이건 첫 만남에 참여한 클라이언트에 대해 만남의 목적과 사회복지사의 역할을 분명히 말함으로써 충분한 설명을 하게 되는 것이다.

(4) 클라이언트의 역할을 설명하기

전문적 원조과정의 초기 단계 동안 클라이언트는 자신에게 기대되는 것과 관련하여 상당한 불확실감과 불안을 경험한다. 클라이언트는 계약이 이루어진 문제에 대해 관심을 가지지만, 동시에 문제해결이나 상황 개선에 필요한 것을 자신이 할 수 있을지를 걱정한다. 특히 클라이언트 자신이 어떻게 하는 것이 사회복지사에게 자신을 도울 수 있게 하는 것인지에 대해 잘 모른다. 자신에게 기대되는 것이 무엇인지 잘 모르는 것은 상담의 높은 단절률이나 탈락률과 관계가 있다. 따라서 사회복지사는 클라이언트가 상담의 과정에서 어떻게 협조할 수 있는지에 대해 설명해 주어야 한다.

(5) 기관의 정책과 윤리적 요인에 대해 논의하기

전문적 원조과정의 초기 단계에서 법적·정책적·윤리적 차원의 요인에 대해 논의하는 것은 중요하다. 행동의 원칙을 이해하는 것은 진실하고 정직하며 신뢰성 있는 사회복지사와 클라이언트의 관계를 발전시키는 데 중요하다. 이는 클라이언트가 알아야 할 동의 과정의 일부이다. 사회복지사로서 자신의 의무 수행에 필요한 지침을 가지고 있어야 한다. 지침은 사회복지사가 일하는 기관에서 제시되고, 한국 사회복지사 윤리강령에서 제시되고, 관련 법과 규정에서 제시된다. 클라이언트는 자신에게 적용될 수 있는 법, 정책, 윤리원칙 등을 알 권리가 있다.

(6) 피드백 구하기

피드백 구하기(seeking feedback) 기술을 사용할 때, 사회복지사는 클라이언트로 하여금 초기 목적, 사회복지사의 역할, 클라이언트의 역할, 기관의 정책과 윤리적 요인을 비롯한 여러 측면에 대해 언급을 하도록 장려해야 한다. 사회복지사와 클라이언트의 의사소통이 효과적이었는지 검토할 때 중요한 것은 클라이언트가 사회복지사가 전달하려는 것을 정확히 듣고 이해했는가 하는 점이다. 피드백을 구하는 것은 이러한 기능을 수행하는 것이다.

사회복지사는 클라이언트와 일하는 전 과정에서 주기적으로 피드백을 받아야 하는데, 이것이 초기 단계에서 특히 중요하다. 초기의 목적과 역할을 설명하고 기관의 정책과 윤리적 요인에 대해 논의한 것에 대한 피드백을 구함으로써, 사회복지사는 클라이언트와의 동의 과정을 시작하게 되는 것이다. 사회복지사는 클라이언트에게 분명하지 않은 영역을 확인하게 된다. 피드백을 구함으로써, 사회복지사는 클라이언트가 하고 싶어 하는 것에 진심으로 관심이 있으며, 과정에 적극적으로 참여하기를 바란다는 점을 전달해야 한다.

03
자료수집 및 사정 단계

사회복지실천 과정의 2단계는 자료수집 및 사정 단계이다. 자료수집 및 사정 단계는 클라이언트에 대한 기본적인 정보, 문제에 대한 깊이 있는 정보, 개인력, 가족력, 클라이언트의 기능·자원·한계·장점·동기의 자료를 수집하는 과정이다. 아울러 수집된 자료를 활용하여 클라이언트의 문제가 무엇인지, 원인은 무엇인지, 해결책은 무엇인지 등에 대해 답을 하는 과정이다.

1) 자료수집

자료수집은 클라이언트의 문제와 욕구를 이해하기 위해 필요한 자료를 수집하는 것이다. 수집된 자료를 활용하여 사정(assessment)을 하게 되고, 자료수집과 사정은 거의 동시에 반복적으로 이루어지게 된다. 사회복지사는 자료를 수집하면서 사정을 하고, 사정과정에서 필요한 자료를 추가로 수집하게 된다.

(1) 자료수집의 내용

자료수집의 목적은 클라이언트의 문제와 욕구를 이해하기 위한 것으로, 자료수집의 내용에는 다음의 내용이 포함될 수 있다(양옥경 외, 2023).

① 클라이언트에 대한 기본적인 내용
② **문제에 대한 정보**: 문제에 영향을 미치는 요인과 문제를 지속시키거나 완화시키는 요인에 대한 정보 등
③ **개인력**: 영유아기, 아동기, 청소년기, 성인기, 노년기 등 클라이언트의 생활주기에 따른 인간관계, 생활사건 등
④ **가족력**: 원가족의 가족상황과 가족관계, 현재의 가족구성과 가족관계 등

⑤ 클라이언트의 기능: 지적 기능, 정서적 기능, 신체적 기능, 행동적 기능, 대
  인관계 기능, 업무 능력, 문제해결 능력 등
⑥ 클라이언트의 자원: 현재 이용하고 있는 서비스, 활용 가능한 자원 등
⑦ 클라이언트의 강점, 동기, 한계: 클라이언트 개인 혹은 클라이언트를 둘러싼
  환경에 있는 강점, 동기, 한계 등에 대한 정보

(2) 자료의 출처

자료는 특정 자료수집 방법에만 의존하지 말고 여러 가지를 함께 사용해야 하
고, 다양한 출처로부터 자료를 수집해야 한다. 자료를 얻기 위한 출처는 다음과
같다(Zastrow, 2012).

① 클라이언트 이야기: 클라이언트가 문제 및 문제와 관련된 감정, 문제를 해결
   하기 위한 개인적 자원과 노력, 문제의 역사와 원인 등에 대해 제공한 정보
② 클라이언트가 작성한 양식: 접수 시 상담신청서에 클라이언트가 작성한 이
   름, 성별, 나이, 직업, 주소나 전화번호, 문제, 가족 구성원 등
③ 부수정보: 클라이언트 외에 가족, 이웃, 친구, 친척, 학교, 다른 기관 등에서
   얻은 정보
④ 심리검사: 다양한 성격검사, 지능검사, 심리검사 결과로부터 얻은 정보
⑤ 클라이언트의 비언어적 행동: 클라이언트의 제스처, 얼굴 표정, 손동작, 목소
   리 톤 등
⑥ 중요한 사람과의 상호작용 및 가정방문: 클라이언트와 클라이언트의 삶에
   중요한 사람과의 상호작용을 관찰함으로써 얻은 정보, 가정방문 시 파악된
   자연스러운 클라이언트의 행동과 상호작용 및 클라이언트의 문제에 미친 환
   경적 영향
⑦ 직접 상호작용하면서 느끼는 사회복지사의 감정: 클라이언트가 사회복지사
   와 상호작용하는 패턴과 상호작용 속에서 느끼는 사회복지사의 감정

2) 사정

사정이란 자료수집 과정에서 수집된 정보를 바탕으로 사회복지사와 클라이언트가 클라이언트의 문제해결과 욕구 충족을 위한 목표 설정 및 서비스 계획을 수립하는 데 필요한 여러 영역에 대해 클라이언트의 문제, 욕구, 강점, 자원 등의 정보를 파악하고 수집·분석하는 과정이다.

(1) 사정의 원칙

사정의 원칙은 다음과 같다(최선희, 정재연, 2023).

① 강점관점을 기반으로 한다.
② 생태학적 관점을 기반으로 한다. 즉, 클라이언트의 문제와 욕구를 개인, 가족, 지역사회 등의 상호작용 결과로 인식한다.
③ 사정 정보는 사회환경의 맥락에서 다차원적으로 진행한다. 즉, 클라이언트가 인식하는 것, 클라이언트의 주변 환경이 인식하는 것 등 클라이언트의 표현 외에도 다양한 정보를 종합적으로 수집하고 사정한다.
④ 일회적인 활동이 아니라 서비스 계획과 실행과정 중에서도 계속해서 진행한다.
⑤ 클라이언트가 중요하게 생각하는 것부터 시작한다.
⑥ 클라이언트와 협력하여 진행한다.
⑦ 개별화의 원칙을 적용한다.
⑧ 클라이언트에게 사회복지사와의 관계에서 좋은 모델을 경험하는 기회를 제공한다.

(2) 사정의 내용과 과정

사정은 문제와 욕구, 강점·역량·자원, 한계에 대해 진행되고, 사정의 주요 내용은 〈표 9-2〉와 같다.

〈표 9-2〉 사정의 주요 내용

구분	내용
문제와 욕구	클라이언트가 제시하고 함께 논의하여 합의한 문제와 욕구
강점·역량·자원	클라이언트의 문제해결과 욕구 충족을 위해 활용할 수 있는 클라이언트의 강점과 역량, 클라이언트 환경상의 자원
한계	클라이언트의 문제해결과 욕구 충족을 위해 방해되거나 장해가 초래될 수 있는 상황과 예측되는 어려움

출처: 서울시사회복지관협회(2023).

사정에서는 클라이언트의 문제와 욕구를 다양한 영역으로 세분화하여 진행한다. 사정의 영역과 세부 내용은 〈표 9-3〉과 같다.

〈표 9-3〉 사정의 영역과 세부 내용

영역	세부 내용
의생활	– 상시착용 가능한 의류(속옷, 겉옷)가 구비되어 있고 정결하게 관리 및 착용되고 있는지 여부
식생활	– 건강 상태에 맞는 식단과 영양공급이 충분하고 정기적인 식사가 유지되는지 여부 – 식생활의 어려움과 그 사유
주거(생활)환경	– 안정성과 기능성, 쾌적성(위생) 확보 여부 – 필수 생활용품의 구비와 기능 유지 여부 – 주택정보(주택 유형과 총 위치, 공간별 개수, 주거비용) 확인 – 외부 환경: 교통접근성, 주변 위험물, 철거(퇴거), 학습환경 등
여가생활 및 일상생활	– 여가생활: 여가활동 내용 및 부적절한 활동 여부 확인 – 일상생활: 일상적 기능 수행 정도 확인
심리·정서	– 심리 상태: 자존감, 열등감, 무기력 등 – 정서 상태: 불안, 우울, 분노, 스트레스 등 – 부정적 대처행동: 중독, 자살시도, 폭력 등의 여부
건강(의료 및	– 기본 건강 상태 양호 정도

영역	세부 내용
신체 건강)	- 질병 정보(구체적인 병명, 병력, 입원력, 약물복용 등) - 흡연, 음주 여부 - 장애 유무 및 종류, 장기요양급여 등급자 여부
경제	- 구체적인 수입과 지출 현황 - 재산과 부채 현황
안전	- 신체적 · 정신적 상황 확인 - 방임 여부 확인
교육(학습) 발달	- 아동 · 청소년: 학교 생활 및 적응, 학업 능력 및 성취도, 연령별 발달 정도 확인 - 성인: 평생교육 및 사회교육에 대한 욕구
직업	- 직업 유무 및 취업 관련 욕구 - 직업만족도 및 직업(직장) 관련 이슈 확인
가족 및 사회적 관계	- 가족관계: 부부문제, 자녀문제, 가족문제 등 - 가족관계 현황(관계친밀도, 의사소통방법 등) - 사회적 관계: 가족 외 대인관계, 친구관계 등 클라이언트와 관계하고 있는 친척 · 이웃 · 지지자 등의 사람, 모임, 기관, 종교 등 사회적 관계
가족 기능 및 가족 역량	- 가족 구성원의 역할과 기능에 대한 적절한 수행 정도 - 가족 역량: 가족 건강성
돌봄 및 부양	- 돌봄의 필요 상황 여부 - 돌봄의 대상 관련 정보 확인(아동돌봄, 장애인돌봄, 노인돌봄, 환자돌봄 등)
권익보장 및 법률	- 권익보장 정도 - 특별대우 경험, 권리침해, 법적 문제 등 - 법률 지원이 필요한 이슈 확인 및 구체적인 법률적 지원내용 확인

출처: 서울시사회복지관협회(2023).

사정의 과정은, ① 자료수집한 내용 확인, ② 서비스 설명 및 클라이언트의 참여와 협력 의지 확인, ③ 사정 영역별 문제와 욕구 확인, ④ 개입할 문제와 욕구의 우선순위 협의, ⑤ 클라이언트의 강점, 역량, 자원, 한계 확인, ⑥ 사정 결론 도출로 구성된다.

(3) 사정의 양식

사정의 양식에 포함되는 내용은 〈표 9-4〉와 같다.

〈표 9-4〉 사정의 양식에 포함되는 내용

구분	내용
기본사항	- 클라이언트 이름, 사회복지사 이름, 사정일자 - 사정을 위한 만남(상담) 진행 회차별 일시, 면접자 및 피면접자 정보
클라이언트 일반적 사항	- 이름, 성별, 생년월일, 나이, 주소, 전화번호, 긴급연락처(이름과 관계)
클라이언트 가족 사항	- 가족 구성원 이름, 성별, 생년월일, 나이, 직업, 동거 여부, 관계 및 관계 친밀도
가계도	- 가족의 주요한 정보, 가족구성, 가족관계
생태도	- 개인과 환경 간의 상호작용 내용 파악 및 환경의 지원 제시
문제 및 욕구 사정	- 각 영역별 세분화된 문제와 욕구 - 각 영역별 문제와 욕구의 구체적인 내용 및 정도(심각성) - 각 영역별 규범적 욕구와 문제 상황 등(우울, 가족 건강성, 가족 역량 등)
문제 및 욕구 사정 결과	- 문제 및 욕구 사정 이후 합의된 욕구를 중심으로 주요 문제와 욕구 - 주요 문제와 욕구에 대한 우선지원 결정사항 - 합의한 문제 및 욕구별 강점, 자원과 역량, 한계 - 클라이언트와 함께 찾은 자원에 대한 세부정보(자원명, 이름, 관계, 연락처, 자원에 대한 평가 내용 등)
종합의견	- 사회복지사의 종합의견
사정 결과 확인	- 기록내용을 확인한 후, 사회복지사와 클라이언트가 서명

출처: 서울시사회복지관협회(2023).

3) 자료수집 및 사정 단계의 실천기술(김인숙, 김용석, 2006)

사회복지실천의 자료수집 및 사정을 구조화하고 그 내용을 기록하는 방법으로 DAC가 있다. D는 기록(Description), A는 사정(Assessment), C는 계약(Contract)이다. DAC의 내용은 〈표 9-5〉와 같다.

〈표 9-5〉 DAC의 내용

I. 기술
1. 클라이언트의 신원 확인
2. 개인체계, 가족과 가구 체계, 지역사회체계
  1) 개인 정보
  2) 가족과 가구의 체계
  3) 생태학적 체계
3. 표출 문제와 초기 목표
4. 강점과 자원
5. 의뢰 출처와 과정, 부차적 정보
6. 사회력
  1) 발달
  2) 개인과 가족
  3) 위기의 사건들
  4) 성
  5) 음주 및 약물 사용
  6) 의료 · 신체 건강
  7) 법적 가족
  8) 교육
  9) 직업
  10) 오락
  11) 종교
  12) 이전의 심리 · 사회적 서비스
  13) 기타
II. 임시 사정
1. 개인
  1) 자아정체감과 구조
  2) 감정과 정서
  3) 생활 주기 발달
  4) 능력
  5) 위험
2. 가족, 가구, 일차적 사회체계
  1) 자아정체감과 구조
  2) 감정과 정서
  3) 생활 주기 발달
  4) 능력
  5) 위험
3. 환경
  1) 자원
  2) 사회문화적 환경

III. 계약
1. 문제
  1) 클라이언트가 정의한 문제
  2) 사회복지사가 밝힌 문제
  3) 개입을 위한 문제
2. 최종 목표
3. 계획
  1) 접근방법
  2) 클라이언트의 과제 혹은 행동 단계
  3) 사회복지사의 과제 혹은 행동 단계
  4) 세션 내 과제 혹은 행동 단계
  5) 평가를 위한 계획

출처: 김인숙, 김용석(2006).

(1) 기술적 정보의 정리

사회복지사와 클라이언트 간의 상호작용을 있는 그대로 기술하는 것이 수집된 자료를 체계적으로 기술하는 것이다. 따라서 사정과정의 실천기술은 자료수집 과정을 통해서 얻은 정보를 효율적으로 끄집어내고 검토할 수 있는 형태로 정리하는 것이다. 이를 통해 사회복지사와 사회복지기관 내의 전문가들이 중요하다고 생각하는 항목에 따라 자료를 배열한다.

수집된 자료를 기록하기 위해 사용하는 형식과 관계없이 사회복지사는 항상 보고된 정보와 관찰된 정보를 분명히 구분해야 한다. 추측이나 추리, 연역 또는 귀납의 결과로 얻어진 정보는 의견이나 가설로 기술되어야 하며, 기술적 자료와는 구분되어야 한다. 주장이나 의견은 사실이 아니며, 사실로 기록하면 안 된다. 기술적 정보를 정리함으로써 사회복지사는 사회복지사가 읽고 직접 관찰하고 혹은 들은 정보를 보다 조리 있게 제시할 수 있게 된다. 이때 자료의 출처는 반드시 기록되어야 한다. 이러한 정보는 DAC의 기술(Description) 부분에 정리될 수 있다.

(2) 임시 사정하기

활용 가능한 정보를 정리된 형식으로 기록한 후, 사회복지사는 클라이언트와 함께 인지적 기술인 분석(analysis)과 종합(synthesis)을 활용하여 임시 사정을 하게 된다. 여기서 분석이란 사람-문제-상황에 대해 매우 자세하고 다양한 부분을 조사하는 것이다. 분석은 사회복지사와 클라이언트로 하여금 다양한 종류의 정보로부터 중요한 요소나 주제를 가려낼 수 있도록 해 주며, 이는 임시 사정의 초석이 된다. 종합은 분석한 결과에 기초하여 이루어지는데, 중요한 정보를 서로 연결시키고 사회복지사의 이론, 지식, 경험과 연결시키면서 하나의 전체로 조립하는 것이다. 종합하는 과정이란 다양한 정보 중에서 일부를 선택하고 그것을 관계의 형태로 배열하는 것을 말한다.

사회복지사는 일반적으로 어떤 특정 정보가 다른 정보와 맞아떨어지는지 혹은 정보들이 일관된 주제로 통합될 수 있는지 등 정보 간의 관계를 파악하기 위해 이론적인 개념을 적용한다. 사회복지사들이 유용하게 사용할 수 있는 다양한 이론적 관점이 있다. 예를 들어, 생태학적 관점은 특정 현상이 사회적 환경에 적응하고 있다는 것을 평가할 수 있게 해 준다. 사회복지사와 클라이언트가 사람-문제-상황에 관한 중요한 정보를 이해하고 종합하는 과정에서 이러한 다양한 이론은 매우 유용하다.

자료수집 및 사정 단계에서의 분석과 종합과정은 임시적인 것으로 보아야 한다. 왜냐하면 이 단계에서는 사회복지사와 클라이언트가 사회복지사의 의견을 결론적으로 지지하거나 확정하는 것이 아니기 때문이다. 분석하고 종합하는 과정은 추가적인 정보를 수집하고 다양한 개입행동을 안내해 주는 가설 및 질문을 산출해 내기도 한다. 그러나 사회복지사는 이 과정을 통해 사회복지사 자신이 사람-문제-상황을 이해하기 위한 열쇠를 가지고 있다고 결론을 내려서는 안 된다. 어떤 상황을 해결할 수 있는 방법이 하나뿐인 경우는 극히 드물다. 대부분의 경우 많은 가설이 있을 수 있으며, 사회복지사는 각각의 특정 상황에 가장 유용한 가설을 선택하기 위해 전문적인 노력을 기울여야 한다. 분석과 종합은 사회복지사가 적정한 가설과 질문을 만들 수 있도록 도와줌은 물론, 중요한 사건이나 주제, 패턴, 이슈 등을 강조하도록 도와준다.

사회복지사는 기술적인 정보를 다루었던 것과 마찬가지로, 사회복지사가 분석하고 종합한 결과를 일관된 체계로 정리해야 한다. 이 경우 정리의 형태는 사회복지사가 소속된 기관, 프로그램, 업무 등에 따라 다양하다. 그럼에도 불구하고 모든 사회복지 사정 계획은 다양한 이론과 관계가 있으며, 사람, 문제, 상황을 고려해야 한다. 분석하고 종합한 결과를 정리하는 구조는 특정 이론적 관점으로부터 나올 수 있고, 또는 여러 가지 이론적 관점들을 절충해서 나올 수 있다.

(3) DAC의 사정을 위한 지침

■ 개인

① 자아정체성과 구조

이 부분에서는 클라이언트의 자아정체성과 자신에 대한 관점과 관련하여 문제를 고려한다. 클라이언트뿐만 아니라 사회복지사 자신의 가설을 포함해도 좋으나 의견의 출처를 밝혀야 한다. 긍정적이거나 부정적인 자존감뿐만 아니라 클라이언트의 자아 개념(본질과 장점)을 사정하는 것이 좋다. 일차적인 역할 정체성과 그것들 사이에 일치하는 정보를 고려해 본다. 클라이언트의 사회문화적 관계와 가치체계를 관찰하고 클라이언트 개인의 경계유연성 또는 경직성을 사정한다. 클라이언트가 결정을 내릴 때, 내적 혹은 외적 자원에 의존하는지를 기록한다.

클라이언트의 방어와 대처 과정을 기록하고 상대적인 강점과 기능성을 사정한다. 스트레스와 변화에 대처하는 능력, 욕구와 충동을 조절하는 능력 등을 사정한다. 표출문제와 관련해서 클라이언트의 개인적, 대인관계적 그리고 생활방식상의 특성이 얼마나 적응력이 있는지를 사정한다.

② 감정과 정서

이 부분에서는 표출문제와 관련된 클라이언트의 감정과 정서 상태를 사정한다. 표현되지 않은 다른 종류의 강한 감정이 있는지 고려해 보고, 언어적 감정 표현과 비언어적 감정 표현 간의 일치성을 가정한다.

③ 생활주기 발달

이 부분에서는 클라이언트의 생활주기 발달단계에서 나타나는 문제점을 고려한다. 클라이언트가 현재 혹은 가까운 미래에 다루게 될 사건과 이슈를 밝히고, 만약 관계가 있다면 생물학적 연령과 발달연령이 일치하는지를 사정한다.

④ 능력

이 부분에서는 연령과 상황에 적합한 역할과 과제를 처리하는 클라이언트의 능력과 관련해서 문제를 고려한다. 클라이언트가 현재 자기 보호와 자기 통제 능력이 있는지 사정하고, 원조과정에 클라이언트가 얼마나 참여할 수 있는지 결정한다.

⑤ 위험

이 부분에서는 관계가 있다면 클라이언트와 관련된 사람들에게 잠재적인 위험뿐만 아니라 클라이언트의 삶과 안녕에 대한 위험의 정도를 사정한다. 사례와 관련이 있다면, 자살, 살인, 범죄, 학대, 태만 등의 위험을 사정한다.

■ 가족, 가구, 일차적 사회체계

① 자아정체성과 구조

이 부분에서는 가족 또는 가구의 자아정체성 및 구조와 관련해서 문제를 사정한다. 가족체계의 종교적·문화적 전통의 적절성을 고려한다. 가족력을 조사하고, 미래에 대해 기대하는 바를 알아본다. 가족체계의 에너지, 응집력, 적응력을 사정한다. 가족 성원들의 욕구와 바람이 어떻게 전달되는지 사정한다. 가족체계와 운영되는 절차, 권력의 분배와 자원의 활용성, 역할분배, 가족 성원, 하위 체계, 체계 간의 경계, 의사결정과 관련해서 가족체계를 사정한다.

가족 성원들 간의 의사소통과 상호작용의 본질 및 정도와 관련하여 문제를 사정한다. 가족 성원들 사이의 의사소통 형태와 이해의 정도 그리고 가족 성원들 간의 관계의 질을 사정한다.

② 감정과 정서

이 부분에서는 가족 내의 지배적인 감정과 관련해서 문제를 사정한다. 감춰지거나 간접적으로 표현된 감정을 알아보고, 가족 성원 간에 주고받는 애정과 지지 정도를 사정한다.

③ 생활주기 발달

이 부분에서는 가족체계의 생활주기 단계와 관련해서 체계를 고려한다. 특정 생활주기 단계에서 체계에 적용될 수 있는 이슈와 관련하여 문제를 사정하고, 체계가 담당할 수 있는 발달과업을 밝힌다.

■ 환경

① 자원

이 부분에서는 자원의 범위와 양에 관련하여 문제를 사정한다. 의·식·주와 같은 기본적 자원의 활용성과 사회적, 지적 자극제를 결정한다. 사회·정치적 환경과 경제적 환경을 알아본다. 잠재적 자원과 기회에 대해 알아보고, 생태체계 내의 결함과 장애물을 밝힌다.

② 사회문화

이 부분에서는 가족체계의 사회문화적 가치와 전통의 맥락에서 문제를 고려하고, 관계가 있다면 표출문제와의 관계를 결정한다. 욕구를 충족시키고 문제를 설명하는 데 사회문화적 가치와 전통이 어떻게 사용될 수 있는지를 밝힌다.

■ 사정의 요약

이 부분에서는 클라이언트, 가족과 가구, 생태체계의 구체적이고 이론적인 측면과 관련하여 문제에 대한 사정을 대화체 형식으로 요약한다. 사례가 법적, 윤리적으로 암시하는 점을 사정한다. 문제가 개인과 상황에 미치는 영향을 사정하고, 문제가 개인과 상황체계를 위해 수행할지도 모르는 기능에 대해서 가설을 세운다. 문제해결을 위해 발생할 수 있는 잠재적 위험과 이익을 예상해 본다.

| 생각해 볼 문제 |

1. 접수 단계의 실천기술에 숙달된 정도를 평가해 보시오(김인숙, 김용석, 2006).

    ① 전혀 동의하지 않는다.
    ② 동의하지 않는다.
    ③ 동의한다.
    ④ 전적으로 동의한다.

    1) _____ 나는 자기 소개 기술을 효과적으로 사용할 수 있다.
    2) _____ 나는 클라이언트에게 소개를 권유하는 기술을 효과적으로 사용할 수 있다.
    3) _____ 나는 첫 만남의 목적을 개괄적으로 설명하는 기술을 효과적으로 사용할 수 있다.
    4) _____ 나는 클라이언트의 역할을 개괄적으로 설명하는 기술을 효과적으로 사용할 수 있다.
    5) _____ 나는 정책과 윤리적 요인들에 대해 논의하는 기술을 효과적으로 사용할 수 있다.
    6) _____ 나는 피드백을 구하는 기술을 효과적으로 사용할 수 있다.

2. 다음의 자기평가를 활용하여 자신의 사정기술이 숙달된 정보를 평가해 보시오(김인숙, 김용석, 2006).

    ① 전혀 동의하지 않는다.
    ② 동의하지 않는다.
    ③ 동의한다.
    ④ 전적으로 동의한다.

    1) _____ 나는 사회복지 목적을 위해 기술적 정보를 정리하는 데 숙련되었다.
    2) _____ 나는 전문적인 사회복지 사정을 하는 데 숙련되었다.

제10장

목표 설정 및 계약 단계

1. 목표 설정 단계
2. 계약 단계
3. 목표 설정 및 계약 단계의 실천기술

학습목표

◆ 목적과 목표를 구분하여 설명할 수 있다.

◆ 목표를 SMART하게 설정할 수 있다.

◆ 계약에 포함되어야 할 요소를 설명할 수 있다.

01
목표 설정 단계

 사회복지실천 과정의 3단계는 목표 설정 및 계약 단계이다. 목표 설정 및 계약 단계는 목표 설정 단계와 계약 단계로 세분화될 수 있다.

 목표 설정 단계는 클라이언트에 대한 기본적인 정보, 문제에 대한 깊이 있는 정보, 개인력, 가족력, 클라이언트의 기능·자원·한계·장점·동기 등의 자료를 수집하는 과정이고, 이를 토대로 문제가 무엇인지, 원인은 무엇인지, 해결책은 무엇인지 등에 답을 하는 과정이다.

1) 목적과 목표

 목적(goal)은 사회복지실천의 개입을 통해 달성하고자 하는 클라이언트의 삶의 질 변화이다. 목표(objective)는 사회복지실천의 개입을 통해 달성하고자 하는 클라이언트의 구체적인 문제의 해결과 욕구의 충족이다. 목적이 상위 개념이고, 목표는 목적의 하위 개념이다. 목적은 사회복지실천의 개입을 통해 달성하고자 하는 장기적이고 궁극적인 클라이언트의 변화이고, 목표는 사회복지실천의 개입을 통해 달성하고자 하는 단기적이고 구체적인 클라이언트 문제의 해결과 욕구의 충족이다.

 목적은 3대 요소로 구성된다. 목적의 첫 번째 구성요소는 사회복지실천의 대상(클라이언트)이고, 목적에서 '~을 대상으로'로 서술한다. 목적의 두 번째 구성요소는 사회복지실천의 수행내용(프로그램 또는 서비스)이고, 목적에서 '~을 통해'로 서술한다. 목적의 세 번째 구성요소는 사회복지실천의 궁극적 결과 도출(추구하고자 하는)이고, 목적에서 '~을 하는 데 있다.'로 서술한다. 예를 들어, 아동복지시설에서 아동을 대상으로 놀이 프로그램을 실시하는 목적은 '돌봄이 필요한 아동을 대상으로, 놀이 프로그램을 통해 아동의 사회적·정서적 발달을 향상한다.'로 설정될 수 있다.

목표는 산출목표(output objective)와 성과목표(outcome goal)로 구분될 수 있다. 첫째, 산출목표는 사회복지실천 개입의 목적 달성을 위해 성취해야 하는 구체적이고 측정 가능한 과업의 도달치를 의미한다. 예를 들어, 프로그램을 몇 회 실시하고 몇 명이 참여했는지와 같이 가시적이고, 프로그램 실시 후 즉각적인 결과물로 얻어지는 수치를 말한다.

둘째, 성과목표는 사회복지실천 개입을 통해 궁극적으로 도달하고자 하는 상태를 의미한다. 시간적으로 단기ㆍ중기ㆍ장기에 따라 클라이언트의 변화 정도를 측정할 수 있어야 한다. 예를 들어, 프로그램을 진행하는 동안 클라이언트가 참여를 통해 얻어지는 수치가 산출목표이고, 프로그램의 참여 후 클라이언트의 변화된 모습을 수치화한 것이 성과목표이다.

목표는 4대 요소로 구성된다. 목표의 첫 번째 요소는 '누가(who)'로서, 사회복지실천의 대상인 클라이언트를 의미한다. 목표의 두 번째 요소는 '어떻게(how)'로서, 사회복지실천의 프로그램 또는 서비스를 의미한다. 목표의 세 번째 요소는 '무엇을(what)'으로서, 클라이언트의 심리, 정서, 행동, 환경 등을 의미한다. 목표의 네 번째 요소는 '한다(do)'로서, 클라이언트의 심리, 정서, 행동, 환경 등의 변화를 의미한다. 즉, 목표는 '누가 + 어떻게 + 무엇을 + 한다.'로 기술한다. 예를 들어, 목표는 '아동이(누가) 사회성 놀이를 통해(어떻게) 긍정적인 또래관계를(무엇을) 향상한다(한다).'로 기술한다.

2) 목표 설정

목표는 SMART하게 설정해야 한다.

① **구체적(Specific)으로 설정**: 목표는 추상적이고 이념적인 표현이 아닌 모든 사람이 같은 의미로 이해할 수 있는 구체적이고 명확한 용어를 사용한다.
② **측정 가능(Measurable)하게 설정**: 목표는 산술적으로 측정 가능해야 하므로 측정도구를 활용할 수 있는 형태로 기술한다.
③ **달성 가능(Attainable)하게 설정**: 목표는 사회복지기관과 지역사회에 기반을

두고 달성 가능한 수준으로 설정한다.

④ **결과 지향적(Result-oriented)으로 설정**: 목표는 프로그램 실행 자체를 목표로 삼기보다는 프로그램 실행 후 클라이언트의 변화된 기대 결과로 제시한다.

⑤ **시간 제한적(Time-limited)으로 설정**: 목표는 프로그램이 정해진 기한 내에 실행되어 일정한 성과를 낼 수 있도록 설정한다.

헵워스와 라슨(Hepworth & Larsen, 1986)은 목표 설정 시 사용할 수 있는 지침을 다음과 같이 제시하였다.

① 목표는 클라이언트가 바라는 바와 연결되어야 한다.
② 목표는 명백하게 측정 가능한 형태로 진술되어야 한다.
③ 목표는 달성 가능해야 한다.
④ 목표는 사회복지사의 지식과 기술에 상응하는 것이어야 한다.
⑤ 목표는 성장을 강조하는 긍정적 형태여야 한다. 목표는 '~하는 것'으로 진술해야 한다. '~를 하지 않는 것'은 클라이언트 문제행동의 제거를 의미하지만, '~를 하는 것'은 클라이언트가 긍정적 행동을 하는 것을 의미한다.
⑥ 목표가 사회복지사의 중요한 권리나 가치에 맞지 않는다면 동의하지 않아야 한다.
⑦ 목표는 기관의 기능과 일치해야 한다. 만약 목표가 기관의 기능과 일치하지 않는 경우에는 클라이언트를 다른 기관에 의뢰(referral)하는 것이 바람직하다.

자료수집 및 사정을 통해 설정한 개입목표가 여러 가지인 경우에는 우선순위를 정해야 한다. 우선순위를 정할 때 사용하는 기준은 다음과 같다(양옥경 외, 2023).

① 클라이언트에게 가장 시급한 문제와 욕구
② 클라이언트가 단기간에 달성할 수 있어 성취감을 느낄 수 있는 것
③ 클라이언트가 목표에 도전할 수 있도록 강한 동기를 제공할 수 있는 것
④ 사회복지사의 능력, 기관의 기능을 고려할 때 무리 없이 달성 가능한 것

O2

계약 단계

계약(contract) 단계는 목표 설정과 목표를 달성하기 위한 전략, 역할, 개입, 평가방법 등을 구체적인 활동 용어로 기술한 계획에 대해 사회복지사와 클라이언트가 서로 동의하는 과정이다.

계약에 필수적으로 포함되어야 할 요소는 다음과 같다(Compton & Galaway, 1994).

① 사회복지사와 클라이언트가 개입하고자 하는 목표
② 클라이언트와 사회복지사의 역할
③ 개입목표를 달성하기 위해 사용될 개입기법
④ 상담을 위한 시간, 장소, 비용 등과 같은 행정적 절차

1) 클라이언트와 사회복지사의 역할

계약에 포함되어야 하는 클라이언트의 역할은 자신의 감정이나 욕구 그리고 자신이 바라는 바와 개입과정에 대한 기대를 사회복지사에게 분명히 표현하는 것이다. 계약에 포함되어야 하는 사회복지사의 역할은 클라이언트가 자신의 감정을 솔직히 표현하도록 돕고, 만약 클라이언트가 자신의 감정을 제대로 표현하지 못할 경우 잘 표현할 수 있도록 돕는 것이다(양옥경 외, 2023).

사회복지실천 과정에서 사회복지사의 역할은 다음과 같다.

(1) 가능하게 하는 사람(enabler)

사회복지사는 개인, 가족, 집단 또는 지역사회가 그들의 문제와 욕구를 명료화하도록 가능하게 하는 사람의 역할을 한다. 즉, 개인, 가족, 집단 또는 지역사회가

직면하고 있는 문제와 욕구를 보다 분명하게 해 주고, 해결방안을 찾도록 도우며, 그들 자신의 문제와 욕구를 보다 효과적으로 다룰 수 있도록 그들의 능력을 발달시켜 주는 역할을 수행한다.

(2) 중개자(broker)

사회복지사는 개인, 가족 또는 집단이 지역사회 내에 있는 서비스나 자원을 활용할 수 있도록 돕거나 안내해 주는 중개자의 역할을 한다. 사회복지사는 그가 속한 기관의 자원을 제공할 수 있고, 지역사회의 다양한 자원을 파악하고 활용할 수 있게 하고, 지역사회 내에 자원이 부족한 경우에는 필요한 자원을 창출하는 역할을 수행한다.

(3) 옹호자(advocate, advocator)

사회복지사는 클라이언트가 기존 제도나 서비스로부터 불이익을 받을 때, 클라이언트를 위해 정보를 수집하고 클라이언트의 요구사항을 분명히 하고, 클라이언트가 기존 제도나 서비스에 도전하도록 적극적으로 클라이언트의 입장을 옹호하는 역할을 한다. 사회복지사의 옹호자 역할은 법률분야에서 변호사의 역할과 유사한 것이다.

(4) 행동가(activist)

사회복지사는 행동가이며 동시에 사회운동가로서의 역할을 수행한다. 사회복지사는 사회정의, 사회 불평등, 사회적 박탈에 관심을 가지고, 클라이언트의 문제해결과 욕구 충족을 위해 사회환경의 변화를 위해 행동한다. 이를 위해 사회복지사는 사회문제를 탐구하고, 지역사회의 문제와 욕구를 조사 및 분석하고, 클라이언트의 활동을 조직하는 기능 등을 수행한다.

(5) 중재자(mediator)

사회복지사는 상이한 의견을 가진 개인 간, 집단 간 또는 조직 간의 갈등을 중재하는 역할을 한다. 이를 위해 사회복지사는 관련된 사람들이 자기 이익이 어디에서 중복이 되는가를 파악한다. 사회복지사는 양자의 이익이 모이는 지점을 찾고, 그다음에 양자를 각각으로 만나 이야기를 하고, 상대방과 협동적인 관계를 개발함에 있어 각자가 가지고 있는 이해관계를 지적한다. 사회복지사는 양자가 상대방과 이야기하도록 돕고, 양자가 해결할 수 있는 공통된 입장을 파악한다. 사회복지사는 양자의 상호 욕구를 재발견하도록 돕고, 그리하여 각자가 다시 상대방의 이익에 도움이 되도록 돕는 역할을 한다.

(6) 협상가(negotiator)

사회복지사는 하나 혹은 그 이상의 갈등문제를 가지고 있는 사람들이 서로 화해하고 수용하여 의견의 일치를 내도록 협상하는 역할을 한다. 즉, 갈등 상황에 놓인 사람들 사이에서 상호 합의를 이끌어 내기 위해 협상하는 역할을 한다.

(7) 제안자(proposer)

클라이언트의 문제 또는 욕구는 주의를 기울이기 전에는 그것이 문제 또는 욕구로 간주되지 않기 때문에, 사회복지사는 클라이언트의 문제해결과 욕구 충족을 위해 필요한 정책을 제안하는 역할을 한다.

(8) 조정자(coordinator)

사회복지사는 구성원들을 조직화된 방식으로 함께 묶는 조정자의 역할을 수행한다. 복합적인 문제와 욕구를 가지고 있는 클라이언트와 그 가족의 경우 여러 기관이 함께 일을 하게 되는데, 사회복지사는 서비스의 중복과 상호 간의 갈등을 피하는 조정자의 역할을 한다.

(9) 자원제공자(resource provider)

사회복지사는 자신이 활동하고 있는 기관이나 지역사회의 자원을 클라이언트와 그 가족에게 제공하는 자원제공자의 역할을 한다. 이러한 사회복지사의 역할은 클라이언트에게 적절한 서비스를 제공하는 기능과 서비스 제공과정에서 이들 자원을 지속적으로 개선하는 기능을 한다.

(10) 교육자(educator)

사회복지사는 클라이언트에게 필요한 정보를 제공하고 적응 기술을 가르치는 교육자의 역할을 한다. 이를 위해 사회복지사는 클라이언트에게 필요한 정보, 지식, 기술에 관한 전문 지식을 가지고 있어야 하고, 클라이언트에게 명확하게 전달할 수 있는 능력을 가지고 있어야 한다.

2) 개입목표를 달성하기 위해 사용될 개입기법

계약에는 개입목표의 달성을 위해 사용될 개입기법이 포함된다. 개입기법은 클라이언트의 문제와 욕구 그리고 개입목표에 따라 다양한 개입기법이 사용될 수 있다. 어떠한 개입기법이 사용되든, 사회복지사는 클라이언트에게 사용될 개입기법에 대해 상세히 설명을 하고, 클라이언트의 동의를 얻어 계약에 포함한다.

3) 상담을 위한 시간, 장소, 비용 등과 같은 행정적 절차

계약에는 상담을 위한 시간, 장소 등과 같은 행정적 절차가 포함된다. 상담을 위한 시간과 관련하여, 개입기간(00월 00일부터 00월 00일까지), 세션의 빈도와 진행 시간 등이 포함한다. 개입기간은 개입을 시작할 때 그 기간을 정하는(time-limited) 상담과 그 기간을 정하지 않는(open-ended) 상담이 있다(양옥경 외, 2023).

사회복지상담에 클라이언트가 비용을 부담하는 경우, 비용 부담에 대한 내용을 계약에 포함한다.

4) 계약서 양식

계약서의 양식은 〈표 10-1〉과 같다. 계약서는 사회복지사가 소속된 사회복지기관과 사회복지사가 사용하는 사회복지서비스에 따라 다양한 양식이 사용될 수 있다.

〈표 10-1〉 계약서 양식

1. 계약자
    1) 클라이언트 성명:
    2) 사회복지사 성명:
    3) 사회복지기관명:

2. 개입기간: 0000년 00월 00일 ~ 0000년 00월 00일

3. 실천계획 내용
    1) 합의된 목표
    2) 세부 내용
    3) 담당역할: 클라이언트, 사회복지사, 사회복지기관

4. 클라이언트, 사회복지사, 사회복지기관의 의무
    1) 클라이언트
    - 본인은 사회복지실천의 실행계획 및 진행내용, 종결에 대한 설명을 충분히 듣고
      이해했습니다.
    - 본인은 계획된 목표를 성취하기 위해 적극적으로 참여하겠습니다.
    - 본인은 개인 신상의 변화 및 서비스 변경사항 발생 시 귀 기관에 알리겠습니다.
    - 본인은 사회복지사를 존중하고 협력적 태도를 유지하겠습니다.

    2) 사회복지사
    - 본인은 사회복지실천의 전 과정에 있어 클라이언트에게 묻고 의논하며 진행하겠습니다.
    - 본인은 계획된 목표 달성을 위해 클라이언트와 함께 노력하며, 권익옹호를 위해 최선을
      다하겠습니다.
    - 본인은 클라이언트와 합의된 내용 이외의 목적으로 개인정보가 누출되지 않도록
      하겠습니다.
    - 본인은 사회복지사로서 사회복지실천의 가치와 윤리를 준수하겠습니다.

    3) 사회복지기관
    - 사회복지기관에서는 클라이언트의 요구를 해결하기 위해 최선의 서비스를 제공하도록
      노력하겠습니다.

5. 계약 해지: 다음의 경우 계약이 해지될 수 있습니다.

- 클라이언트가 계약 해지를 요청한 경우
- 클라이언트가 사회복지기관의 서비스지역 경계를 넘어 이사한 경우
- 클라이언트와 ○○개월 이상 연락이 두절될 경우
- 목표가 조기 달성되었을 경우
- 클라이언트, 사회복지사, 사회복지기관의 의무에서 규정한 의무를 이행하지 않을 경우
- 기타 종결이 필요하다고 판단되는 경우

○○○○년 ○○월 ○○일

클라이언트: ＿＿＿＿＿＿＿＿ 성함 및 서명
사회복지사: ＿＿＿＿＿＿＿＿ 성함 및 서명
사회복지기관: 　　직인

출처: 서울시사회복지관협회(2023).

03

목표 설정 및 계약 단계의 실천기술[1)]

1) 문제 반영하기

사회복지사는 문제 반영하기 기술을 사용하여 문제에 대해서 클라이언트가 가지고 있는 관점을 사회복지사가 이해하고 있다는 것을 보여 주게 된다. 문제를 반영하는 것은 적극적이고 감정이입적인 경청의 형태이며, 목표 설정 및 계약 단계를 구성한다.

클라이언트가 처음에 이야기한 문제가 반드시 개입의 초점이 되어야 한다고 생

---

1) 김인숙, 김용석, 2006을 참고하였다.

각해서는 안 된다. 왜냐하면, 클라이언트가 사회복지사와의 탐색을 거친 후 처음에 이야기했던 것보다 더 긴박하거나 중요한 문제를 이야기하는 경우도 있기 때문이다. 어떤 클라이언트는 가벼운 문제를 먼저 이야기함으로써 사회복지사를 시험하기도 한다. 문제에 대처하는 사회복지사의 능력 여하에 따라 클라이언트는 중요한 실제적인 문제를 이야기하는 단계로 옮겨 가게 된다.

문제를 반영하기 위한 형식은 '당신도 아시다시피, 당신이 다루고 싶어 하는 문제 중의 하나는 _____입니다.'이다. 문제 반영하기 기술은 적극적 경청의 한 형태이다. 사회복지사는 클라이언트에게 그가 경험한 바를 이해하고 있다는 것으로 보여 주어야 하는데, 이 경우 사회복지사는 감정 반영하기, 내용 반영하기, 감정과 의미 반영하기를 한 후에 클라이언트가 경험한 문제에 대한 반영을 하는 것이 좋다. 또한 피드백 구하기 기술을 문제 반영하기 기술 후에 사용하는 것도 도움이 될 수 있다.

클라이언트가 문제를 이해하는 것처럼 사회복지사가 문제의 본질을 이해하고 있다는 것을 클라이언트에게 전달하는 것이 중요하다. 사회복지사는 클라이언트가 다루고자 하는 문제를 다룰 수 있도록 도와주려 한다는 것을 클라이언트에게 보여 주어야 한다. 클라이언트가 문제를 보는 관점이 타당하다는 것을 확인시켜 줌으로써 사회복지사가 클라이언트를 인격체로서 존중하고 그의 자기결정권을 존중한다는 것을 클라이언트에게 전달해야 한다.

2) 문제 밝히기

사람-문제-상황에 대한 탐색과 사정에 기초하여 사회복지사는 클라이언트가 언급하지 않은 문제영역을 밝혀낼 수 있다. 또한 사회복지사는 클라이언트가 밝힌 문제에 대해서 약간 다른 관점을 가질 수도 있다. 사회복지사는 클라이언트의 문제와 목표를 직접 정해야 하는 중요한 책임을 맡아야 할 때도 있다. 예를 들어, 다른 사람의 생명을 위협하는 상황이거나, 클라이언트가 비자발적인 경우 사회복지사는 클라이언트를 위해 문제를 규정할 수도 있다. 이런 경우, 문제를 규정한 후 클라이언트는 과정에 참여할 것인지 아닌지를 결정한다.

사회복지사는 클라이언트의 문제에 대해 사회복지사의 관점을 공유할 수 있다. 임시 사정에 기초하여 사회복지사는 추가로 고려해야 할 문제 혹은 문제를 다르게 규정해야 함을 클라이언트에게 제안할 수 있다. 사회복지사는 클라이언트가 언급하지 않은 문제를 고려할 수 있는 전문 지식과 경험을 가지고 있다.

사회복지사는 어떤 요인이 클라이언트의 현재 상황과 관련 있는지에 대해 사회복지사 나름의 의견을 가지게 된다. 사회복지사가 자신의 의견을 클라이언트와 공유하는 경우에도 반드시 사회복지사의 전문적인 의견을 나누는 방식으로 이루어져야 한다. 즉, 사회복지사는 클라이언트에게 사회복지사의 의견이나 생각을 고려해 볼 만한 것으로 이야기하는 것이지 결코 단정적으로 이야기해서는 안 된다. 클라이언트는 사회복지사의 관점에 찬성하거나 반대할 자유가 있다. 이러한 과정의 일부로서 사회복지사는 새롭게 밝혀졌거나 재규정된 문제에 대한 피드백을 클라이언트로부터 구해야 한다.

문제를 밝히기 위한 형식은 '우리가 당신과 당신이 처한 상황에 대해 말하는 동안 저는 _____에 대해 궁금했습니다. 어떻게 생각하십니까? 우리가 고려해야 할 문제입니까?'(피드백 구하기)이다.

3) 개입을 위한 문제 구체화하기

개입을 위한 문제를 구체화한다는 것은 사회복지사와 클라이언트가 특정 문제를 해결하기 위해 함께 일하기로 동의한다는 것을 최초로 표시하는 것으로서 사회복지 계약의 기본적인 구성요소이다. 개입을 위해 구체화된 문제는 클라이언트가 밝힌 문제, 사회복지사가 밝힌 문제, 또는 클라이언트와 사회복지사 간의 합의를 통해서 나타난 문제이다. 그 출처가 무엇이든지 구체화된 문제는 이후의 사회복지실천 활동을 위한 지침을 제공한다. 개입을 위한 문제를 명확하고 구체적으로 기술해야 하며, 이를 계약에 포함한다.

사람-문제-상황에 대한 탐색과 사정 과정 후에 문제를 구체화한다. 사회복지사는 개입을 위한 문제를 구체화하기 전에 문제 반영하기와 문제에 대한 사회복지사의 관점 공유하기 등의 기술을 사용한다. 문제를 구체화하는 것은 구체화된 문제영역들이 사회복지사와 클라이언트가 앞으로 함께 취하게 될 개입행동의 초점이 되는 계약으로 이끈다.

개입을 위한 문제 구체화하기를 위한 형식은 '우리가 앞으로 다룰 문제에 대해 서로 동의하는 것 같습니다. 문제를 다시 한번 정리합시다. 우리가 함께 일해 가면서 참고할 수 있도록 문제를 기록하겠습니다. 첫째, ＿＿＿ 라는 문제가 있습니다. 둘째, ＿＿＿라는 문제가 있습니다. 셋째, ＿＿＿라는 문제가 있습니다. 제가 문제를 정확히 기록했다고 생각하십니까?'

4) 목표 설정하기

문제를 구체적으로 기술하고, 사회복지사는 클라이언트를 목표 설정 과정에 참여시킨다. 최종 목표를 세우는 것은 계약 단계의 두 번째 중요한 요소이며, 변화를 위한 중요한 단계이다. 최종 목표는 인지적·정서적·상황적 행동 등의 방향을 조정한다. 분명한 목표가 없다면, 사회복지사와 클라이언트는 처음에 의도했던 곳이 아닌 곳으로 가게 된다.

목표는 이해하고, 착수하고, 성취하고, 사정하는 데 용이해야 한다. 효과적인 목표는 다음과 같다.

① 과정보다는 성취로서 기술되어야 한다.
② 명확하고 구체적인 용어로 기술되어야 한다.
③ 측정 가능하고 검증 가능한 용어로 기술되어야 한다.
④ 현실성이 있어야 한다. 즉, 사람-문제-상황 체계의 동기, 기회, 장점, 자원, 능력 등을 고려할 때, 설정된 목표는 달성 가능성이 높아야 한다.
⑤ 목표가 달성되었을 때, 문제 상황이 호전될 수 있을 정도로 적절해야 한다. 즉, 문제해결에 도움을 주지 못하는 목표는 적절한 목표가 아니다.
⑥ 클라이언트의 가치 및 문화와 일치해야 한다.
⑦ 성취를 위한 기간을 포함해야 한다. 즉, 사회복지사와 클라이언트 모두 목표가 언제 달성될지를 알아야 한다.

구체적으로 기술되든 포괄적으로 기술되든, 목표는 개입을 위한 문제와 직접적인 관계가 있고 문제를 해결하는 효과가 있어야 한다. 사회복지 전문직의 가치관과 부합될 수 있도록 하기 위해서는 클라이언트와 함께 목표를 세우고 클라이언트의 동의를 구해야 한다. 사회복지사와 클라이언트가 최종 목표를 설정하였을 때, 사회복지사는 목표를 달성하기 위해 일하는 것에 동의하는 것이다.

　대부분의 클라이언트는 목표를 설정하는 일에 적극적으로 참여할 수 있는 능력이 있다. 목표 설정 과정의 일부로 사회복지사는 클라이언트가 하나 혹은 그 이상의 문제에 대한 목표를 세우도록 요청할 수는 있지만, 이는 특별한 방법으로 해야 한다. 사회복지사는 특정 문제가 해결되었을 때, 클라이언트 자신이 그것을 어떻게 알 수 있는지를 클라이언트에게 구체적으로 설명하도록 요청함으로써 클라이언트가 목표를 더욱 명확하게 기술하도록 도와야 한다. 이러한 요청은 또 다른 중요한 기능을 수행한다. 즉, 클라이언트로 하여금 문제가 해결될 미래를 상세하게 상상할 수 있도록 함으로써 안정을 찾고 열의를 갖게 할 수 있으며, 목표 달성에 적극적 자세로 임할 수 있게 한다.

　명확히 하기 기술은 클라이언트가 목표를 세우고 문제가 해결될 미래를 상상하도록 하는 데 적합하다. 목표 설정을 격려하기 위한 형식은 '구체적으로 당신은 ＿＿＿ 문제가 정말 해결되었다는 것으로 어떻게 알 수 있겠습니까? 혹은 이 문제가 과정의 문제라는 것을 무엇을 통해서 알 수 있습니까?'이다.

　사회복지사는 클라이언트가 목표를 찾아낼 수 있도록 적극적으로 격려해야 한다. 이는 미래에 대한 낙관을 암시하는데, 그 이유는 클라이언트에게 문제가 모두 해결된 미래의 상황을 상상해 보도록 하기 때문이다. 따라서 목표를 설정하는 과정에서 '만약 문제가 해결된다면 ＿＿＿'이라는 말을 쓰지 않도록 노력해야 한다. 문제가 해결되지 않을 수도 있다는 것을 암시할 수 있기 때문이다.

　때로는 클라이언트가 사회복지사의 테스트에 반응하면서 사회복지사가 즉시 동의할 수 없는 명확한 목표를 설정하기도 한다. 이럴 경우 사회복지사는 클라이언트가 한 말을 부연하면서 목표를 반영하면 된다. 목표 반영을 위한 형식은 '개입 행동을 위한 한 가지 목표는 ＿＿＿입니다.'이다.

목표를 반영한다는 것은 클라이언트가 달성하고자 하는 목표에 대한 클라이언트의 관점을 사회복지사가 명확히 이해하고 있다는 것을 전달하는 것을 말한다. 모든 반영기술이 그러하듯이 목표 반영기술 역시 적극적 경청의 형식을 취한다. 목표 반영은 클라이언트가 표현한 대로 사회복지사가 목표를 경청했고 이해했다는 것을 의미한다.

사회복지사의 적극적인 노력에도 불구하고 목표를 세우지 못하는 클라이언트가 있을 수 있다. 이 경우에는 목표 설정 과정을 미루고, 사람-문제-상황에 대한 추가적인 탐색을 하도록 한다. 아니면 사회복지사가 클라이언트를 인정하거나, 거절하거나, 혹은 수정할 수 있는 임시 목표를 제안할 수 있다. 목표를 제안하기 위한 형식은 '개입 행동을 위해 _____이라는 목표를 세우는 것은 적당하다고 생각하십니까?'이다.

5) 행동계획 개발하기

목표를 설정한 후에는 목표를 달성하기 위한 행동계획을 개발해야 한다. 행동계획을 개발하면서 사회복지사와 클라이언트는 접촉해야 할 사람과 변화의 대상을 분명히 해야 한다. 또한, 사회복지사와 클라이언트는 변화를 위한 노력에 누구를 참여시킬 것이고, 이런 노력이 다른 사람에게 미치는 영향에 대해서도 고려해야 한다.

설정된 목표와 관련하여 사회복지사는 자신이 수행해야 할 사회복지사의 역할과 이론적 접근방법 또는 전략을 결정해야 한다. 사회복지사와 클라이언트는 만남의 장소도 결정해야 하는데, 때때로 사회복지사의 사무실보다는 클라이언트의 집에서 만나는 것이 클라이언트에게 편리하며 좀 더 긍정적인 결과를 가져오기도 한다. 사회복지사와 클라이언트는 언제(오전, 오후, 저녁), 얼마나 자주(일주일에 한 번, 한 달에 한 번 등), 그리고 얼마나 오래(30분, 60분 등)를 결정해야 한다. 사회복지사와 클라이언트는 개입활동을 위한 기간(4주간, 3개월간, 6개월간 등)을 함께 결정한다. 사회복지사와 클라이언트는 사회복지사가 수립한 계획의 결과에 영향을 미칠 수 있는 잠재적인 자원뿐만 아니라 나타날 수 있는 장애물도 밝혀내야 한다. 또한, 사회복지사는 성공적인 결과로 인해 생길 수 있는 이익이 무엇인지 고려해야 한다.

대부분의 사회복지행동계획은 다양한 종류의 변화(문제를 해결하고 목표를 달성하는 데 도움을 주는 변화)를 포함한다. 때로 단 한 번의 결정 또는 행동으로 충분할 수도 있으나, 지속적인 변화에 초점을 두는 것이 보다 일반적이다. 지속적인 변화 노력은 개인, 상황 또는 흔히 있는 경우처럼 개인과 상황 모두의 요소에 초점을 둘 수 있다. 사회복지사와 클라이언트는 다양한 종류의 환경 변화에 비중을 두어야 한다. 행동계획을 개발하면서 사회복지사와 클라이언트는 다양한 요인들을 고려하고, 개입행동을 이끌어 갈 계획이나 프로그램을 개발한다.

6) 행동 단계 밝히기

사회복지사와 클라이언트가 세운 목표는 단 한 차례의 행동으로 달성하기에는 너무나 거대하기 때문에, 한번에 모든 것을 달성하려고 노력하는 것은 비현실적이고 비실용적이다. 이러한 경우 사회복지사는 접근방법과 일치하고 목표 달성에 기여할 수 있는 작은 행동 단계나 과제를 클라이언트가 찾아낼 수 있도록 해야 한다.

행동 단계를 밝힐 때 사회복지사와 클라이언트는 자료수집과 사정 단계 동안 수정하고 만들어 낸 정보와 가설을 사용한다. 사회복지사는 다양한 의견을 밝히고 검토할 수 있도록 하기 위해, 융통성 있고 창의적이며 자유롭게 의견을 제안할 수 있는 분위기를 만들도록 노력해야 한다. 몇 가지 실천기술이 이 단계에서 적용될 수 있는데, 질문하기, 반영하기, 대화 내용 이상의 내용을 고려하기 등 세 가지 탐색기술이 특히 적합하다.

문제를 해결하고 목표를 달성하는 데는 다양한 방법이 있다. 어떤 접근방법은 개인의 변화를 요구하고, 어떤 방법은 환경의 변화를 요구하며, 또 다른 많은 접근방법은 개인과 환경 모두의 변화를 요구한다. 양육에 대한 지식을 쌓거나 자기주장기술을 향상시키는 것은 개인의 변화에 초점을 두는 것이다. 의식주를 보장하거나 부실한 건물의 상태를 향상시키려고 로비를 하기 위해 아파트 입주자 조합을 조직하는 것 등은 환경의 변화에 초점을 두는 것이다. 사회복지실천에서 변화가 개인에게 제한되는 경우는 드물며, 환경의 변화도 필요하다. 사회복지사가 대변자, 중재인, 중재자로서 일할 때에 사회복지사는 환경의 변화를 위해 일하는 것이다. 모든 행동 단계가 개인 중심적 혹은 환경 중심적일 수 있지만, 사회복지사는 체계 원리를 인식해야 한다. 즉, 개인-환경 체계의 한 요소의 변화는 거의 언제나 다른 요소의 변화를 이끌어 낸다.

과제나 행동 단계를 완성하는 것은 최종 목표의 달성에 기여한다. 과제나 행동 단계는 상대적으로 작은 단계들을 포함하기 때문에, 단 한 차례의 행동으로 최종 목표를 달성하려는 시도보다 과제나 행동 단계를 통해 최종 목표를 달성하는 경우 성공 가능성이 더 높다. 즉, 여러 가지 과제나 행동 단계(하위 목표)를 성취함으로써 달성하기 어려운 것처럼 보이는 거대한 목표가 성공적으로 성취될 수 있다.

행동 단계를 밝히는 실천기술은 하위 목표들을 설정하는 것을 수반하는데, 이러한 행동은 사회복지사와 클라이언트가 목표 달성을 위해 취할 단계, 과제, 활동 등을 포함한다. 다양한 행동 단계들은 클라이언트의 과제, 사회복지사의 과제, 혹은 세션 내의 과제로 구분될 수 있다. 클라이언트의 과제는 세션 기간 동안 클라이언트가 해야 할 행동 단계이다. 사회복지사의 과제는 사회복지사가 클라이언트와 다시 만나기 전에 완성해야 하는 것이다. 세션 내의 과제는 사회복지사와 클라이언트가 상담에서 함께 취해야 하는 절차, 활동, 혹은 개입기법이다.

과제와 행동 단계를 구체화하기 위해 사회복지사와 클라이언트는 먼저 최종 목표를 위한 첫 번째 작은 행동 단계를 결정하는 데 착수한다. 사회복지사는 '목표 달성을 향한 첫 번째 단계는 무엇입니까?' 혹은 '당신이 목표 달성을 향한 조그만 진전을 보이기 위해 무엇이 변화되어야 한다고 생각하십니까?'와 같은 질문을 함으로써 이 과정을 시작할 수 있다.

다음과 같은 질문들은 행동 단계를 밝히는 데 있어서 유용한 정보를 생산해 낸다. '이 문제에 진전이 있다는 것을 나타내는 첫 번째 표시는 무엇이겠습니까?', '당신이 목표 달성을 향해 나아가고 있다는 첫 번째 표시는 무엇이겠습니까?' 이와 같은 질문들은 목표 설정에서 사용되었던 것처럼 클라이언트의 낙관과 동기를 증가시키는 경향이 있는데 그 이유는 가까운 미래에 대해 생각할 수 있게끔 하기 때문이다. 사회복지사는 클라이언트가 더 발전된 상황을 그려 보도록 하거나 상상해 보도록 하고 진전을 나타내는 표시를 찾아보도록 요청한다. 이러한 표시는 목표 달성을 위해 취해야 하는 구체적인 행동 단계를 의미하기도 한다.

목표 달성을 위해 취해야 하는 행동 단계를 밝히는 것이 중요하다. 사회복지사는 목표 달성을 위해 무엇인가를 하는 것에 초점을 두어야 하며, 문제해결에 도움이 되는 클라이언트 자신의 변화(사고, 감정, 행동 등)나 환경의 변화로 이끄는 행동 단계를 밝힐 수 있도록 클라이언트를 격려해야 한다.

이 과정에서 사회복지사는 작고 다루기 쉬운 과제나 행동을 이끌어 낼 수 있는 질문을 한다. 사회복지사와 클라이언트가 초기 행동 단계에 대해 동의하면 그것을 명확하게 반영한다.

행동 단계 밝히기를 위한 형식은 '당신이 취할 첫 번째 단계는 _____입니다. 당신은 _____까지 이 과제를 완료할 것이며, 다음 상담에서 그것에 대해 이야기할 것입니다.'이다. 행동 단계를 밝힘으로써 사회복지사는 클라이언트와 개입행동을 위한 계약을 보다 확고히 하는 것이다.

클라이언트가 작은 행동 단계를 밝히지 못할 경우, 임시적으로 한 가지 행동 단계를 제안하여 클라이언트가 생각해 볼 수 있게 할 수 있다. 사회복지에 대한 의견에 대해 클라이언트의 반응을 구해야 한다. 행동 단계를 제안하기 위한 형식은 '_____라는 목표를 위한 첫 번째 단계로서 _____에 대해서 어떻게 생각합니까?'이다.

7) 평가계획 수립하기

사회복지사는 문제해결과 목표 달성의 정도를 평가할 책임이 있다. 목표 달성 정도를 측정하기 위해 활용 가능한 방법 중 하나는 목표 달성 척도(goal attainment scaling)이다. 목표 달성 척도는 표준화된 척도처럼 측정을 위한 범주가 정해져 있지 않기 때문에 사회복지실천에 적합하다.

목표 달성 척도를 개발하기 위해 사회복지사는 목표 달성 정도와 관련해서 가능한 결과를 다섯 가지로 예측하며, 이러한 예측은 사회복지사와 클라이언트에게 평가를 위한 기초를 제공한다. 평가 결과의 범주는 가장 부정적인 것에서부터 가장 긍정적인 것까지이며, 〈표 10-2〉와 같다.

〈표 10-2〉 평가 결과의 범주

	목표 1	목표 2	목표 3
1. 최악의 결과			
2. 기대에 못 미치는 결과			
3. 기대했던 것만큼의 변화			
4. 기대 이상의 결과			
5. 최상의 결과			

목표 달성 정도를 평가하는 방법에는 빈도와 주관적 평가가 있다. 첫째, 빈도는 사회복지사, 클라이언트 또는 클라이언트의 주변 사람이 최종 목표와 관련이 있는 특정 현상의 횟수를 기록하는 것이다. 둘째, 주관적 평가는 사회복지사, 클라이언트 혹은 그 외의 다른 사람이 표적 현상의 정도, 지속기간, 빈도, 강도에 대해 평가하는 것이다.

8) 계약 요약하기

계약을 요약하기는 사회복지사와 클라이언트가 이해한 내용의 본질을 간결하게 재검토하는 것이며, 개입행동을 위한 문제, 최종 목표, 접근방법, 과제 혹은 행동 단계, 그리고 평가방법을 포함한다.

계약은 DAC에 포함될 수 있고, 아니면 계약은 클라이언트와 사회복지사가 날인할 공간이 있는 정식 계약서로 따로 준비될 수도 있다. 어떠한 형식이든 계약은 문제, 목표, 계획에 대해 기술한다. 계약서는 문제의 해결과 목표의 달성을 위해 클라이언트와 함께 일하기로 한 사회복지사의 기본적인 동의를 의미한다.

〈표 10-3〉 DAC의 계약 부분

III. 계약
1. 문제
　① 클라이언트가 규정한 문제: 클라이언트가 밝힌 문제의 개요를 기록한다.
　② 사회복지사가 규정한 문제: 사회복지사가 밝힌 문제의 개요를 기록한다.
　③ 개입행동을 위한 문제: 클라이언트와 사회복지사가 다루기로 합의한 문제의 개요를
　　기록한다. 이것은 사회복지사와 클라이언트가 재협의하지 않는 이상 혹은 재협의할
　　때까지 초점으로 남는 문제이다.

2. 최종 목표
　사회복지사와 클라이언트가 밝힌 최종 목표의 개요를 기록한다. 이 목표는 개입행동을
　위한 문제와 관련이 있어야 한다. 최종 목표는 명확하고 구체적으로 기록되어야 하며,
　목표 달성 정도가 측정될 수 있어야 한다.

3. 계획
　① 접근방법: 사회복지사와 클라이언트가 계획한 접근방법을 요약한다. 누가 함께할
　　것인가, 어디서, 언제, 그리고 얼마나 자주 만남이 이루어질 것인가, 그리고 얼마나
　　오랫동안 그리고 어떤 과정이 전개될 것인가와 같은 요소를 기록한다.
　② 클라이언트의 과제 또는 행동 단계: 클라이언트가 목표 달성을 위해 취하기로 한 과제
　　혹은 행동 단계를 요약한다.
　③ 사회복지사의 과제 또는 행동 단계: 합의된 목표의 달성을 위해 사회복지사가 취하기로
　　한 과제와 활동을 요약한다.
　④ 세션 내의 과제 또는 행동 단계: 사회복지사와 클라이언트의 만남 동안 착수하기로
　　합의한 과제 혹은 활동의 개요를 기록한다.
　⑤ 평가계획: 목표의 평가 방법과 과정을 기록한다.

| 생각해 볼 문제 |

1. 계약 기술이 숙련된 정도를 스스로 평가하기 위해 다음의 문항에 응답하시오. 각각의
   문항에 동의 또는 동의하지 않는 정도를 다음에 제시된 4점 척도를 활용하여 표시하시오.

   ④ 전적으로 동의한다.
   ③ 동의한다.
   ② 동의하지 않는다.
   ① 전혀 동의하지 않는다.

   1) _____ 나는 문제 반영하기 기술을 효과적으로 사용할 수 있다.
   2) _____ 나는 문제 밝히기 기술을 효과적으로 사용할 수 있다.
   3) _____ 나는 개입을 위한 문제 구체화하기 기술을 효과적으로 사용할 수 있다.
   4) _____ 나는 목표 설정하기 기술을 효과적으로 사용할 수 있다.
   5) _____ 나는 행동계획 개발하기 기술을 효과적으로 사용할 수 있다.
   6) _____ 나는 행동 단계 밝히기 기술을 효과적으로 사용할 수 있다.
   7) _____ 나는 평가계획 수립하기 기술을 효과적으로 사용할 수 있다.
   8) _____ 나는 계약 요약하기 기술을 효과적으로 사용할 수 있다.

제11장

개입 단계

1. 다양한 수준의 개입
2. 개입 단계의 실천기술

학습목표

◆ 다양한 수준의 개입에 관해 설명할 수 있다.

◆ 개입 단계의 실천기술을 설명할 수 있다.

◆ SOAIGP에 대해 설명할 수 있다.

01
다양한 수준의 개입

사회복지실천 과정 중 4단계는 개입 단계이다. 개입 단계는 목표 설정과 계약에 의한 다양한 수준의 사회복지실천 활동을 하는 과정이다. 개입계획에 의한 사회복지실천 개입활동은 다양한 수준에서 이루어질 수 있다. 즉, 사회복지사는 개인 수준, 가족 수준, 집단 수준, 지역사회 수준에서 개입을 하게 된다.

1) 개인 수준의 개입

개인 수준의 개입은 사회복지사가 개인을 대상으로 1:1로 개입하는 것으로, 사회복지실천에서는 개별사회사업(casework)으로 발전해 왔다. 개별사회사업은 리치먼드(Richmond)에 의해 시작되어 사회복지실천의 기본적 개입방법으로 발전해 왔다.

개인 수준의 개입은 사회복지사가 클라이언트를 대상으로 직접적으로 사회복지서비스를 제공하는 직접 실천(direct practice)과 클라이언트의 환경을 변화시키기 위해 클라이언트의 가족과 지역사회 환경에 개입하는 간접 실천(indirect practice)을 포함한다.

2) 가족 수준의 개입

가족 수준의 개입은 사회복지사가 클라이언트와 그 가족을 대상으로 개입하는 것으로, 가족복지(family welfare)로 발전해 왔다.

우리나라에서는 2004년 2월 「건강가정기본법」이 제정되었는데, 제1조에서 이 법은 건강한 가정생활의 영위와 가족의 유지 및 발전을 위한 국민의 권리·의무와 국가 및 지방자치단체 등의 책임을 명백히 하고, 가정문제의 적절한 해결방안을 강구하며 가족 구성원의 복지 증진에 이바지할 수 있는 지원정책을 강화함으로써 건강가정 구현에 기여하는 것을 목적으로 하고 있다.

제2조에서 용어의 정의를 제시하고 있다. 가족이라 함은 혼인·혈연·입양으로 이루어진 사회의 기본단위를 말한다. 가정이라 함은 가족구성원이 생계 또는 주거를 함께하는 생활공동체로서 구성원의 일상적인 부양, 양육, 보호, 교육 등이 이루어지는 생활단위를 말한다.

우리나라에서 다문화가족이 증가하게 됨에 따라, 2008년 3월 「다문화가족지원법」이 제정되었다. 제1조에서 이 법은 다문화가족 구성원이 안정적인 가족생활을 영위하고 사회구성원으로서 역할과 책임을 다할 수 있도록 함으로써 이들의 삶의 질 향상과 사회통합에 이바지함을 목적으로 한다.

제2조에서 용어의 정의가 제시되어 있다. 다문화가족이란 「재한외국인 처우 기본법」 제2조 제3호에 따른 결혼이민자와 「국적법」 제2조부터 제4조까지의 규정에 따라 대한민국 국적을 취득한 자로 이루어진 가족, 「국적법」 제2조 및 제4조에 따라 대한민국 국적을 취득한 자와 같은 법 제2조부터 제4조까지의 규정에 따라 대한민국 국적을 취득한 자로 이루어진 가족이다.

결혼이민자들이란 다문화가족의 구성원으로서 「재한외국인 처우 기본법」 제2조 제3호의 결혼이민자, 「국적법」 제4조에 따라 귀하허가를 받은 자이다.

3) 집단 수준의 개입

집단 수준의 개인은 사회복지사가 집단을 대상으로 개입하는 것으로, 사회복지실천에서는 집단사회사업(groupwork)으로 발전해 왔다. 집단사회사업이란 집단성원들이 역동적인 상호작용을 통해 서로 간의 사고방식이나 행동양식, 일상생활습관 등을 변화시킬 수 있도록 원조하는 과정이다.

집단사회사업에서 활용되는 집단의 유형은 다음과 같다.

① **자연집단**: 자연적으로 일어난 사건, 개인 간의 친분, 또는 성원들이 상호 지각한 욕구 등에 의하여 자발적 형태로 함께 모인 집단이다.

② **치료집단**: 집단 성원들이 사회적·정서적 욕구를 충족시키는 집단으로, 치료

집단의 종류에는 교육집단, 성장집단, 교정집단, 사회집단이 있다.

③ **과업집단**: 조직이나 기관의 문제에 대한 해결책 모색, 새로운 아이디어 개발, 효과적 원조전략 수입 등의 과업 수행을 목적으로 하는 집단이다.

④ **자조집단**: 알코올, 마약 등 약물이나 암 또는 비만과 같은 핵심적인 공통의 관심사에 대해 전문가가 간접적 역할을 수행하지만, 집단을 이끌어 가는 실질적인 역할을 하는 집단이다.

4) 지역사회 수준의 개입

지역사회 수준의 개입은 사회복지사가 지역사회를 대상으로 하는 개입으로, 지역사회복지(community social work)로 발전해 왔다. 지역사회복지는 지역사회의 복지를 증진시키기 위한 사회복지실천으로, 사회복지사가 지역사회 수준에 개입하여 지역사회에 존재하는 각종 제도에 영향을 주고 지역사회의 문제를 해결하고자 하는 일체의 사회적 노력이다.

지역사회복지의 접근방법은 다음과 같다.

① **제도적 접근**: 거시적 접근으로 공공부조 및 사회복지서비스 관련 제도가 지방자치단체의 전달체계를 통해서 집행되는 구조와 절차이다.

② **전문적 접근**: 전문적 사회복지실천으로서 지역사회를 단위로 하는 지역사회 조직이나 지역사회복지실천이다.

③ **사회운동적 접근**: 사회 변화 또는 사회문제의 해결을 위해 사회구성원의 참여로 이루어지는 집합적이고 지속적인 행동이다.

④ **상부상조적 접근**: 지역사회 구성원이 활동의 주체가 되고, 그 목적이 구성원 상호 간의 자조 혹은 상부상조 활동에 있다. 예로, 두레, 계, 품앗이 등이 있다.

⑤ **지지적 접근**: 지역사회복지 접근들을 보조 · 지원하거나 연계하는 성격을 갖는 접근으로, 사회봉사활동 및 모금을 조직하거나, 협의회나 연합회 결성을 통한 활동이다. 예로, 사회봉사단체, 사회복지공동모금회, 사회복지협의회 등이 있다.

[
O2
개입 단계의 실천기술2)
]

　개입 단계에서는 사람-문제-상황의 변화를 촉진하기 위한 기술을 사용하게 된다. 개입 기술은 클라이언트의 경험과 준거틀에 기초하여 사회복지사의 전문적인 지식과 경험을 보다 표현적인 방식으로 제시하는 것이다. 개입 기술은 감정이입적이라기보다는 표현적이기 때문에, 사회복지사가 특정 시점에 개입 기술을 사용할 때는 근거를 분명히 해야 한다. 이때 사회복지사의 동기는 사적인 것이 아니라 전문적인 것이어야 한다. 사회복지사가 선택하는 개입 기술은 개입을 위한 계약과 관련이 있어야 한다.

1) 행동 단계의 연습

　클라이언트는 계약 과정의 일부로 과제나 행동 단계를 시도하는 데 동의한다. 개입 단계에서 사회복지사는 클라이언트가 이를 수행할 수 있도록 클라이언트를 준비시키고 동기를 부여한다. 클라이언트가 학습한 것을 클라이언트가 현실세계로 이전하기 위해서는 개입행동 과정에 여러 개입 기술들이 통합되어야 한다. 여러 가지 것들이 면접 시에 이루어질 수 있으며, 이것은 세션 내의 과제로 개념화될 수 있다. 역할극, 시각화와 같은 절차들은 사회복지 상담과 일상생활 간의 간격을 이어 주는 역할을 한다. 연습활동은 행동 단계를 연습하는 것을 말한다. 이러한 연습활동은 대화를 나누는 것 이상을 의미하며, 이는 행동 단계 실천의 한 구성요소이다. 클라이언트는 연습활동을 통해서 다양한 경험(사고, 감정, 행동)을 함으로써 현실세계에 더 근접하게 된다.

　행동 단계에 대한 연습은 특정 행동을 수행해야 한다는 생각과 관련된 불안감

---

2) 김인숙, 김용석, 2006을 참고하였다.

을 감소시키고, 동기를 증가시키며, 클라이언트가 그 행동을 수행하고 그것을 성공적으로 이끌 가능성을 증가시킨다. 이 기술을 사용할 때 사회복지사는 클라이언트와 함께 행동 단계를 재검토하고, 가능한 시나리오를 생각해 보아야 한다. 클라이언트가 대안적 행동을 생각해 낼 수 없을 때, 사회복지사는 이를 위해 적극적 역할을 수행해야 한다. 사회복지사는 행동 단계를 시작할 수 있는 다른 방법들을 제안할 수도 있고, 다른 사람들은 어떻게 하는지 등의 예를 제시할 수도 있다. 혹은 사회복지사는 연습 과정에서 필요한 것을 말해 주거나, 직접 행동으로 보여 줌으로써 클라이언트의 역할모델이 될 수도 있다. 역할극을 통해 사회복지사는 클라이언트가 행동 단계를 수행하면서 관계하게 될 사람의 역할을 수행할 수도 있다. 아울러 역할극을 하는 동안이나 역할극을 한 후에 사회복지사는 클라이언트에게 지침, 피드백, 지지, 격려 등을 제공할 수 있다.

또 다른 연습의 형태는 클라이언트가 행동 단계를 수행하는 자신의 모습을 시각화하도록 하는 것이다. 시각화하기(visualizing)를 사용하기 전에 사회복지사는 먼저 특정 클라이언트가 정신적 그림을 그릴 수 있는 능력이 있는지 알아보아야 한다. 시각화는 연습의 목적뿐 아니라, 클라이언트가 느끼는 두려움을 밝히고 행동을 수행하면서 나타날지도 모르는 잠재적인 장애물을 예상하는 목적을 갖는다. 사회복지사와 클라이언트가 수행해야 할 행동을 명확히 이해한 후, 클라이언트에게 행동 단계를 성공적으로 수행하는 것을 상상하도록 요청한다. 그다음 행동 단계 완성을 상상했을 때 수반된 긍정적인 생각과 느낌을 밝히도록 클라이언트에게 요청한다. 역할극, 시각화하기, 이러한 방법들을 결합해서 사용하는 연습의 결과로 클라이언트가 자신의 삶의 현장에서 특정 행동을 수행할 가능성이 높아지게 된다.

2) 행동 단계의 재검토

클라이언트가 행동 단계를 수행하는 데 동의한다면 세 가지 가능한 결과들을 생각해 볼 수 있다. 즉, ① 클라이언트가 행동 단계를 완수하기, ② 클라이언트가 부분적으로 완수하기, ③ 클라이언트가 행동 단계를 수행하지 않기 등이다. 첫 번째와 두 번째 결과는 진전을 의미하지만 세 번째 결과는 그렇지 않다. 그러나 세 번째 결과도 앞으로의 성공 가능성을 높이기 위해 그 과정을 조심스럽게 재검토한다면 유용할 수 있다. 사회복지사는 클라이언트와 일하면서 사회복지사가 동의한 행동 단계를 시도하고 완수할 가능성을 높이도록 노력해야 한다. 클라이언트가 실제로 행동을 시도하기 전에 연습을 한다면, 행동을 시도할 가능성은 더 높아진다. 또한 클라이언트가 행동 단계를 시도한 후 그것을 재검토할 기회가 있다는 것을 알 때 행동을 시도할 동기가 높아진다. 대부분의 클라이언트에게 있어서, 클라이언트가 취한 행동 단계의 과정과 결과에 대해 사회복지사가 관심을 표현하는 것은 클라이언트가 보다 더 많은 행동 단계들을 시도하도록 원조하는 것이다. 또한 행동 단계를 시도한 후 어떤 일이 일어났는지를 재검토함으로써 목표 달성 정도를 평가하고 후속 행동 단계를 밝히기 위해 사용할 수 있는 유용한 정보를 수집할 수 있다.

사회복지사는 행동 단계를 재검토하면서 지지적이고 호기심 있는 태도를 취하는 것이 필요하다. 클라이언트가 행동 단계를 부분적으로 또는 완전하게 수행했다면 기쁨을 표현하고, 반대로 클라이언트가 행동 단계를 시도하지 않았더라도 불만스럽고 클라이언트를 비난하는 듯한 태도를 표현하는 것은 현명하지 않다. 그보다 "무엇 때문에 당신은 시도하지 못했다고 생각하십니까?"와 같은 질문을 하는 것으로 사회복지사의 관심을 전달해야 한다. 이와 같은 상황에서는 행동 단계의 수행을 연기하도록 한 클라이언트의 생각과 감정을 클라이언트와 함께 탐색하고, 계획의 변화를 초래한 상황적 요소에 대해 질문한다. 종종 가끔 예상치 못한 장애물 때문에 클라이언트가 행동 단계를 수행하지 못할 때도 있다. 이럴 경우 사회복지사와 클라이언트는 대안을 모색하고 변경된 행동 단계를 연습한다. 클라이언트가 행동 단계를 완성했을 때, 사회복지사는 행동 단계를 완성하는 데 영향을 준 요인에 대해 질문하면서("이번에는 무엇 때문에 행동 단계를 완수할 수 있었습니까?"), 사회복지사의 기쁨과 호기심을 적절히 표현한다. 활동을 부분적으로 완수한 클라이언트에게는 기쁨과 관심을 표현하면서, 행동 단계를 올바른 방향으로 수행할 수 있게 만든 차이점에 대해 질문을 하도록 한다. 이후에 사회복지사는 어떤 요인 때문에 더욱 완수할 수 없었는지를 탐색할 수 있고 클라이언트와 계획을 수정할 수

있다. 클라이언트가 부분적으로 혹은 완전히 행동 단계를 수행했다면, 그와 관련
된 기쁨과 만족스러움을 표현할 수 있도록 클라이언트를 복돋아 주어야 한다. 또
한 사회복지사는 클라이언트가 보여 준 노력에 대해서 사회복지사의 긍정적인 느
낌을 클라이언트와 공유한 후, 사회복지사와 클라이언트는 추가적인 행동 단계를
밝히고 연습한다.

3) 평가하기

평가하기(evaluating)는 개입행동과 평가 단계에서 매우 중요하며, 행동 단계를
재검토하는 동안 평가를 하게 된다. 평가 기술을 통해서 사회복지사는 목표 달성
정도를 검토하는 과정에 클라이언트를 참여시키게 된다. 목표 달성 척도, 빈도,
주관적 평가, 표준화된 도구 등을 활용하여 클라이언트의 진전을 평가할 수 있다.
변화의 정도 또는 진전의 유무를 기록지에 기록하거나 그래프로 나타낼 수 있다.
클라이언트와 재검토를 할 때, 진전이 있다는 증거는 자신감을 높일 수 있고 그
이상의 행동을 취할 동기를 증가시킬 수 있다. 평가 결과가 진전이 없거나 부정적
인 방향으로의 변화를 나타낸다면, 사회복지사와 클라이언트는 평가, 계약, 행동
단계, 접근방법 등을 재검토해야 한다.

사회복지사는 평가계획에 맞춰 수집한 자료를 검토하는 과정에 클라이언트를
참여시키고, 사회복지사와 클라이언트는 그 자료가 목표 달성을 향한 진전이나 문
제의 완화, 변화가 없는 상태, 또는 잘못된 방향으로의 변화를 반영하는지를 결정
해야 한다. 행동 단계를 검토할 때와 마찬가지로, 사회복지사는 명확한 진전이 있
을 때 기쁨을 적절하게 표현하면서 긍정적인 변화에 기여한 요인을 클라이언트가
밝히도록 격려할 수 있다. 진전의 증거가 없을 경우, 사회복지사는 그 이유를 분
석하도록 클라이언트에게 요청할 수 있다. 사회복지사와 클라이언트는 계획을 대
폭 수정해야 하는지 또는 약간의 수정만이 필요한지를 함께 결정한다. 평가도구
는 클라이언트의 경험과 사회복지사의 관찰을 보충해 줄 수 있는 유용한 정보를
제공한다. 문제가 악화되었을 경우 사회복지사와 클라이언트는 실증적인 분석을
하게 되는데, 사회복지사는 계획된 행동 단계가 상황의 악화에 기여했는지를 알아

보아야 한다. 초기에 나타나는 부정적인 결과는 예상 가능하고 일시적인 현상이며, 이후에 긍정적인 결과가 나타날 수 있다. 문제 상황이 호전되기 전에 악화되는 것이 보기 드문 현상은 아니다. 또한 부정적인 결과가 언제나 사회복지사의 접근방법이나 행동 단계의 결과 때문만도 아니며, 사람과 상황의 지속적인 변화의 영향일 수도 있다. 물론 프로그램 자체의 변화 때문에 부정적인 결과가 초래될 수도 있으며, 이러한 경우에도 계약의 수정이 필요하다.

4) 초점 맞추기

초점 맞추기는 현재 다루고 있는 주제에 주의를 집중하고 유지하기 위해 사용되는 기술이다. 사회복지사와 클라이언트는 개입행동을 위해 합의한 목적과 관계되는 이슈로부터 이탈하는 경우가 있다. 이탈은 이해의 폭을 넓히고 효과적 변화의 기회를 만들어 생산적인 경우도 있으나 비생산적일 수도 있다. 초점 맞추기 기술을 통해 사회복지사는 관련 있는 주제로 방향을 되돌릴 수 있다. 사회복지사는 클라이언트가 인식하지 못한 중요한 일이 발생하는 경우, 이에 클라이언트의 주의를 기울이도록 함으로써 클라이언트의 인식과 이해를 높일 수 있다.

5) 교육하기

개입행동 단계 동안 클라이언트가 목표를 달성하는 데 필요한 정보나 목표를 달성할 수 있는 능력이 부족하다는 것이 명확하게 나타나는 경우가 있는데, 이와 같은 상황에서 사회복지사는 교사나 교육자의 역할을 수행해야 한다. 교육하기 기술은 몇 가지 차원을 포함한다. 사회복지사는 지식과 교육적 의견을 공유하게 된다.

클라이언트를 교육시킬 때 사회복지사가 제공한 정보나 특정 상황과 관련이 있는지를 자유롭게 고려하고, 그 정보의 수용 여부를 결정할 수 있는 방법으로 클라이언트에게 정보를 전달해야 한다. 이것은 사회복지사가 표현한 정보가 사실보다 의견일 경우 더욱 그렇다. 정확한 정보를 클라이언트에게 전달할 때에도 클라이언트가 동의하지 않고 자신의 행동 과정을 선택할 수 있는 권리를 존중해야 한다.

사회복지사는 클라이언트를 교육시키면서 모든 사람이 동일한 방법으로 배우지 않는다는 것을 알아야 한다. 각기 다른 방식이 있는 것이므로, 클라이언트에 따라서 사회복지사의 교육방법을 개별화해야 한다. 아울러 클라이언트를 교육시키는 동안 클라이언트가 선호하는 학습 방식을 발견하고 그것에 맞게 교육방법을 적합하게 사용해야 한다.

사회복지사는 사회복지사의 개인적인 감정과 경험을 함께 공유함으로써 중요한 교육적 역할을 수행할 수 있다. 이것은 이야기를 들려주는 것과 비슷하지만 사회복지사 자신에 대한 이야기이다. 자기노출(self-disclosure)을 할 때 사회복지사는 클라이언트에게 더욱 진정한 상대가 된다. 개인적인 경험은 사회복지사의 개인사에 대한 메시지에 중요한 의미를 부여하는 클라이언트에게 특별한 의미를 전달할 수 있다. 그러나 개인적 감정과 경험을 공유할 때, 클라이언트의 클라이언트가 되지 않도록 주의해야 한다. 사회복지사 자신의 자기노출과 개입행동을 위한 목표 간에 분명한 관계가 있어야 한다.

또한 사회복지사는 클라이언트가 자기 표현을 할 수 있는 기회를 없애면서, 사회복지사 자신의 감정과 경험을 이야기하는 데 너무 많은 시간을 할애해서는 안된다. 자신에 대해 너무 많이 이야기하면, 클라이언트는 사회복지사를 능력이 있다고 보기보다는 문제가 있거나 도움이 필요하다고 생각할 수 있다. 클라이언트가 여러분을 이렇게 바라보기 시작하면 사회복지사의 효과성은 상당히 감소된다. 클라이언트는 사회복지사와의 관계를 갑자기 끝내고 더욱 유능한 전문가를 찾을 수도 있다. 또한 클라이언트가 보호자나 대리 부모의 역할을 가정하면서 사회복지사를 돌보기 시작할 수도 있다. 따라서 사회복지사 자신에 대해 너무 자주 그리고 너무 많이 이야기하는 것을 주의해야 한다. 사회복지서비스는 사회복지사를 위한 것이 아니라, 우선적으로 클라이언트를 위한 것이라는 점을 기억해야 한다.

6) 조언하기

클라이언트와 일을 하면서 사회복지사가 조언을 해 주는 것이 필요하며, 제안이나 추천이 사회복지사가 할 수 있는 적절한 행동일 수 있다. 조언하기 기술을 사용할 때, 사회복지사는 클라이언트가 자유롭게 조언을 받아들이거나 거절할 수 있다는 것을 항상 전달해야 한다. 많은 클라이언트는 사회복지사의 전문적인 조언을 가치 있게 생각하고 고마워한다. 그러나 사회복지사로 성장을 해 가는 초기에 사회복지사는 조언하기에 대한 어려움을 경험하기도 한다. 사회복지사는 너무 많은 양 또는 너무 적은 양의 조언을 줄 수 있다. 사회복지사로서 사회복지사는 클라이언트의 자기결정과 각 클라이언트의 독특성을 존중해야 한다는 것을 알고 있다.

사회복지사는 사회복지사 자신의 개인적 감정, 태도, 선호에 기초해서 조언을 하고자 하는 유혹을 이겨 내야 하는데, "내가 어떻게 해야 하지요?"나 "당신이 내 입장이라면 어떻게 하겠습니까?"라고 클라이언트가 질문을 할 때 어려울 수 있다. 사회복지사는 "당신은 어떻게 생각합니까?"라고 클라이언트에게 질문함으로써 재치 있게 답을 피할 수 있고, 혹은 "물론이지요. 말하세요. 부끄러워할 것이 아무것도 없습니다."와 같이 자신의 개인적 의견을 함께 나누면서 직접적으로 반응할 수 있다. 또한 사회복지사는 클라이언트가 해야 할 일에 대한 조언은 삼간 채 클라이언트의 질문에 직접적으로 응답할 수 있다. "이 문제를 당신과 함께 탐색하고 당신이 결정을 내릴 수 있도록 도와주고 싶습니다. 그러나 제가 그 질문에 쉽고 직접적인 대답을 줄 수는 없는 것입니다. 당신이 무엇을 해야 할지에 대한 조언도 할 수 없습니다. 최종 결정은 당신의 것이며, 혼자 결정을 해야 합니다."

조언하기 기술은 사회복지실천의 다양한 분야에서 사용된다. 조언하기 기술을 위한 형식은 다음과 같다. '당신이 고려했으면 하는 제안이 있습니다. 당신이 _____하는 것을 제안합니다.'

7) 대변하기

대변하기 기술은 사회복지사와 클라이언트가 동의한 목표를 달성하기 위해 그리고 클라이언트를 위해 사회복지사가 취하는 행동을 포함한다. 대변하는 활동은 클라이언트와 다양한 사회체계 간의 상호작용을 촉진시키기 위한 것이다. 대변하기 기술은 중개자, 옹호자, 중재자의 역할을 포함한다. 따라서 대변하기는 복합적인 과정이고, 사정, 계약, 개입행동뿐만 아니라 준비, 시작, 탐색 단계의 많은 기술을 토대로 수행된다.

그러나 대변하기는 클라이언트를 위해 클라이언트와 함께 일하는 것이 아니라, 클라이언트를 위해 다른 사람들과 일하는 것이다. 예를 들어, 직장이 없는 여성 클라이언트가 의식주 및 경제적인 도움을 원하고 있다. 도움을 위해 클라이언트가 직접 특정 기관에 신청한다면 아마 거절될 것이라는 것에 사회복지사와 클라이언트가 동의한다. 클라이언트는 이 문제와 관련하여 사회복지사가 자신을 대변해 줄 것을 부탁하였고, 사회복지사는 관련 기관과 접촉하기로 동의한다. 그다음 클라이언트와 함께 사회복지사는 몇 가지 행동 단계를 계획한다. 클라이언트와의 첫 만남을 준비하는 과정과 같이, 사회복지사는 클라이언트를 효과적으로 대변하기 위해 관련 기관과의 접촉을 준비해야 한다.

사회복지사는 지역사회 내 다양한 기관의 사회복지사의 이름과 연락처를 알고 있어야 한다. 각종 복지관, 교회, 병원, 정부기관 등 클라이언트를 돕는 데 자원이 될 수 있는 기관의 직원들을 알고, 그들에 대한 정보를 기록하고, 그 정보를 쉽게 활용할 수 있는 곳에 보관하는 것이 필요하다.

예를 들어, 당장 먹을 음식과 거처가 필요한 여성 클라이언트의 사례에서 사회복지사가 취할 수 있는 첫 번째 단계는 관련 기관에서 일하는 동료 사회복지사에게 연락하는 것이다. 동료 사회복지사에게 전화를 한 후, 사회복지사가 자신의 클라이언트와 업무를 시작하듯이 같은 방법으로 절차를 진행한다. 서로 소개를 하고 상황에 따라 사회복지사는 동료 사회복지사가 편안하게 느낄 수 있도록 비공식적이고 친근감 있는 대화를 해도 좋다. 그러고 나서 연락한 목적을 요약해서 말한다. "저에게 도움이 필요한 클라이언트가 있습니다. 그녀는 실직한 상태이며 가지고 있는 돈도 없습니다. 지난 이틀간 아무것도 먹지 못했고 머무를 곳도 없습니다. 그녀가 당신의 기관으로부터 약간의 도움을 받을 수 있을지 알아보기 위해 전화했습니다." 이와 같은 목적을 설명한 후, 사회복지사는 자신의 메시지가 이해되었는지 확인하기 위해 피드백을 구할 수 있다. 이러한 과정 중 사회복지사는 관련

기관의 서비스를 이용하기 위한 자격요건에 대한 정보를 알아보거나, 클라이언트의 상황에 대해 더 알아볼 수 있는 기회를 동료 사회복지사에게 제공할 수 있다.

사회복지사로서 클라이언트를 대변하는 것은 개인적으로 매우 만족스러운 것이다. 도움을 줄 수 있는 사람과의 대화는 즐겁고 생산적일 수 있다. 클라이언트는 그들이 필요로 하는 것을 받을 수 있고 친절하게 대접받을 수 있다. 사회복지사는 도움을 줄 수 있는 사람과 좋은 관계를 이루고, 지역사회 내 다양한 기관의 프로그램에 대해 알고 있다면 사회복지사는 클라이언트를 대변하는 데 더욱 효과적일 수 있다.

중재와 갈등 해소 과정의 일부분으로서 사회복지사는 클라이언트에게 필요한 지역사회 자원을 연결시켜 주고, 클라이언트가 공정한 대우를 받을 수 있도록 하기 위해 클라이언트를 대변하게 되며, 이는 사회복지실천의 일부분이다. 사회복지사는 대변하기를 실행하면서 클라이언트를 대변하는 행동에 대해서 동의를 얻는 것과 클라이언트의 이익이 최우선이라는 점을 잊어서는 안 된다.

8) 즉시 반응하기

즉시 반응하기 기술은 사회복지사 자신, 사회복지사와 클라이언트의 관계, 그리고 사회복지사가 하고 있는 개입행동에 대한 클라이언트의 경험과 감정을 탐색하는 것이다. 즉시 반응하기 기술을 사용함으로써 사회복지사는 자신과 클라이언트 사이에서 현재 일어나고 있는 것에 대한 클라이언트의 경험에 초점을 맞추게 된다. 여기서 나온 생각과 감정은 즉각적인 탐색을 위한 주제가 된다. 즉시 반응하기는 문제를 박진감 있게 만들고 사회복지사와 클라이언트 관계를 강화시키며, 클라이언트가 사회복지사와의 관계에 대해 갖는 관심사를 탐색하도록 한다. 사회복지사가 즉시 반응할 때, 사회복지사는 클라이언트에게 개방적 의사소통 방식을 보여 주거나 혹은 그러한 모델이 되어 주는 것일 수 있다. 이러한 개방성은 클라이언트의 솔직함과 진실함을 더 많이 끌어내고, 대인관계 패턴에 대한 그들의 이해를 증대시키며, 클라이언트가 문제와 목표를 말하는 것에 대한 망설임을 줄여 준다.

즉시 반응하기를 위한 형식은 다음과 같다. '당신은 지금 나에 대해(나와 함께)

_____게 생각하고(느끼고, 하고, 경험하고) 있다.' 즉시 반응하기 기술은 사회복지사 자신, 사회복지사와 클라이언트와의 관계, 혹은 사회복지사의 개입행동의 본질과 유용성에 관한 클라이언트의 즉각적인 감정에 직접적으로 적용될 수 있다. 사회복지사가 '나와 함께 바로 여기서 바로 지금(right here and right now with me)'이라는 맥락에서 멀어질수록 사회복지사의 반응은 점차 즉시성과 힘을 잃어가게 된다. 즉시 반응하기는 현재 시제로 일어난다. 대화가 과거나 미래시제로 옮겨질 때마다 상호작용은 즉시성을 잃게 되는 것이다.

많은 경우 클라이언트가 사회복지사와 관계하는 방식은 클라이언트의 대인관계 방식을 나타낸다. 클라이언트는 다른 사람과의 관계에서 보이는 동일한 문제를 사회복지사와의 관계에서 재현한다. 사회복지사는 클라이언트가 이러한 대인관계 패턴을 보이는 즉시 그 패턴에 반응함으로써 클라이언트로 하여금 그것을 인식하고, 더 새롭고 유용한 상호작용 패턴을 개발할 수 있도록 돕게 되는 것이다.

그러나 즉시 반응하기는 모든 클라이언트에게 적합한 것이 아니며, 개입 목표와 이론적 접근방법, 계약의 본질에 따라 다르다. 클라이언트의 반응이 개입행동을 위한 문제나 목표와 관계가 없다면 사회복지사는 즉시 반응하지는 않을 것이다. 또한 사회복지사는 클라이언트와의 관계에서 즉각적인 상호작용을 강조하고 수행하는 정도도 다르다. 즉시 반응하는 기술은 현재 일어나고 있는 클라이언트의 경험을 다루는 기술이다.

즉시 반응하기 기술의 사용은 사회복지사와 클라이언트 사이의 에너지를 증가시킬 수 있다. 사회복지사와 클라이언트 모두 현재에 더욱 주의를 기울이게 되며 상대방에 더욱 몰두하게 된다. 즉시 반응하기 기술은 전문적인 관계의 강도와 대인관계의 친밀함을 강화하기 때문에 신뢰관계가 잘 성립된 후에 사용하는 것이 좋다. 즉시 반응하기 기술을 사용하기 전에 사회복지사는 클라이언트에 대해 진정으로 관심을 가지고 있다는 사실을 클라이언트가 알아야만 한다.

9) 재구성하기

재구성하기는 클라이언트에게 그들 자신과 문제, 상황에 대한 새로운 관점을 소개하기 위해 사회복지사가 하는 말과 사회복지사가 취하는 행동을 말한다. 재구성하기는 클라이언트가 이전에 받아들인 관점과 다른 관점을 공유하는 것을 의미한다. 어떤 클라이언트는 목표 달성에 방해가 되는 관점을 가지고 있기도 한다. 물론 고정된 관점이 언제나 문제시되는 것은 아니기 때문에, 사회복지사는 모든 관점에 도전하거나 그것을 재구성하려고 하지 않아야 한다. 클라이언트의 고정된 태도가 문제의 근본적인 부분을 차지하는 경우라면 재구성하기 기술을 적용할 수 있다. 재구성하기는 교육기술과 비슷하지만, 재구성하기 기술의 목적이 클라이언트를 독자적인 관점으로부터 자유롭게 하기 위한 것이라는 점에서 다르다. 재구성의 결과로 클라이언트는 자신이 지녔던 신념을 다시 생각해 볼 수 있으며, 이는 클라이언트의 감정과 행동에 영향을 미치기도 한다.

재구성하기에는 몇 가지 형태가 있다. 일반적인 것 중 하나는 부정적인 것을 긍정적인 것으로 재구성하는 것이다. 이와는 다른 형태의 재구성하기는 클라이언트가 책임의 소재를 다른 사람, 다른 조직 혹은 외적 요인(예: 상황)으로부터 자기 자신에게 옮길 수 있도록 권유하는 것이다. 이는 의미의 개인화(personalizing meaning)라고 부른다. 의미의 개인화는 변화를 위해 클라이언트가 더 많은 책임을 갖도록 하고 자유롭게 하며 역량을 강화하는 것이다. 의미를 개인화하는 것은 클라이언트가 자신의 믿음, 가치관, 태도, 기대와 클라이언트의 감정과 행동 간의 관계를 볼 수 있게 한다. 이런 형태의 재구성하기는 클라이언트가 직접적으로 표현한 것 이상의 것을 포함한다. 사회복지사는 클라이언트가 더 많은 책임, 개인적인 힘, 통제력을 느낄 수 있도록 하기 위해, 의미를 외적 요인으로 돌리는 것에서 내적 혹은 개인적 요인으로 돌리도록 클라이언트의 표현을 바꾸어 줄 수 있다. 의미를 개인화하기 위해 사회복지사는 다음의 형식을 사용할 수 있다. 의미의 개인화를 위한 형식은 '당신은 _____게 생각하기(믿기/가치를 두기/인식하기/기대하기) 때문에 당신은 _____게 느낍니다(합니다/경험합니다).'이다.

의미를 개인화하는 기술은 클라이언트에 대한 사회복지사의 준거틀로부터 나오기 때문에 감정이입 기술이라기보다는 표현적인 기술이며, 따라서 사회복지사의 의견을 임시적인 방식으로 표현해야 한다. 의미를 개인화하는 것은 클라이언트의 생각, 감정, 행동이 외적이거나 상황적인 요소보다는 개인의 의식과정과 관계가 있다는 것이기 때문에 클라이언트가 더 많은 죄의식과 책임감을 느낄 수도 있다. 그러나 이러한 감정은 클라이언트 자신의 가치관, 믿음, 사고의 결과이기 때문에 오히려 긍정적인 의미, 즉 개인의 가치관, 믿음, 사고는 영구적이지 않으며 변할 수 있고 변하기도 한다는 사실을 보여 주는 것이기도 하다.

의미의 상황화(situationalizing meaning)는 클라이언트가 제안한 표현의 의미를 변화시키는 재구성의 또 다른 형태이다. 감정이입적 측면도 있지만, 이 형태의 재구성에서도 사회복지사는 클라이언트가 표현한 의미를 약간 바꾼다. 의미의 상황화는 클라이언트의 관점을 확장하고, 클라이언트의 죄책감, 자기 비난, 개인적 책임감을 줄이는 결과를 가져온다.

10) 직면하기

클라이언트와 직면할 때, 사회복지사는 클라이언트의 말, 감정, 행동에서 나타나는 모순과 불일치를 직접적으로 지적하되 비판하지 않으면서 해야 한다. 클라이언트와 직면하면서 사회복지사는 클라이언트가 자기 자신을 모순 없이 되돌아보도록 해야 한다. 클라이언트를 직면할 때 사회복지사는 다음의 형식을 사용할 수 있다. 직면하기를 위한 형식은 '한편으로 당신은 _____(이)라고 말하지만(느끼지만/생각하지만/행동하지만) 그 반면에 또 다른 한편으로 당신은 _____(이)라고 말합니다(느낍니다/생각합니다/행동합니다).'이다.

직면하기는 클라이언트에게 강력한 영향을 줄 수 있다. 즉, 직면은 스트레스를 많이 받거나 효과적인 대처기술을 갖고 있지 못한 사람에게는 불균형을 초래하는 잠재 요인일 수 있다는 의미이다. 따라서 특정 클라이언트에게 직면기술을 사용하기 전에 클라이언트가 충격을 견딜 만한 심리적·사회적 자원을 가지고 있는가를 확인해야 한다. 특히 직면하기 전에 사회복지사와 클라이언트 사이의 관계가 잘 정리되어야 한다. 직면기술을 사용할 때 사회복지사 자신이 관찰하는 모순이나 불일치에 대해 설명하도록 노력하고, 판단적이거나 평가적인 추측과 결론은 피해야 한다. 또한 직면 전과 후에 감정이입적 반응을 사용하는 것이 현명하다.

11) 종결 예고하기

종결을 예고할 때 사회복지사는 클라이언트에게 클라이언트와 사회복지사의 관계가 끝나 가고 있다는 것을 최종 만남 얼마 전에 클라이언트에게 알려 주어야 한다. 계약이 성립된 대부분 상황에서는 개입을 위한 기간이 결정되며, 이는 개입을 위한 접근방법을 계획하는 단계의 중요한 부분이다. 개입 단계 동안 사회복지사는 정기적으로 기간에 대해 언급한다. 물론 상황이 허락한다면 일정은 다시 협의될 수 있다. 그러나 이는 조심스럽게 이루어져야 하며, 클라이언트와 함께 논의되어야 한다. 기간을 연장하는 것이 반드시 목표 달성 가능성을 높이는 것은 아니다. 때로 기간 연장은 목표가 달성되기 어렵다는 것을 의미하기도 하며, 클라이언트와 사회복지사와의 전문적 관계가 끝없이 계속될 수 있다는 인상을 남기기도 한다.

종결을 예고함으로써 사회복지사는 클라이언트가 특정 기간 내에 목표 달성을 위한 행동 단계를 더 열심히 하도록 동기를 부여할 수 있다. 사회복지실천 관계는 시간 제한적이다. 사회복지사는 시간 제한을 정하고 종결을 예고함으로써, 클라이언트가 사회복지사와의 관계를 종결하는 과정을 심리적으로 준비할 수 있도록 원조해야 한다. 전문적 관계가 종결된다는 것을 다루지 않는다면, 사회복지사와 클라이언트는 종결과 관련된 감정을 부인하게 될 것이다. 이러한 부인은 종결과 관련된 강한 감정을 일시적으로 중단할 수는 있으나, 클라이언트와 사회복지사가 종결을 예상하고 종결에 대해서 심리적으로 준비하는 것을 막을 수 있다. 따라서 편안하지 않은 감정임에도 불구하고 사회복지사는 다가올 관계의 종결에 대해 이야기해야 한다.

종결을 예고하는 기술은 몇 가지 방법으로 이루어질 수 있다. 종결을 예고하는 기술의 형식에 관계없이 클라이언트가 사회복지사와의 관계가 끝날 것이라는 사실을 의식적으로 그리고 감정적으로 고려하도록 하고, 곧 관계가 종결될 것이고 변화에 의해 나타나는 생각과 느낌이 있다는 것을 클라이언트에게 알려 주어야 한다.

사회복지사는 계약 기간의 중간 시점에 종결에 대해 언급을 하고, 사회복지사는 종결에 대한 의견, 생각, 감정을 탐색하거나 검증할 수 있다. 사회복지사는 "우리의 관계를 종결하는 것에 대해 생각하면서 어떤 생각이나 감정이 나타날 수 있습니다. 그것에 대해 말씀해 주시겠습니까?"라고 묻거나, "우리의 관계가 종결되고 나면 어떻게 달라지겠습니까?"라고 물어볼 수 있다. 특정한 형식이 적용되는 것은 아니지만 종결을 예고하는 주된 요소는 암시이다. '우리는 ____번의 만남이 남았습니다.' 또는 '____주 더 만나겠습니다.'와 같은 표현은 이러한 역할을 한다. 클라이언트를 다른 기관으로 의뢰하는 경우, 사회복지사와 클라이언트의 관계가 종결된 후 어떠한 일이 일어날지를 명확히 해 주어야 한다. 사회복지사는 '____와 일하기 시각하기 전에 만남이 ____번 남았습니다.' 혹은 '____에서 프로그램을 시작하기 전에 ____주 동안 만날 것입니다.'라고 말할 수 있다.

12) 진행 기록하기

사회복지사는 사회복지실천의 모든 단계를 통해서 기록하고 이를 보관해야 하는 의무가 있다. 개입행동 단계 동안 사회복지사는 초기 사정과 계약의 수정사항을 관리해야 한다. 사회복지사는 목표 달성을 위한 진전을 사례 기록지에 통합하고, 목표 달성 척도, 주관적 평가, 검사, 점수 또는 그래프와 같은 평가 결과를 포함해야 한다. 또한 사회복지사는 추가적인 행동단계를 기록하고, 행동단계의 변화에 대해서도 기록해야 한다. 특히 사회복지사는 자신이 취한 행동이나 제안에 대해 근본적 이유를 기록해야 한다. 사회복지사는 클라이언트에게 제공한 사회복지사의 반응도 기록해야 한다.

사회복지기관에서 기록을 하기 위해 문제 중심 기록을 사용한다. 문제 중심 기록으로 SOAIGP 형식이 사용되는데, SOAP 형식(주관적 정보, 객관적 정보, 사정, 계획)으로부터 나온 SOAIGP 형식은 다음과 같다.

① S(Supplemental): 클라이언트나 가족으로부터 얻어진 추가적인 정보
② O(Observations): 사회복지사와 타 기관 직원들의 관찰
③ A(Activities): 사회복지사, 클라이언트, 다른 사람들이 취한 행동

④ I(Impressions): 사회복지사의 인상, 가설, 사정 또는 평가
⑤ G(Goals): 현재 목표
⑥ P(Plans): 추가적인 활동 또는 행동 단계를 위한 계획

추가적인(Supplemental) 항목에 사회복지사는 클라이언트, 가족 구성원, 클라이언트의 1차적 사회체계 내의 사람들로부터 수립된 새로운 또는 수정된 정보를 포함할 수 있다. 관찰(Observations) 항목에 사회복지사는 사람, 문제, 상황에 대한 사회복지사 자신의 관찰을 설명할 수 있다. 가능하다면 타 기관 직원들의 관찰도 기록될 수 있다. 활동(Activities) 항목에서 사회복지사는 클라이언트가 수행한 과제, 사회복지사의 과제, 세션 내의 과제를 요약할 수 있다. 인상(Impressions) 항목에는 목표 달성 정도에 대한 사회복지사의 평가와 인상 그리고 가설에 대해 요약할 수 있다. 목표(Goals) 항목에는 개입의 목표나 수정된 목표를 기록할 수 있다. 계획(Plans) 항목에는 사회복지사의 접근방법상의 변화를 요약할 수 있고, 사회복지사와 클라이언트가 취할 추가적인 행동 단계를 밝힐 수 있다.

| 생각해 볼 문제 |

1. 혼자 사는 77세 미망인 OOO 할머니와 상담 중이다. 개입행동을 위한 문제와 목표에 합의한 상태이고 행동 단계를 밝혔다. 클라이언트와 행동 단계를 연습하는 기술을 사용하는데 사회복지사로서 자신이 무엇을 하고 어떠한 말을 할 것인지 설명하시오. 자신의 설명과 행동에 대해 클라이언트가 어떻게 말하며 무엇을 할 것인지를 예상해 보시오.

2. 일곱 식구로 이루어진 OOO 가족과 상담 중이다. 개입행동을 위한 문제와 목표에 합의한 상태이고 행동 단계를 밝혔다. 클라이언트와 행동 단계를 연습하는 기술을 사용하는데 사회복지사로서 자신이 무엇을 하고 어떤 말을 할 것인지 설명하시오. 자신의 설명과 행동에 대해 클라이언트가 어떻게 말하며 무엇을 할 것인지를 예상해 보시오.

3. 이번 주 월요일 OOO 할머니와 상담을 끝냈다. 상담은 OOO 할머니가 도시락 서비스 프로그램을 통해 매일 따뜻한 음식을 제공받기 시작한 몇 주 후에 있었다. 처음 2주간 OOO 할머니는 배달된 음식을 다 먹은 것으로 나타났다. 그러나 이번 상담에서 할머니가 식사를 하지 않았다는 것을 알았다. 지난 이틀 동안에도 식사를 하지 않는 것으로 나타났다. 사회복지사는 OOO 할머니에게 식사를 하지 않은 이유에 대해 물었고, OOO 할머니는 배고프지 않다고 대답하였다. 내일 배달될 음식을 먹을 것인지에 질문했고, OOO 할머니는 '글쎄요. 잘 모르겠어요.'라도 대답했다. SOAIGP 형식을 사용하여 상담에 대한 진행 기록지를 작성하시오.

출처: 김인숙, 김용석(2006).

제12장

평가 및 종결 단계

1. 평가 단계
2. 종결 단계
3. 평가 및 종결 단계의 실천기술
4. 사회복지실천 기록

학습목표

◆ 논리모델에 따른 성과평가의 종류를 설명할 수 있다.
◆ 종결의 유형과 종결에 대한 클라이언트의 반응을 설명할 수 있다.
◆ 사회복지실천 기록의 목적을 설명할 수 있다.

[01]
평가 단계

사회복지실천의 마지막 단계는 평가 및 종결 단계이다. 평가 단계는 설정했던 목표들이 얼마나 달성되었는지를 평가하며, 클라이언트의 변화와 새로운 욕구 및 장애를 확인하는 연속적 과정이다.

1) 평가방법

평가(evaluation)는 사회복지실천의 효과성과 효율성을 평가하기 위해 양적 또는 질적 평가방법을 활용하여 사회복지실천의 과정과 결과를 평가하는 것이다. 효과성 평가(effectiveness evaluation)는 사회복지실천의 목표 달성 정도를 평가하는 것이다. 효율성 평가(efficiency evaluation)는 사회복지실천의 투입 대비 산출을 평가하는 것이다.

양적 평가방법(quantitative evaluation method)은 사회복지실천을 통해 나타나는 결과를 수치로 제시하는 평가방법이다. 질적 평가방법(qualitative evaluation method)은 사회복지실천을 통해 나타나는 결과와 관련하여, 클라이언트의 변화 등 수량적으로 제시할 수 없는 결과에 대해 클라이언트 인터뷰, 관찰, 기록물 등을 통해 제시하는 평가방법이다.

사회복지실천의 평가는 과정평가(process evaluation)와 결과평가(result evaluation)로 구분될 수 있다. 과정평가(형성평가)는 사회복지실천의 개입과정을 평가하는 것이고, 결과평가(총괄평가)는 사회복지실천의 개입 결과와 클라이언트의 변화를 평가하는 것이다.

첫째, 과정평가는 사회복지실천의 목표, 사회복지실천의 계획 대비 클라이언트와 사회복지사의 수행, 자원과 서비스, 운영체계와 실천환경 등을 평가하는 것이다. 과정평가에서는 계획 대비 활동수준(달성도), 목표와 계획의 타당성, 클라이언트의 욕구 및 환경의 변화를 중심으로 평가한다.

둘째, 결과평가는 클라이언트의 만족도, 목표 달성도 등과 클라이언트의 성과, 욕구 충족의 지속가능성 등에 관해 사회복지실천의 성과를 최종적으로 평가한다. 사회복지사는 클라이언트가 사회복지실천을 통해 어떠한 변화가 생겼는지를 평가하기 위해 양적 평가, 질적 평가, 객관적 평가, 주관적 평가를 통합적으로 활용한다. 특히 결과평가를 바탕으로 사회복지실천의 종결을 결정하기 위해서 목표 달성 여부와 목표 달성의 지속성을 평가하여, 결과평가 시점에서 확인된 클라이언트의 상태가 지속적으로 유지 가능한지 평가하게 된다(서울시사회복지관협회, 2023).

과정평가 기록지에 포함되어야 하는 사항은 〈표 12-1〉과 같다.

〈표 12-1〉 과정평가 기록지에 포함되어야 하는 사항

사항	내용
실천계획 점검	실천계획 대비 실제 실행한 내용과 정도를 작성한다.
합의된 목표 점검	합의된 목표의 실효성, 적합성, 예상되는 달성 여부 등을 작성한다.
욕구 변화	평가를 통해 확인된 클라이언트의 변화된 욕구를 작성한다.
환경 변화	평가를 통해 확인된 클라이언트의 환경 및 자원, 서비스 체계 등 사회복지실천 과정 중의 변화 상황을 작성한다.

결과평가 기록지에 포함되어야 하는 사항은 〈표 12-2〉와 같다.

〈표 12-2〉 결과평가 기록지에 포함되어야 하는 사항

사항	내용
실행률	실천계획 대비 실행 정도를 클라이언트와 협의하여 작성한다.
욕구 변화도	합의된 욕구의 변화 정도를 클라이언트와 협의하여 작성한다.
목표 달성도	합의된 목표의 달성 정도를 클라이언트와 협의하여 작성한다.
부가적인 정보	실천계획의 내용 외에 사회복지실천 과정 중 발생된 추가적인 성과, 자원 확보와 연계 등 성과가 있었다면 그 내용을 작성한다.

결과평가에서 사용될 수 있는 사회복지실천 만족도 조사지는 〈표 12-3〉과 같다.

〈표 12-3〉 사회복지실천 만족도 조사지

항목	전혀 그렇지 않다	그렇지 않다	그렇다	매우 그렇다
① 사회복지실천 과정 중 사회복지사와 만났던 시간, 횟수, 빈도에 만족한다.				
② 접수, 자료수집 및 사정, 목표 설정 및 계획, 개입, 평가 및 종결 등 모든 사회복지실천 과정에 대해 사회복지사는 충분히 설명하였다.				
③ 모든 사회복지실천 과정에 나의 의견이 충분히 반영되었고 주체적으로 참여할 수 있었다.				
④ 사회복지사의 전문성은 나의 어려운 상황 해결에 도움이 되었고 신뢰할 수 있었다.				
⑤ 나에게 제공된 서비스와 연계된 자원에 대해 만족한다.				
⑥ 사회복지실천 개입을 통해 내가 원하는 결과를 얻을 수 있었다.				
⑦ 사회복지실천이 종결된 이후에도 변화된 상황을 잘 유지할 수 있다는 자신감이 생겼다.				

2) 논리모델에 따른 성과평가의 종류

논리모델(logic model)은 투입(input), 과정(process), 산출(output), 성과(outcome), 환류(feedback)로 구성된다. 논리모델에 따른 성과평가의 종류는 과정평가와 성과평가로 구분된다. 과정평가(process evaluation)는 투입과 과정에 대한 평가이고, 성과평가(outcome evaluation)는 산출과 성과에 대한 평가이고 사회복지실천이 종결된 후에 실시한다.

산출평가는 목표 실적량을 채웠는가를 평가하고, 수치 세기를 활용해서 자료를 수집하고 목표 대비 평가 방식으로 분석한다. 다양한 수집방법과 분석방법이 활용될 수 있다.

평가종류에 따른 평가기준은 〈표 12-4〉와 같다.

〈표 12-4〉 평가종류에 따른 평가기준

평가종류	논리모델 체계	평가기준	내용
과정평가	투입과 과정	서비스 품질 (service quality)	서비스를 제공하기 위해 요구되는 인적 자원, 물적 자원, 예산 자원, 정보 자원, 시간 자원의 우수성 혹은 서비스에 대한 기대와 실체 간의 차이를 줄이는 서비스 운영과 정상의 충실도(fidelity)
		효율성 (efficiency)	투입 대비 산출량을 비용(cost)으로 추정한 값. 예를 들어, 클라이언트 1명당 비용 등
성과평가	산출	산출(output)	서비스 종결 후 확인할 수 있는 각종 산출물로서, 서비스 제공 횟수, 제공시간, 참가 인원 수 등
	성과	성과 (outcome)	클라이언트의 바람직한 변화로서, 서비스의 목표에 의해 정해짐
		효과성 (effectiveness)	서비스 참가 전후 발생하는 클라이언트의 변화로서, 서비스 목표의 달성 정도
		영향력 (impact)	서비스로 나타나는 클라이언트 환경의 변화로서, 사회복지기관 변화, 지역사회 지지체계 구축, 네트워크 형성, 지역사회 문화 변화 등
		클라이언트 만족 (client satisfaction)	서비스 이용 중 혹은 이용 후에 서비스 과정이나 결과에 대해 클라이언트가 갖게 되는 주관적인 평가

3) 서비스 만족도

서비스 만족도는 클라이언트가 서비스 과정과 결과에 대해 갖게 되는 주관적인 평가이다. 서비스 만족도를 조사하는 몇 가지 이유가 있다. 첫째, 서비스를 얼마나 잘 제공하였는가? 서비스가 클라이언트에게 도움이 되었는가를 확인하는 것이다. 둘째, 사회복지기관 외부의 이해관계자들에게 서비스의 성과를 입증하는 데 활용하는 것이다. 셋째, '클라이언트에 대한 존중을 표현'하는 사회복지실천의 가치에 적합하다.

논리모델 체계의 만족도 요소는 〈표 12-5〉와 같다.

〈표 12-5〉 논리모델 체계의 만족도 요소

체계	만족도 요소
투입	- 인적 자원: 전문성, 자격증, 인원 수 - 물적 자원; 장소, 기자재, 도구, 장비, 시설, 환경, 위치 - 금전 자원: 이용료 - 정보 자원: 유인물, 홍보매체 - 시간 자원: 서비스 제공시간
과정	- 신청 절차 - 전문가의 대응, 공감, 지원, 이해 - 서비스 제공 방식
산출	- 참여자 수 실적 - 서비스 이용 횟수 실적 - 활동량 - 과제량
성과	- 인지, 행동, 감정, 지위, 환경 등의 변화 - 전반적 만족 - 현재의 이익 - 기대되는 이익

O2
종결 단계

종결 단계는 사회복지실천의 종결에 따른 클라이언트의 반응을 잘 다룸으로써, 개입과정을 통해 획득한 클라이언트의 변화를 유지하고, 필요한 경우 추가적인 서비스(사후관리나 의뢰)를 제공하는 과정이다.

1) 종결

종결은 사회복지실천의 개입을 마무리하며, 사회복지실천을 통해 형성된 사회복지사와 클라이언트의 전문적인 관계를 종료하는 과정이다. 사후관리는 종결 이후 클라이언트가 사회복지실천을 통해 달성한 성과를 유지·발전하도록 관리하는 과정으로, 사회복지사는 사후관리를 통해 종결 확정, 재개입, 타 기관 의뢰 등의 결정을 하게 된다.

종결은 사회복지사와 클라이언트 간의 합의를 통해 진행한다. 종결은 클라이언트의 목표 달성을 유지할 수 있는 능력, 사회적 관계망을 활용할 수 있는 능력 등을 고려하여 결정해야 한다.

사회복지사는 클라이언트에게 종결 이후 진행되는 사후관리에 대해 설명하고, 종결 후 상황이 악화되어 사회복지사의 도움이 필요한 경우 언제든지 서비스를 요청할 수 있음을 설명한다. 사후관리는 사회복지실천을 통해 달성한 목표가 유지·향상되고 있는지 확인하며, 구체적 근거에 입각한 지지와 격려를 제공한다. 특히 사후관리의 기능과 목적을 설명하고, 사후관리가 사회복지실천 과정 중 부족했던 서비스를 추가로 제공하기 위한 과정이 아님을 명확히 설명한다(서울시사회복지관협회, 2023).

2) 종결의 유형

종결의 유형은 다음과 같다(Hepworth et al., 2016).

(1) 일정기간만 제공되는 서비스의 계획된 종결

일정기간만 제공되는 서비스의 계획된 종결에는 학기 중에만 서비스를 제공하는 학교 프로그램, 입원기간에만 제공되는 병원서비스, 실습기간에만 일하는 실습생의 경우가 포함된다. 이러한 종결은 클라이언트의 입장에서는 갑작스럽게 종결을 맞는 것보다 충격이 적고 종결에 대한 대비를 할 수 있기 때문에, 종결에 따른 감정을 해소할 충분한 시간을 갖게 된다.

(2) 기간제한이 있는 종결

기간제한이 있는 종결은 사회복지실천의 초기부터 사회복지사와 클라이언트가 개입의 기간을 미리 정해 놓고 시작하는 것이다. 기간제한이 있는 종결은 클라이언트의 사회복지사에 대한 정서적 애착과 의존을 줄여 주고 종결에 따른 상실감을 줄여 준다.

(3) 기간제한이 없는 종결

기간제한이 없는 종결은 사회복지실천의 과정에서 사회복지사와 클라이언트가 언제 종결할 것인가를 결정하는 것이 중요하다. 사회복지사와의 만남을 통해 클라이언트가 얻는 것이 줄어들 때 종결하는 것이 적절하다. 그러나 장기간의 개입 과정에서 클라이언트의 사회복지사에 대한 의존심이 증가하고 사회복지사와의 전문적 관계를 통해 얻는 이득에 만족하는 경우 종결은 어려워지게 된다.

(4) 클라이언트의 일방적 종결

클라이언트의 일방적 종결은 클라이언트가 이런저런 이유로 상담에 올 수 없음을 핑계 대고 종결을 원하거나, 아무런 연락이 없이 더 이상 상담에 오지 않아 종결을 하게 되는 경우이다. 이런 경우 사회복지사는 종결이 중요한 문제이므로 한 번 더 생각해 볼 것을 클라이언트에게 권고하는 것이 필요하다. 그래도 클라이언트가 종결을 원하는 경우, 클라이언트의 자기결정권을 존중하여 종결을 해야 한다. 아울러 추후 필요하면 클라이언트가 사회복지기관에 찾아올 수 있음을 알려 주어야 한다.

(5) 사회복지사의 이동으로 인한 종결

사회복지사의 이동으로 인한 종결은 클라이언트와 사회복지사 모두에게 힘든 과정이 된다. 클라이언트에게는 거부당하는 경험이 될 수 있어 상처가 될 수 있다. 이런 경우 사회복지사는 시간이 허락하는 한, 클라이언트가 자신의 감정을 충분히 표현할 수 있는 기회를 주고, 사회복지기관의 다른 사회복지사에게 사례를 의뢰하는 것이 필요하다(양옥경 외, 2023).

3) 종결에 대한 클라이언트의 반응

종결에 대한 클라이언트의 반응은 다음과 같다(Hepworth et al., 2016).

(1) 분노

종결 시 클라이언트는 분노를 느낄 수 있다. 클라이언트의 사회복지사에 대한 신뢰관계의 정도에 따라 분노의 강도는 다를 수 있고, 심한 경우 클라이언트는 불안이나 상실감까지 느낄 수 있다. 이때 사회복지사는 상담 시간에 클라이언트의 분노 감정을 충분히 표현하도록 허용하는 것이 필요하다.

(2) 부정

부정은 클라이언트가 종결을 받아들이지 않고 부정하는 것이다. 이때 사회복지사는 클라이언트의 비언어적 메시지에 예민하게 반응하고, 클라이언트가 사회복지사와의 관계를 상실하는 데서 오는 거부 감정을 표현하도록 허용하는 것이 필요하다.

(3) 회피

회피는 클라이언트가 종결 직전에 더 이상 도움이 필요하지 않다고 이야기하거나 아무 말 없이 나타나지 않는 것이다. 이 경우 사회복지사는 전화나 가정방문을 통해 클라이언트와 접촉하려고 노력하는 것이 필요하다. 이를 통해 사회복지사는 클라이언트에게 자신의 관심을 확인시켜 주고, 클라이언트의 감정을 잘 이해하고 있음을 전달하는 것이 중요하다.

(4) 과거의 문제가 재발되었다고 하거나 새로운 문제를 가져옴

이는 클라이언트가 이전에는 스스로 잘 해결하던 문제를 도와달라고 하거나 새로운 문제가 발생했다고 개입을 지속할 것을 요구하는 것이다. 이와 같은 상황을 예방하기 위해서 종결 이전부터 종결을 서서히 준비하는 것이 필요하다. 그러나 제시된 문제의 심각성에 따라 개입이 연장되거나 새로운 개입이 시작될 수도 있다.

(5) 종결 후 지속적인 만남을 요구

이는 종결 후 개인적으로 만나거나 문자나 SNS를 통해 지속적으로 대화하자는 등 만남을 요구하는 것이다. 종결 후 사적으로 클라이언트를 만나는 것은 이중관계를 형성하여 비윤리적인 실천의 문제가 제기될 수 있다. 이중관계(dual relationship)란 사회복지사가 클라이언트와의 관계에서 서비스 제공자라는 전문적 역할 이외의 개인적 관계 등 다른 역할에 관여하는 것으로서, 이는 사회복지사로서 비윤리적인 실천이다.

4) 종결의 과정

종결에서 사회복지사의 가장 중요한 과업은 클라이언트가 갖는 불안 등 정서적 반응을 다루는 것과, 사회복지실천 과정에서 클라이언트가 체득한 변화와 성취의 동력을 바탕으로 종결 이후의 삶에 대해 기대와 도전의식을 갖도록 하는 것이다.

종결 사유는 사회복지실천 목표의 달성에 따른 종결, 클라이언트에 의한 종결(사망, 이주, 거절이나 포기, 약속 불이행 등), 사회복지사에 의한 종결(퇴직, 이직, 업무변경, 부서이동 등) 등 다양하며, 종결 사유에 따라 종결의 진행과정이 달라질 수 있다.

사회복지사와 클라이언트의 합의로 종결이 확정되면, 사회복지사는 종결보고서를 작성한다. 종결보고서에는 종결 사례에 대한 종결 사유와 사후관리 계획에 대한 정보를 기록한다. 사회복지사는 종결 단계에서 사회복지실천 전 과정에 동원된 자료와 양식을 정리하는 과업을 수행한다.

사후관리는 종결 시 클라이언트와 합의하여 계획한 주기와 내용을 바탕으로 진행한다. 사후관리는 클라이언트와 전화 혹은 만남을 통해 직접 진행하는 것이 원칙이다. 사후관리보고서에는 종결 시 계획된 사후관리를 수행하여 그 주요 내용을 요약·정리하여 기록한다.

종결 및 사후관리 과정은 ① 종결 검토 및 논의, ② 종결 감정 다루기, ③ 종결 절차 및 서류 보관 안내, ④ 종결 시기 및 사후관리 계획 합의, ⑤ 종결 확정, ⑥ 종결보고서 작성, ⑦ 사후관리 진행, ⑧ 사후관리 종료 결정, ⑨ 사후관리보고서 작성으로 구성된다.

종결보고서에 포함되는 사항은 〈표 12-6〉과 같다.

〈표 12-6〉 종결보고서에 포함되는 사항

사항	내용
종결일자	클라이언트와 합의한 종결 시기로, 클라이언트와 최종 만남이 이루어진 날짜를 기록한다.
종결사유	종결하게 된 사유를 기록한다.
서비스 과정 결과: 산출	사회복지실천 과정에서 이루어졌던 과업행동, 투여된 시간, 만남 횟수, 동원했던 자원 등 산출을 기록한다.
클라이언트 변화사항: 성과	사회복지실천 개입 전의 욕구와 개입 후의 욕구 충족 수준을 비교하여 사회복지실천의 성과를 기록한다.
사회복지사 종합의견	사회복지실천의 종결에 대한 총평을 기록한다.
사후관리 계획	클라이언트와 합의한 사후관리 기간, 주기, 방법 등을 기록한다.

출처: 서울시사회복지관협회(2023).

5) 종결 후 의뢰

종결 후 의뢰(referral)는 종결 후 남아 있는 클라이언트의 문제해결을 위해 적합한 다른 기관이나 전문가에게 보내 추가적인 서비스를 제공하는 것이다. 클라이언트가 의뢰를 거부할 수 있으므로, 종결 후 의뢰는 클라이언트가 동의하는 경우에만 진행해야 한다.

종결 후 의뢰과정에서 사회복지사의 지침은 다음과 같다(Hepworth et al., 2016).

① 새로운 서비스에 대한 불신, 걱정, 잘못된 개념에 대한 클라이언트의 감정을 끌어내서 다루어 주고, 의뢰과정이 필요하다는 것을 강조하면서 준비한다.

② 클라이언트에게 최선의 서비스가 무엇인지 함께 결정한다. 이를 위해 사회 복지사는 지역사회 내 다양한 자원을 알고 있어야 하며, 클라이언트에게 필 요한 자원에 대한 정보를 제공하여 클라이언트가 활용할 수 있도록 돕는다.

③ 의뢰의 다양한 대안을 클라이언트에게 제시하고, 결정의 과정에서 클라이언 트의 자기결정권을 존중한다.

④ 다른 기관에서 제공하는 서비스에 대한 비현실적인 보증을 하지 않는다.

⑤ 의뢰하는 기관의 기능을 명확히 밝혀 주는 것은 좋지만, 그 기관의 사회복지 사가 사용하게 될 방법까지 구체적으로 알려 주지는 않는다.

[03 평가 및 종결 단계의 실천기술3)]

클라이언트와의 관계를 종결하는 네 가지 형태는 (1) 인계, (2) 의뢰, (3) 종결, (4) 클라이언트로 인한 중단이다. (1), (2), (3)의 경우에 사회복지사와 클라이언트 는 종결 과정에 대해 개방적으로 이야기하고 주어진 상황에서 최선의 행동과정을 함께 결정한다. (4)의 경우는 전적으로 클라이언트가 종결하는 것이다. 클라이언 트는 사회복지사와의 만남을 일방적으로 중단할 수 있고, 이러한 경우 사회복지사 는 클라이언트에게 확인하는 것이 필요하다.

사회복지사와 클라이언트가 관계를 종결하는 것은 힘들고 고통스러운 경험이 며, 사회복지사에게도 도전적인 것이다. 사회복지사가 클라이언트와의 관계를 종 결하는 것은 슬픔, 상실감 등을 포함한 다양한 감정을 수반하고, 클라이언트에게 도 종결과정은 매우 힘든 과정이다. 종결은 사회복지사와 클라이언트에게 중요한

---

3) 김인숙, 김용석, 2006을 참고하였다.

행동을 나타나게 하는 변화를 야기하고, 이와 관련하여 다양한 심리적·사회적 과정이 있다.

1) 과정 재검토하기

과정을 재검토하는 것은 사회복지사와 클라이언트가 함께 일하는 시간 동안 둘 사이에서 일어난 일들을 되돌아보는 기술이다. 클라이언트가 사회복지사를 처음 만난 시간부터 지금까지의 과정을 재검토하면서 시작한다. 예를 들어, 사회복지사는 "지난 몇 달 동안에 걸쳐 우리가 함께 했던 일들에 대해 생각을 해 보았습니다. 우리는 함께 많은 문제에 대해 이야기를 했고, 당신과 당신이 처한 상황에 많은 변화가 있었습니다. 우리가 함께한 것들을 되돌아볼 때 어떤 기억이 떠오릅니까?"라고 말한다.

사회복지사의 요청에 클라이언트가 응답한 후, 사회복지사는 클라이언트의 생각과 느낌을 검증하고 사회복지사 자신의 중요한 기억을 함께 공유할 수 있다. 이것은 종종 다른 경험들도 되돌아볼 수 있게 한다.

2) 최종 평가하기

사회복지사는 문제해결과 목표 달성 정도를 최종적으로 평가하는 데 클라이언트를 참여시키게 된다. 최종 평가를 위해 사회복지사는 사전사후 검사 점수 등과 같은 다양한 측정도구의 결과를 활용할 수 있다. 사회복지사는 클라이언트의 진전에 대한 사회복지사의 주관적인 평가를 공유할 수 있다. 최종 평가 시에 사회복지사가 무엇을 공유하든지 간에 클라이언트의 피드백을 구하는 것이 중요하다.

최종 평가하기 과정의 일부분으로서 사회복지사는 클라이언트의 긍정적인 변화에 대한 기쁨을 표현하도록 한다. 사회복지사는 그동안 클라이언트가 한 일에 대해 클라이언트를 칭찬하고, 클라이언트가 해결되지 않은 문제와 부분적으로만 달성한 목표를 밝힐 수 있도록 원조한다. 사회복지사와 클라이언트의 관계가 종결된다고 해서 클라이언트의 목표 달성을 향한 노력이 중단되는 것은 아니다. 클라이언트 혼자 혹은 친구나 가족의 도움으로 목표를 향한 행동 단계를 계속할 수 있다. 사회복지사와의 관계를 종결하는 시점에, 많은 클라이언트들은 그들 자신의 힘으로 문제를 해결할 수 있는 사람이 된다. 클라이언트들은 스스로 목표를 정하고 행동 단계를 밝힐 수 있는 능력을 지니게 된다.

최종 평가하기 기술은 사회복지사와 클라이언트의 상호 협동적인 과정이다. 사회복지사와 클라이언트는 진전에 대한 평가를 서로 공유하고, 추가적인 작업이 필요한 부분을 함께 밝히도록 한다. 최종 평가를 시작하기 전에 사회복지사는 '우리가 설정한 목표를 향한 진전과 관련해서 우리가 어디에 있는지에 대해 최종적으로 살펴보도록 합시다. 주된 목표 중 하나는 _____입니다. 우리가 목표를 어느 정도 달성하였다고 생각합니까?'와 같이 말할 수 있다.

완벽히 달성된 목표에 대해 사회복지사는 적절한 기쁨과 만족감을 표현하고, 클라이언트 자신이 유능하고 인정받을 만하다는 것을 경험하고 느낄 수 있도록 해야 한다. 사회복지사는 추가적인 부분을 밝히면서 클라이언트가 관계를 종결한 후에 취할 수 있는 추가적인 행동 단계를 계획하도록 한다. 사회복지사는 클라이언트가 지속적으로 성장하고 발전하는 데 필요한 미래의 활동을 생각해 볼 수 있도록 클라이언트를 원조해야 한다. 사회복지사는 "어떠한 활동들이 우리가 지금까지 이루어 온 진척을 계속 도울 것이라고 생각합니까?"와 같은 질문을 함으로써 이 과정을 시작할 수 있다.

3) 종결과 관련된 감정을 공유하고 작별하기

클라이언트가 사회복지사와의 관계를 종결하면서 경험하는 감정의 내용과 강도는 클라이언트의 성격, 서비스 기간, 문제와 목표, 사회복지사가 한 역할과 기능, 진전의 정도에 따라 다양하다. 종결은 대부분의 클라이언트에게 중요한 사건이므로, 사회복지사는 클라이언트가 종결과 관련된 감정을 표현할 기회를 주어야 한다.

클라이언트가 사회복지사와의 관계를 종결하면서 경험하는 감정적인 반응은 분노, 슬픔, 상실, 두려움, 죄책감, 의존, 불안정, 감사, 애정 등 여러 가지가 있다. 클라이언트는 종결 시에 그가 갖는 감정을 자유롭게 표현하지 못하고 머뭇거릴 수 있다. 클라이언트가 이러한 감정을 사회복지사와 공유하지 않고 관계를 종결한다면 불완전함을 느낄 수 있다. 따라서 사회복지사는 클라이언트가 종결을 맞아 갖게 되는 감정을 표현하도록 원조해야 한다. 사회복지사는 "우리가 함께했던 과정을 다시 살펴보고 평가했습니다. 그러나 우리의 관계를 끝맺는 것에 대한 느낌을 함께 이야기하지 않았습니다. 이것이 우리의 마지막 만남이라는 것을 알고 나서 어떠한 느낌을 갖고 있습니까?"라고 말할 수 있다.

사회복지사도 클라이언트와의 관계를 종결하면서 다양한 감정을 경험하게 된다. 사회복지사는 클라이언트와 몇 주 혹은 몇 달 동안 함께 일하였다. 종결 과정 동안 사회복지사는 죄책감, 불편함, 자랑스러움, 만족감, 슬픔, 분노, 불안정, 안도, 혹은 애정 등의 감정을 느끼게 된다. 클라이언트와 마찬가지로, 사회복지사는 종결 단계에서 개인적인 반응을 경험하게 된다. 그러나 클라이언트와 다르게 사회복지사는 자신의 전문적 책임을 종결 시에도 유지해야 한다. 사회복지사는 자신이 경험하는 감정을 자유롭게 표현해서는 안 된다. 클라이언트에게 미칠지도 모르는 잠재적인 영향을 고려해야 한다.

사회복지사의 감정이 관련 있고 적절하다면, 사회복지사는 종결에 대한 개인적인 감정을 클라이언트와 나눌 수 있다. 예를 들어, 사회복지사는 "우리가 더 이상 만나지 않을 것이라는 사실에 대해 생각할 때 나는 상실감을 느낍니다. 정말 당신이 그리울 것입니다."라고 말할 수 있다. 마지막으로, 사회복지사와 클라이언트는 작별인사를 하는 것으로 종결과정을 마무리하게 된다.

4) 사례 종결 요약하기

클라이언트와 최종 만남 후에 사회복지사는 그동안 일어난 모든 일을 간결하게 기록한다. 이러한 마지막 기록은 일반적인 기록보다 포괄적이다. 마지막 세션이 과정의 재검토, 최종 평가, 종결과 관련된 감정을 공유하는 것을 포함한다면, 사회복지사는 사례 종결 요약하는 데 필요한 대부분을 수행한 것이다.

최종 기록에는 다음의 정보가 포함된다.

① 최종 접촉의 날짜
② 클라이언트의 이름과 사회복지사의 이름과 직함
③ 서비스 시작일
④ 사회복지사와 클라이언트와의 계약이 성립된 날짜
⑤ 합의된 문제와 목표
⑥ 사회복지사가 제공한 서비스 내용, 사회복지사와 클라이언트가 취한 행동
⑦ 진전에 대한 평가와 해결되지 않았거나 달성되지 않은 문제와 목표
⑧ 현재의 사람–문제–상황에 대한 간단한 사정
⑨ 사례를 종결하는 이유

사회복지실천 기록

사회복지실천 기록은 사회복지사로서 전문적인 사회복지실천 과정의 내용을 구체적으로 기록하는 것이다. 사회복지실천 과정에서 접수 단계의 초기 상담 기록, 자료수집 및 사정 단계의 수집한 정보와 사정 결과 기록, 목표 설정 및 계약 단계의 설정된 목표와 계약 기록, 개입 단계의 제공된 서비스 기록, 평가 및 종결 단계의 평가 결과, 종결, 사후관리 계획 기록 등을 기록하는 것이다.

1) 사회복지실천 기록의 목적

사회복지실천 기록의 목적은 다음과 같다(김정진, 2024).

(1) 사회복지실천 활동 문서화

사회복지실천의 접수, 자료수집 및 사정, 목표 설정 및 계약, 개입, 평가 및 종결 단계에서 사회복지사가 클라이언트에게 제공한 서비스의 내용, 과정, 결과 등을 구체적으로 기록하여 문서화한다.

(2) 효과적 서비스를 위한 모니터

사회복지실천 활동을 문서화하면서 사회복지사는 클라이언트에게 제공한 서비스를 효과적으로 모니터한다. 사회복지사는 자신의 사회복지실천 활동을 기록하면서 클라이언트에게 제공한 서비스를 점검 및 평가한다.

(3) 사례의 지속성 유지

사회복지사는 여러 사례를 맡게 되고, 각 클라이언트와의 상담에 앞서 사회복지실천 기록을 검토하며 사례의 지속성을 유지할 수 있다. 또한 사회복지사가 부득이한 사정으로 사례를 다른 사회복지사에게 인수인계하는 경우, 새로운 사회복지사는 이전 사회복지실천 기록을 검토하며 사례의 지속성을 유지할 수 있다.

(4) 전문가 간 의사소통 활성화

사회복지실천의 과정에서 다양한 전문가가 함께 일하게 된다. 사회복지실천 기록은 다양한 전문가들이 활용할 수 있는 도구이다. 사회복지기관 내부와 외부의 사례회의에서 다양한 전문가들은 사회복지실천 기록을 활용하여 의사소통을 활성화할 수 있다.

(5) 슈퍼비전의 활성화

사회복지사는 자신의 사회복지실천 활동을 기록하고, 이를 활용하여 슈퍼바이저에게 슈퍼비전을 받는다. 이를 통해 사회복지사의 전문성이 향상되고, 클라이언트에게 보다 전문적인 사회복지서비스를 제공할 수 있다.

(6) 클라이언트와 정보 공유

사회복지실천 기록은 필요한 경우 클라이언트와 정보를 공유하고 의사소통을 하는 도구이다. 사회복지사가 기록한 모든 내용을 클라이언트 또는 클라이언트의 보호자와 공유할 필요는 없지만, 필요한 경우 또는 클라이언트가 원하는 경우 관련 기록을 최대한 공유하는 것이 사회복지실천에 도움이 될 수 있다.

2) 사회복지실천 기록의 종류

사회복지실천 기록의 종류는 다음과 같다(김정진, 2024).

(1) 과정기록

과정기록은 클라이언트의 상황, 상담 중에 클라이언트가 이야기한 내용, 클라이언트의 행동, 사회복지사가 관찰하고 판단한 것 등 클라이언트와 사회복지사의 상호작용을 그대로 세밀하게 기록하는 것이다. 이를 위해 필요한 경우 클라이언트의 동의를 받아서 상담을 녹음할 수 있다.

① 장점
- 슈퍼바이저가 사회복지사에게 슈퍼비전을 줄 때 유용하게 활용될 수 있다. 슈퍼바이저는 과정기록을 보면서 사회복지사에게 구체적인 슈퍼비전을 줄 수 있다.
- 사회복지사가 과정기록을 검토하며 자신이 수행한 사회복지실천 활동을 점검할 수 있다.
- 사회복지기관은 사회복지실천 기록을 점검하며 사회복지사의 클라이언트에 대한 사례진행을 모니터링할 수 있다.

② 단점
- 과정기록은 사회복지실천의 모든 내용을 기록하는 것이므로 기록에 많은 시간이 소용될 수 있다.

③ 유의사항

- 클라이언트와의 상담 과정에서 기록에 너무 집중해서 기록이 상담에 방해가 되지 않도록 노력해야 한다.
- 상담 내용을 사실 그대로 기록하기 위해, 가능한 상담 직후에 기록해야 한다.
- 기록을 공식적으로 활용하는 경우, 클라이언트의 이름 등 개별적인 사항은 최대한 비밀을 보장해야 한다.

(2) 요약기록

요약기록은 시간의 흐름에 따라 사회복지사의 개입활동, 클라이언트의 변화, 중요한 정보 등을 요약해서 기록하는 것이다. 일반적으로, 사회복지기관에서 가장 많이 활용되는 기록이다. 요약기록에는 사회복지사의 개입활동보다는 클라이언트의 변화를 중심으로 기록한다.

① 장점

- 사회복지사가 중요하다고 판단되는 것을 중심으로 기록할 수 있다.
- 과정기록에 비해 기록하는 데 많은 시간이 소요되지 않는다.
- 과정기록에 비해 그 분량이 적어서, 사회복지사와 슈퍼바이저가 사례진행을 빠르게 파악할 수 있다.

② 단점

- 요약하는 사회복지사의 요약 능력이나 문장 능력에 따라 요약기록의 질이 좌우된다.
- 사회복지사가 상담내용을 지나치게 단순화하면 기록의 초점이 불명확할 수 있다.

③ 유의사항

- 장기개입 또는 복합적인 서비스에 대해 요약기록을 유용하게 활용할 수 있다.

- 사회복지기관에서 요약기록에 포함해야 할 내용과 포함하지 말아야 할 내용에 대한 지침을 만드는 것이 좋다.
- 상담 후 가능한 빠른 시간 내에 기록하여 기록의 정확성과 신뢰성을 확보한다.

| 생각해 볼 문제 |

1. ○○○ 할머니와 약 두 달간 일을 해 왔다. ○○○ 할머니는 균형 있는 식습관을 갖는 목표를 달성했다. ○○○ 할머니는 의사의 진찰을 받았으며, 그녀의 의식을 효과적으로 관리하는 약을 처방받았다. 사회복지사와 클라이언트 모두 함께 한 일에 대해 아주 기뻐하는 것 같다. 이번이 마지막 만남이다. ○○○ 할머니와의 과정을 재검토하기 위해 사회복지사로서 자신이 할 말을 적어 보시오.

2. ○○○ 가족과의 마지막 만남 중이다. 지난 몇 달 동안 많은 생산적인 변화가 있었다. 몇몇 가족 구성원 사이에 여전히 긴장이 있지만, ○○○ 가족은 잘 대처해 나가고 있는 것으로 보인다. 가족 구성원 간의 의사소통이 더욱 직접적이고 솔직해졌다는 몇 가지 표시도 있다. ○○○ 가족은 설정된 목표 중 반 이상을 달성했다. ○○○ 가족이 최종 평가에 참여하도록 하기 위해 사회복지사로서 자신이 할 말을 적어 보시오.

부록

사회복지사 윤리강령

1982. 01. 15.	제정
1988. 03. 26.	1차 개정
1992. 10. 22.	2차 개정
2001. 12. 15.	3차 개정
2021. 07. 05.	4차 개정
2023. 04. 11.	5차 개정

전문

사회복지사는 인본주의·평등주의 사상에 기초하여, 모든 인간의 존엄성과 가치를 존중하고 천부의 자유권과 생존권의 보장 활동에 헌신한다.

특히 사회적·경제적 약자들의 편에 서서 사회정의와 평등·자유와 민주주의 가치를 실현하는 데 앞장선다. 또한 도움을 필요로 하는 사람들의 사회적 지위와 기능을 향상시키기 위해 저들과 함께 일하며, 사회제도 개선과 관련된 제반 활동에 주도적으로 참여한다. 사회복지사는 개인의 주체성과 자기결정권을 보장하는 데 최선을 다하고, 어떠한 여건에서도 개인이 부당하게 희생되는 일이 없도록 한다.

이러한 사명을 실천하기 위하여 전문적 지식과 기술을 개발하고, 사회적 가치를 실현하는 전문가로서의 능력과 품위를 유지하기 위해 노력한다. 이에 우리는 클라이언트·동료·기관 그리고 지역사회 및 전체사회와 관련된 사회복지사의 행위와 활동을 판단·평가하며 인도하는 윤리기준을 다음과 같이 선언하고 이를 준수할 것을 다짐한다.

[윤리강령의 목적]

한국 사회복지사 윤리강령은 사회복지 전문직의 가치와 윤리적 실천을 위한 기준을 안내하고, 윤리적 이해가 충돌할 때 고려해야 할 사항을 제시하고자 한다. 한국 사회복지사 윤리강령의 목적은 다음과 같다.

1. 윤리강령은 사회복지 전문직의 사명과 사회복지실천의 기반이 되는 핵심 가치를 제시한다.
2. 윤리강령은 사회복지 전문직의 핵심 가치를 실현하기 위한 윤리적 원칙을 제시하고, 사회복지실천의 지침으로 사용될 윤리기준을 제시한다.
3. 윤리강령은 사회복지실천현장에서 발생하는 윤리적 갈등상황에서 의사결정에 필요한 사항을 확인하고 판단하는 데 필요한 윤리기준을 제시한다.
4. 윤리강령은 사회복지사가 전문가로서 품위와 자질을 유지하고, 자기 관리를 통해 클라이언트를 보호할 수 있도록 안내한다.
5. 윤리강령은 사회복지의 전문성을 확보하고 외부 통제로부터 전문직을 보호할 수 있는 기준을 제공한다.
6. 윤리강령은 시민에게 전문가로서 사회복지사의 역할과 태도를 알리는 수단으로 작용한다.

[윤리강령의 가치와 원칙]

사회복지사는 인간 존엄성과 사회정의라는 사회복지의 핵심 가치에 기반을 두고 사회복지 전문직의 사명을 다하기 위해 노력해야 한다. 이러한 핵심 가치와 관련해 사회복지 전문직이 준수해야 할 윤리적 원칙을 제시한다.

핵심 가치 1. 인간 존엄성

윤리적 원칙: 사회복지사는 인간의 존엄성과 가치를 인정하고 존중한다.
• 사회복지사는 개인적 · 사회적 · 문화적 · 정치적 · 종교적 다양성을 고려하며 개인의 인권을 보호하고 존중한다.

- 사회복지사는 클라이언트의 자율성을 존중하고, 자기결정을 지원한다.
- 사회복지사는 클라이언트가 역량을 강화하고, 자신과 환경을 변화시킬 수 있도록 지원한다.
- 사회복지사는 사회복지실천 과정에서 클라이언트의 개입과 참여를 보장한다.

핵심 가치 2. 사회정의

윤리적 원칙: 사회복지사는 사회정의 실현을 위해 앞장선다.

- 사회복지사는 개인적 · 집단적 · 사회적 · 문화적 · 정치적 · 종교적 차별에 도전하여 사회정의를 촉진한다.
- 사회복지사는 개인, 가족, 집단, 지역사회의 다양성을 존중하는 포용적 지역사회를 만들기 위해 노력한다.
- 사회복지사는 부적절하고 억압적이며 불공정한 사회제도와 관행을 변화시키기 위해 사회의 다양한 구성원들과 협력한다.
- 사회복지사는 포용적이고 책임 있는 사회를 만들어 가기 위해 연대 활동을 한다.

[사회복지사의 윤리기준]

I. 기본적 윤리기준

1. 전문가로서의 자세

　1) 인간 존엄성 존중

　　가. 사회복지사는 모든 인간의 존엄, 자유, 평등을 위해 헌신해야 하며, 사회적 약자를 옹호하고 대변하는 일을 주도해야 한다.

　　나. 사회복지사는 모든 인간의 고유한 존엄성과 가치를 인정하고 존중하며, 이를 기반으로 사회복지를 실천한다.

　　다. 사회복지사는 클라이언트의 성, 연령, 정신 · 신체적 장애, 경제적 지위, 정치적 신념, 종교, 인종, 국적, 결혼 상태, 임신 또는 출산, 가족 형태 또는 가족 상황, 성적 지향, 젠더 정체성, 기타 개인적 선호 · 특징 · 조건 · 지위 등을 이유로 차별을 하지 않는다.

　　라. 사회복지사는 다양한 문화의 강점을 인식하고 존중하며, 문화적 역

량을 바탕으로 사회복지를 실천한다.

마. 사회복지사는 문화적으로 민감한 실천을 제공하기 위해, 사회복지 실천 과정에서 자신의 개인적·사회적·문화적·정치적·종교적 가치, 신념과 편견이 클라이언트와 동료 사회복지사에게 미칠 수 있는 영향을 고려하여 자기 인식을 증진하기 위해 힘쓴다.

2) 사회정의 실현

가. 사회복지사는 사회정의 실현과 클라이언트의 복지 증진에 헌신하며, 이를 위한 국가와 사회의 환경 변화를 위해 노력한다.

나. 사회복지사는 사회, 경제, 환경, 정치적 자원에 대한 평등한 접근과 공평한 분배가 이루어지도록 노력한다.

다. 사회복지사는 개인적·집단적·사회적·문화적·정치적·종교적 특성에 근거해 개인이나 집단을 차별·억압하는 것을 인식하고, 이를 해결 또는 예방하기 위해 노력해야 한다.

2. 전문성 개발을 위한 노력

1) 직무 능력 개발

가. 사회복지사는 클라이언트에게 최상의 서비스를 제공하기 위해, 지식과 기술을 개발하는 데 최선을 다하며 이를 활용하고 공유할 책임이 있다.

나. 사회복지사는 사회적 다양성의 특징(성, 연령, 정신·신체적 장애, 경제적 지위, 정치적 신념, 종교, 인종, 국적, 결혼 상태, 임신 또는 출산, 가족 형태 또는 가족 상황, 성적 지향, 젠더 정체성, 기타 개인적 선호·특징·조건·지위 등), 차별, 억압 등에 대해 교육을 받고 이에 대한 이해를 증진하기 위해 노력한다.

다. 사회복지사는 변화하는 사회복지 관련 쟁점에 대응할 수 있도록 실천 기술을 향상하고, 새로운 실천 기술이나 접근법을 적용하기 위해 적절한 교육, 훈련, 연수, 자문, 슈퍼비전 등을 받도록 노력한다.

라. 사회복지사는 사회복지실천에 필요한 정보통신 관련 지식과 기술을

습득하기 위해 노력하며, 이를 사용하는 과정에서 발생할 수 있는 윤리적 문제를 인식하고 정보통신 관련 지식과 기술을 활용하도록 한다.

2) 지식 기반의 실천 증진
가. 사회복지사는 사회복지실천 과정에서 평가와 연구 조사를 함으로써, 사회복지실천의 지식 기반 형성에 기여하고, 궁극적으로 사회복지실천의 질적 향상을 위해 노력한다.
나. 사회복지사는 평가나 연구 조사를 할 때, 연구 참여자의 권리를 보장하기 위해 연구 관련 사항을 충분히 안내하고 자발적인 동의를 얻어야 한다.
다. 사회복지사는 연구 과정에서 얻은 정보를 비밀보장의 원칙에서 다루며, 비밀보장의 한계, 비밀보장을 위한 조치, 조사 자료 폐기 등을 연구 참여자에게 알려야 한다.
라. 사회복지사는 평가나 연구 조사를 할 때, 연구 참여자의 보호와 이익, 존엄성, 자기결정권, 자발적 동의, 비밀보장 등을 고려하며, 「생명윤리 및 안전에 관한 법률」 등 관련 법령과 규정에 따라 연구윤리를 준수한다.

3. 전문가로서의 실천
1) 품위와 자질 유지
가. 사회복지사는 전문가로서의 품위와 자질을 유지하고, 자신이 맡고 있는 업무에 대해 책임을 진다.
나. 사회복지사는 자신의 이익을 위해 사회복지 전문직의 가치와 권위를 훼손해서는 안 된다.
다. 사회복지사는 전문가로서 성실하고 공정하게 업무를 수행한다.
라. 사회복지사는 부정직한 행위, 범죄행위, 사기, 기만행위, 차별, 학대, 따돌림, 괴롭힘 등 불법적이고 부당한 일을 행하거나 묵인해서는 안 된다.

마. 사회복지사는 자신의 소속, 전문 자격이나 역량 등을 클라이언트에 게 정직하고 정확하게 알려야 한다.

바. 사회복지사는 클라이언트, 학생, 훈련생, 실습생, 슈퍼바이지, 직장 내 위계적 권력 관계에 있는 동료와 성적 관계를 형성해서는 안 되 며, 이들에게 성추행과 성희롱을 포함한 성폭력, 성적·인격적 수치 심을 주는 행위를 해서는 안 된다.

사. 사회복지사는 한국사회복지사협회 등 전문가 단체의 활동에 적극적으로 참여하여, 사회정의 실현과 사회복지사의 권익 옹호를 위해 노력한다.

2) 자기 관리

가. 사회복지사는 정신적·신체적 건강 문제, 법적 문제 등이 사회복지 실천 과정에서의 전문적 판단이나 실천에 부정적 영향을 주거나 클 라이언트의 이익을 저해하지 않도록 동료, 기관과 함께 적절한 조치 를 하도록 노력한다.

나. 사회복지사는 클라이언트에게 최상의 사회복지서비스를 제공하기 위해 사회복지사 자신의 정신적·신체적 건강, 안전을 유지·보호· 관리하도록 노력한다.

3) 이해 충돌에 대한 대처

가. 사회복지사는 클라이언트의 이익을 우선으로 고려하고, 이해 충돌이 있을 때는 아동, 소수자 등 취약한 자의 이해와 권리를 우선시한다.

나. 사회복지사의 개인적 신념과 사회복지사로서 직업적 의무 사이에 이 해 충돌이 발생할 때 동료, 슈퍼바이저와 논의하고, 부득이한 경우 클라이언트가 적절한 지원을 받을 수 있도록 클라이언트를 다른 사 회복지사에게 의뢰하거나 다른 사회복지서비스로 연결한다.

다. 사회복지사는 전문적 가치와 판단에 따라 업무를 수행하는 과정에 서, 기관 내외로부터 부당한 간섭이나 압력을 받아서는 안 된다.

4) 경제적 이득에 대한 실천

　　가. 사회복지사는 클라이언트의 지불 능력에 상관없이 복지서비스를 제공해야 하며, 이를 이유로 차별해서는 안 된다.

　　나. 사회복지사는 필요한 경우에 제공된 서비스에 대해 공정하고 합리적으로 이용료를 책정할 수 있다.

　　다. 사회복지사는 업무와 관련해 정당하지 않은 방법으로 경제적 이득을 취해서는 안 된다.

II. 클라이언트에 대한 윤리기준

1. 클라이언트의 권익 옹호

사회복지사는 클라이언트의 이익을 최우선의 가치로 삼고 이를 실천하며, 클라이언트의 권리를 존중하고 옹호한다.

2. 클라이언트의 자기결정권 존중

　　1) 사회복지사는 사회복지실천 과정에서 클라이언트의 자기결정을 존중하고, 클라이언트를 사회복지실천의 주체로 인식하여 클라이언트가 자기결정권을 최대한 행사할 수 있도록 돕는다.

　　2) 사회복지사는 의사결정이 어려운 클라이언트에 대해서는 클라이언트의 이익과 권리를 보장하기 위한 적절한 조치를 취해야 한다.

3. 클라이언트의 사생활 보호 및 비밀보장

사회복지사는 클라이언트의 사생활을 존중하고 보호하며, 전문적 관계에서 얻은 클라이언트 관련 정보에 대해 비밀을 유지한다. 그러나 클라이언트 자신과 타인에게 해를 입히거나 범죄행위와 관련된 경우에는 예외로 할 수 있다.

4. 정보에 입각한 동의

사회복지사는 클라이언트의 알 권리를 인정하고 동의를 얻어야 하며, 클라이언트가 받는 서비스의 목적과 내용, 범위, 합리적 대안, 위험, 서비스의 제한, 동의를 거절 또는 철회할 수 있는 클라이언트의 권리 등에 대해 정확하고 충분한 정보를 제공한다.

5. 기록·정보 관리
    1) 클라이언트에 대한 사회복지실천 기록은 사회복지사의 윤리적 실천의 근거이자 평가·점검의 도구이기 때문에 중립적이고 객관적으로 작성해야 한다.
    2) 사회복지사는 클라이언트가 자신과 관련된 기록의 공개를 요구하면 정당한 비공개 사유가 없는 한, 정보에 접근할 수 있도록 해야 한다.
    3) 사회복지사는 클라이언트에 대한 문서 정보, 전자 정보, 기타 민감한 개인 정보를 보호해야 한다.
    4) 사회복지사가 획득한 클라이언트 관련 정보나 기록을 법적 사유 또는 기타 사유로 제3자에게 공개할 때는 클라이언트에게 안내하고 동의를 얻어야 한다.

6. 직업적 경계 유지
    1) 사회복지사는 클라이언트와의 전문적 관계를 자신의 개인적 이익을 위해 이용해서는 안 된다.
    2) 사회복지사는 업무 외의 목적으로 정보통신기술을 사용해 클라이언트와 의사소통을 해서는 안 된다.
    3) 사회복지사는 어떠한 상황에서도 클라이언트와 사적 금전 거래, 성적 관계 등 부적절한 행동을 해서는 안 된다.
    4) 동료의 클라이언트를 의뢰받을 때는 기관 및 슈퍼바이저와 논의하는 과정을 거쳐야 하며, 클라이언트에게 설명하고 동의를 얻은 후 서비스를 제공한다.
    5) 사회복지사는 정보처리기술을 이용하는 것이 클라이언트의 권리를 침해할 위험성이 있다는 사실을 인식하고 직업적 범위 안에서 활용한다.

7. 서비스의 종결

   1) 사회복지사는 클라이언트에게 제공되는 서비스가 더 이상 클라이언트의 이해나 욕구에 부합하지 않으면 업무상 관계와 서비스를 종결한다.

   2) 사회복지사는 개인적 또는 직업적 이유로 클라이언트와의 전문적 관계를 중단하거나 종결할 때 사전에 클라이언트에게 충분히 설명하고, 다른 기관 또는 다른 전문가에게 의뢰하는 등 필요한 조치를 취한다.

   3) 사회복지사는 클라이언트의 고의적·악의적·상습적 민원 제기에 대해 소속 기관, 슈퍼바이저, 전문가 자문 등의 논의 과정을 거쳐 서비스를 중단하거나 거부권을 행사할 수 있다.

Ⅲ. 사회복지사의 동료에 대한 윤리기준

1. 동료

   1) 사회복지사는 존중과 신뢰를 기반으로 동료를 대하며, 전문가로서의 지위와 인격을 훼손하는 언행을 하지 않는다.

   2) 사회복지사는 사회복지 전문직의 권익 증진을 위해 동료와 다른 전문직 동료와도 협력하고 협업한다.

   3) 사회복지사는 동료의 윤리적이고 전문적인 행위를 촉진해야 하며, 동료가 전문적인 판단과 실천이 미흡하여 문제를 발생시켰을 때 윤리강령과 제반 법령에 따라 대처한다.

   4) 사회복지사는 다른 전문직의 동료가 행한 비윤리적 행위에 대한 윤리강령과 제반 법령에 따라 대처한다.

   5) 사회복지사는 동료의 직무 가치와 내용을 인정하고 이해하며, 상호 간에 민주적인 직무 관계를 이루도록 노력해야 한다.

   6) 사회복지사는 동료들에게 정보통신기술을 사용한 비윤리적 행위를 하지 않는다.

   7) 사회복지사는 동료가 적법하게 업무를 수행하는 과정에서 부당한 조치를 당하면 동료를 변호하고 원조해 주어야 한다.

8) 사회복지사는 동료에게 행해지는 어떤 형태의 차별, 학대, 따돌림 또는 괴롭힘과 자신의 전문적 권위를 행사하는 다른 동료와의 부적절한 성적 행동에 가담하거나 이를 용인해서는 안 된다.

9) 사회복지사는 슈퍼바이지, 학생, 훈련생, 실습생, 자신의 전문적 권위를 행사하는 다른 동료와의 성적 행위나 성적 접촉과 성적 관계에 관여해서는 안 된다.

2. 슈퍼바이저

1) 슈퍼바이저는 슈퍼바이지가 전문적 업무 수행을 할 수 있도록 지원하고 슈퍼바이지는 슈퍼바이저의 전문적 지도와 조언을 존중해야 한다.

2) 슈퍼바이저는 전문적 기준에 따라 슈퍼비전을 수행하며, 공정하게 평가하고 평가 결과를 슈퍼바이지와 공유한다.

3) 슈퍼바이저는 개인적인 이익 추구를 위해 자신의 지위를 이용해서는 안 된다.

4) 슈퍼바이저는 사회복지사 수련생과 실습생에게 인격적·성적으로 수치심을 주는 행위를 해서는 안 된다.

IV. 기관에 대한 윤리기준

1) 사회복지사는 기관의 사명과 비전을 확인하고, 정책과 사업 목표를 달성하기 위해 노력해야 한다.

2) 사회복지사는 소속 기관의 활동에 적극적으로 참여함으로써 기관의 성장과 발전을 위해 노력해야 한다.

3) 사회복지사는 기관의 부당한 정책이나 요구에 대해 전문직의 가치와 지식을 근거로 대응하고, 제반 법령과 규정에 따라 해결하도록 노력해야 한다.

V. 사회에 대한 윤리기준

1) 사회복지사는 자신이 일하는 지역사회를 이해하고, 클라이언트가 지역사회에서 서로 도우며 함께 살아가도록 지원해야 한다.

2) 사회복지사는 정치적 영역이 클라이언트의 권익과 사회복지실천에 미치는 영향을 인식하여 사회정의 실현을 위한 사회정책의 수립과 법령 제·개정을 지원·옹호해야 한다.

3) 사회복지사는 사회재난과 국가 위급 상황에서 문제를 해결하기 위해 적극적으로 활동해야 한다.

4) 사회복지사는 지역사회, 국가, 나아가 전 세계와 그 구성원의 복지 증진, 삶의 질 향상을 위해 적극적으로 노력해야 한다.

5) 사회복지사는 인간과 자연이 서로 떨어져 살 수 없음을 깨닫고, 인간과 자연환경, 생명 등 생태에 미칠 영향을 생각하며 실천해야 한다.

사회복지사선서문

나는 모든 사람들이 인간다운 삶을 누릴 수 있도록,
인간 존엄성과 사회정의의 신념을 바탕으로,
개인·가족·집단·조직·지역사회·전체사회와 함께한다.

나는 언제나 소외되고 고통받는 사람들의 편에 서서, 저들의 인권과 권익을 지키며, 사회의 불의와 부정을 거부하고, 개인이익보다 공공이익을 앞세운다.

나는 사회복지사 윤리강령을 준수함으로써, 도덕성과 책임성을 갖춘 사회복지사로 헌신한다.
나는 나의 자유의지에 따라 명예를 걸고 이를 엄숙하게 선서합니다.

참고문헌

강혜규, 안수란, 류진아, 엄태영, 진재문, 홍재봉, 유애정, 권영빈(2018). 공공서비스 이용의 최적화를 위한 복지전달체계 연구(II): 지역 기반 거버넌스를 중심으로. 한국보건사회연구원.

권중돈(2021). 인간행동과 사회복지실천(2판). 학지사.

김영종(2012). 한국 사회서비스 공급체계의 역사적 경로, 쟁점 및 개선방향. 보건사회연구, 32(2), 41-76.

김융일, 김기환, 김미혜, 김형식, 박능후, 신준섭, 오창순, 이영분, 정무성, 황성철(2003). 사회복지개론. 동인.

김융일, 조흥식, 김연옥(1995). 사회사업 실천론. 나남출판.

김자경(2022). 영국 1834년 신빈민법 제정과 생계부양권리. 서양사론, 153, 106-138.

김정진(2024). 사회복지실천기술론: 사례와 함께하는 사회복지실천기술 연습. 학지사.

김형모(2002). 아동학대 예방을 위한 전체 체계적인 접근. 한국사회복지논총, 7, 109-126.

김형모(2004). 사회복지실천에서 생태학적 관점의 유용성에 관한 연구. 한국사회복지논총, 9, 3-21.

김혜란, 홍선미, 공계순, 박현선(2022). 사회복지실천기술론. 학지사.

김혜영, 석말숙, 최정숙, 김성경(2020). 사회복지실천론(3판). 공동체.

노혜련, 김윤주(2021). 강점관점 해결중심 사례관리(2판). 학지사.

보건복지부, 한국사회보장정보원(2023). 통합사례관리 실천가이드. 한국사회보장정보원.

사회복지공동모금회(2007). 다문화가족과 함께 하는 해결중심모델 실천: 실천가를 위한 핸드북. 사회복지공동모금회.

서울시사회복지관협회(2023). 서울시 사회복지관 사례관리 표준 매뉴얼. 서울시사회복지관협회.

양옥경, 김정진, 서미경, 김미옥, 김소희(2023). 사회복지실천론(개정 5판). 나남.

엄명용, 김성천, 윤혜미(2020a). 사회복지실천의 이해(5판). 학지사.

엄명용, 노충래, 김용석(2020b). 사회복지실천기술의 이해(4판). 학지사.

오정수, 유채영, 김기덕, 홍백의, 황보람(2022). 사회복지 윤리와 철학. 학지사.

이익섭, 이혜경, 김동배, 김재엽, 김진수, 최수찬(2004). 세계화의 도전과 사회복지 교육의 대응: 한국의 경험을 중심으로. 연세사회복지연구, 10, 123-173.

이정은(2016). 지역사회보장계획 수립의 변화와 과제. 보건복지포럼, 237(7), 62-75.

이현주, 유진영(2015). 공공 사회복지 전달체계의 변화와 정책적 함의. 한국보건사회연구원.

최선희, 정재연(2023). 현장기반 사회복지 사례관리 실제: 이론 · 실천지침 · 사례. 지식터.

최원규, 진재문, 황보람, 이영수(2021). 사회복지역사. 학지사.

한국사례관리학회(2016). 사회복지 사례관리 표준 실천 지침. 학지사.

한국사례관리학회(2022). 사례관리론: 개념, 기술, 실천역량 이해. 학지사.

Belsky, J. (1980). Child maltreatment: An ecological integration. *American Psychologist, 35*(4). 320-335.

Bertalanffy, L. V. (1968). *General system theory: Foundation, development & applications.* George Braziller.

Biestek, F. P. (1957). *The casework relationship.* Loyola University Press.

Bronfenbrenner, U. (1979). *The ecology of human development: Experiments by nature & design.* Harvard University Press.

Cohen, N. E. (1957). *Social work in the American tradition.* Hole, Rinehart & Winston.

Compton, B. R., & Galaway, B. (1994). *Social work processes* (5th ed.). Wadsworth.

Congress, E. P. (1994). The use of culturagram to assess and empower culturally diverse families. *Families in Society The Journal of Contemporary Human Services, 46*, 531-540.

Cournoyer, B. (2006). 사회복지 실천기술 연습 (*The social work skills workbook,* 3rd ed.). (김인숙, 김용석 역). 나남. (원저는 2000년 출판).

Cournoyer, B. (2016). *The social work skills workbook* (8rd ed.). Cengage Learning.

Dolgoff, R., Harrington, D., & Loewenberg, F. (2012). *Ethical decisions for social work practice* (9th ed.). Brooks & Cole.

Egeland, B., Jacobvitz, D., & Sroufe, L. A. (1988). Breaking the cycle of abuse. *Child Development, 59,* 1080-1088.

Fraser, M. (1997). *Risk and resilience in childhood: An ecological perspective.* NASW Press.

Friedlander, W. A., & Apte, R. Z. (1980). *Introduction to social welfare* (5th ed.). Prentice Hall.

Garbarino, J. (1977). The human ecology of child maltreatment: A conceptual model for research. *Journal of Marriage and the Family, 39*(4), 721-735.

Gilgun, J. F. (1996). Human development and adversity in ecological perspective: A conceptual framework. *Families in Society, 77*(7), 395-40.

Hepworth, D. D., Rooney, R. H., Rooney, G. D, Strom-Gottifried, K., & Larsen, J. A. (2016). *Direct social work practice: Theory & skills* (10th ed.). Cengage Learning.

Hepworth, D. H., & Larsen, J. A. (1986). *Direct social work practice: Theory & skills.* Dorsey.

Holosko, M. (2018). *Social work case management.* Sage.

Kim, H. M. (2000). *A Study of factors associated with child maltreatment using an ecological framework.* Ph.D. dissertation, University of Minnesota.

Levy, C. (1973). The value base of social work. *Journal of Education for Social Work January,* 34-42.

Loewenberg, F. M., & Dolgoff, R. (1996). *Ethical Decisions for Social Work Practice* (5th ed.). F. E. Peacock.

Loewenberg, F. M., Dolgoff, R., & Harrington, D. (2000). *Ethical Decisions for Social Work Practice* (6th ed.). F. E. Peacock.

Maslow, A. H. (1943). A theory of human motivation. *Psychological Review, 50,* 370-396.

Midgley, J. (1995). *Social development: The developmental perspective in social welfare.* Sage.

Moxley, D. P. (1989). *The practice of case management.* Sage.

National Association of Social Workers (1981). *NASW standards for the classification of social work practice.* NASW Press.

National Association of Social Workers (1987). *NASW standards for social work in health care setting.* NASW Press.

National Association of Social Workers (1979). *Social casework: Generic and specific.* NASW Press.

National Association of Social Workers (2005). *NASW standards for clinical social work in social work practice.* NASW Press.

National Association of Social Workers (2013). *NASW standards for social work case management.* NASW Press.

Perlman, H. H. (1957). *Social casework: A problem-solving processes.* The University of Chicago Press.

Pincus, A., & Minahan, A. (1973). *Social work practice: Model & method.* F. E. Peacock.

Rapp, C. (1992). The strengths perspective of case management with persons suffering from severe mental illness. In (D. Saleebey ed.), *The strengths perspective in social work practice.* Longman.

Reamer, F. G. (2018). *Social Work Values & Ethics* (5th ed.). Columbia University Press.

Richmond, M. E. (1917). *Social diagnosis.* Russell Sage Foundation

Richmond, M. E. (1922). *What is social casework?* Russell Sage Foundation.

Rogers, C. R. (1957). The necessary and sufficient conditions of psychotherapeutic personality change. *Journal of Consulting Psychology, 21*(2), 95-103.

Romnyshyn, J. M. (1971). *Social welfare: Chairity to Justce.* Random House.

Rooney, R. H., & Mirick, R. G. (2018). *Strategies for work with involuntary clients.* Columbia University Press.

Saleebey, D. (1992). *The strengths perspective in social work practice.* Longman.

Sheafor, B. W., & Horejsi, C. R. (2006). *Techniques and guidelines for social work practice* (7th ed.). Allyn & Beacon.

Sheafor, B. W., & Horejsi, C. R. (2014). *Techniques and guidelines for social work practice* (10th ed.). Pearson Education.

Terrell, P., & Gilbert, N. (2012). *Dimensions of social welfare policy* (8th ed.). Pearson Education.

Trattner, W. I. (1998). *From Poor Law to Welfare state: A history of social welfare in America* (6th ed.). The Free Press.

Turner, F. J. (1996). *Social Work Treatment: Interlocking theoretical approaches* (4th ed.). The Free Press.

Weick, A. (1992). Building a strengths perspective for social work. In D. Saleebey (ed.), *The strengths perspective in social work practice.* Longman.

Weick, A., Rapp, C., Sullivan, P., & Kisthardt, W. (1989). A strengths perspective for social work practice. *Social Work, 34*(1), 350–354.

Wilensky, H. L., & Lebeaux, C. N. (1965). *Industrial society and social welfare: The impact of industrialism on the supply and organization of social welfare services in the United States.* The Free Press.

Woodside, M., & McClam, T. (2006). *Generalist case management: A method of human service delivery* (3rd ed.). Brooks & Cole.

Zastrow, C. H. (2007). *Introduction to social work and welfare* (9th ed.). Brooks & Cole.

Zastrow, C. H. (2012). *The practice of social work* (10th ed.). Brooks & Cole.

국가법령정보센터 홈페이지 www.law.go.kr.
국가인원위원회 홈페이지 www.humanrights.go.kr.
다누리 홈페이지 www.liveinkorea.kr/portal/main/intro.do.
보건복지부 홈페이지 www.mohw.go.kr.
유엔인권위원회 홈페이지 www.ohchr.org.
한국사회복지교육협의회 홈페이지 www.kcswe.kr.
한국사회복지사협회 현장실습센터 홈페이지 www.welfare.net/prm.
한국사회복지사협회 홈페이지 www.welfare.net.
한국전문대학사회복지교육협의회 홈페이지 www.kccsw.or.kr.

Case Management Society UK 홈페이지 www.cmsuk.org.

Council on Social Work Education 홈페이지 www.cswe.org.

International Federation of Social Workers 홈페이지 www.ifsw.org.

National Association of Social Workers 홈페이지 www.socialworkers.org.

The Workhouse 홈페이지 www.workhouses.org.uk.

Plato. The Republic. https://classics.mit.edu/Plato/republic.3.ii.html.

www.workhouses.org.uk/poorlaws.

www.workhouses.org.uk/poorlaws/1723intro.shtml.

www.workhouses.org.uk/poorlaws/1782intro.shtml.

찾아보기

저자 소개

김형모(Kim, Hyung Mo)
연세대학교 사회복지학과, 문학사
연세대학교 대학원 사회복지학과, 문학석사
University of Minnesota, School of Social Work, M.S.W.
University of Minnesota, School of Social Work, Ph.D.

전 한국아동복지학회 회장(2016~2018)
현 한국아동권리학회 회장
　　경기대학교 사회복지학과 교수

사회복지실천론
Social Work Practice

2025년 3월 5일 1판 1쇄 인쇄
2025년 3월 10일 1판 1쇄 발행

지은이 • 김형모
펴낸이 • 김진환
펴낸곳 • ㈜ **학지사**
          04031 서울특별시 마포구 양화로 15길 20 마인드월드빌딩
대표전화 • 02)330-5114   팩스 • 02)324-2345
등록번호 • 제313-2023-000041호

홈페이지 • http://www.hakjisa.co.kr
인스타그램 • https://www.instagram.com/hakjisabook

ISBN 978-89-997-3354-3 93330

정가 20,000원

저자와의 협약으로 인지는 생략합니다.
파본은 구입처에서 교환해 드립니다.

이 책을 무단으로 전재하거나 복제할 경우 저작권법에 따라 처벌을 받게 됩니다.

출판미디어기업 학지사
간호보건의학출판 **학지사메디컬** www.hakjisamd.co.kr
심리검사연구소 **인싸이트** www.inpsyt.co.kr
학술논문서비스 **뉴논문** www.newnonmun.com
교육연수원 **카운피아** www.counpia.com
대학교재전자책플랫폼 **캠퍼스북** www.campusbook.co.kr